U0647993

国家社科基金
后期资助项目
GUOJIA SHEKE JIJIN HOUQI ZIZHU XIANGMU

儿童体验论

On Children's Experience

伍香平　著

ZHEJIANG UNIVERSITY PRESS
浙江大学出版社

国家社科基金后期资助项目
出版说明

后期资助项目是国家社科基金设立的一类重要项目，旨在鼓励广大社科研究者潜心治学，支持基础研究多出优秀成果。它是经过严格评审，从接近完成的科研成果中遴选立项的。为扩大后期资助项目的影响，更好地推动学术发展，促进成果转化，全国哲学社会科学工作办公室按照"统一设计、统一标识、统一版式、形成系列"的总体要求，组织出版国家社科基金后期资助项目成果。

全国哲学社会科学工作办公室

前　言

　　童年是人生的起点,也是人生最美好的时期之一。儿童是童年的主人,
应该享受童年、亲历童年、创造童年,过上快乐的童年生活。但是越来越多
的现象表明:在成人为本的世界中,儿童越来越没有时间自由玩耍,没有安
全的空间愉快地游戏,快餐式的教育让儿童被"包裹"起来,脱离自己的实际
生活,远离获得直接经验的机会,儿童的成长越来越成为书本世界符号化的
塑造,而缺乏接地气的自主生长。

　　保卫童年的呼声此起彼伏,童年的危机四面埋伏。童年的本质危机究
竟是什么? 儿童究竟需要什么样的生活? 儿童在生活中的角色地位是怎样
的? 这些既是社会问题、教育问题,也是关系人类发展的问题。本书试图从
童年的危机入手,探寻这些现象背后的真实原因,从儿童追求幸福生活的角
度进行体验教育的研究,通过讨论儿童体验的重要性,追寻儿童体验的历史
渊源,建构儿童体验教育理论体系,再从儿童体验的类型、发生机制与过程、
要素等方面进行内部剖析,最后结合儿童教育实践提出推进实施儿童体验
教育的实践策略与路径。

　　本书主要由四个部分七章内容构成:

　　第一部分:探寻问题现象。包括导论、第一章。主要从现实的问题与学
术界的讨论出发,回顾了有关童年消逝的言论,在分析研究素材的基础上,
通过研究成人对童年生活的回顾,发现童年的乐趣在于儿童亲身经历了童
年的许多趣事,保持了儿童的好奇心、探索欲和游戏精神,得出的观点是:童
年的本质危机是儿童体验缺乏和自我缺失的危机。因此提出:童年的本质
是儿童拥有童心、童真和童趣;儿童体验具有重要的教育意义,保卫童年就
应捍卫儿童的权益,让儿童亲身体验自己的生活,用心领悟生活的意义,才
能让儿童过上儿童的生活。

　　第二部分:追寻历史渊源。包括第二、三章。儿童的体验与成人的体验
不同之处在于其具有独有的特征。古今中外的教育思想中或多或少都蕴含
"体验"教育观念,本部分内容针对儿童教育的特点,选取国内外典型时期和

知名代表的思想来考察体验的历史渊源，从中提炼并形成儿童体验的理论建构，包括确立生命完整性的教育目的观、建构过程体验式的课程本质观、构建体验学习型的教学价值观。

第三部分：建构体验体系。包括第四、五、六章。第四章从儿童体验的特殊性角度，深入讨论了儿童体验的三种特殊类型，分别是身体体验、游戏体验和审美体验，并逐一阐述了这些类型的内涵、表现、价值与有限性，三种体验类型之间是相互交叉、相辅相成的融合关系。第五章则从体验的发生机制角度，创新性地提出体验发生的心理过程、社会过程与文化过程等三种过程，提出的观点为：体验的过程就是儿童自我形成、自我表现、自我调控与自我完善的过程。第六章从体验的内在体系入手，分析了儿童体验的核心要素，包括体验时间、体验空间、体验主体、体验情境和体验场域，并在结构要素的阐述中分析了各要素间的相互关系。

第四部分：提出实践策略。包括第七章。理论探讨的落脚点是回归实践，教育研究既要有理论的价值导向又要能发挥指导实践的作用。笔者围绕儿童体验与儿童教育的问题，在基础教育中开展了持续十余年的实践探索和尝试，尤其在幼儿园教育实践研究当中取得了一些具有可推广性的成果，本章结合开展过的体验阅读研究、生活体验研究、养成教育研究等课题研究成果，对幼儿园课程建设、幼儿园环境创设等提出策略建议。

目　录

导　论　童年消逝的追问

童年对人的生命成长具有重要的意义。"童年时代是生命在不断再生过程中的一个阶段,人类就是在这种不断的再生过程中永远生存下去的。"①"童年"也是研究儿童教育的重要切入点,"不论童年生活是快乐,是悲哀,人们总觉得都是生活中最深刻的一段;有许多印象,许多习惯,深固地刻画在他的人格及气质上,而影响他的一生"②。因而童年伴随着儿童的成长,童年"消逝"则意味着儿童精神的失落,但显然童年"消逝"并不意味着儿童就不经历童年这个时期,那么究竟是什么消逝了呢? 本书通过对过去有关童年消逝的观点的反思,结合对成人童年经历的追忆研究,对童年消逝进行思考,开启儿童体验研究的意义探索。

一、童年的消逝:过去的焦虑

童年伴随着儿童,是儿童成长的必然时间条件,童年期的教育影响儿童的一生。夸美纽斯认为儿童是"上帝的种子",生而具有和谐发展的根基和无限的潜能,童年期是儿童长大成人的"预备期",教育应按照教育对象的年龄坚持采用正当的方法来实施,使智性不被强迫去做天性所不倾向的事情。③ 洛克的"白板说"也强调了童年的重要性,因为"人的心灵的原初状态像'白纸'或'白板'一样"④,儿童生来就如同一张可以任由教育涂写的白纸,因此,童年的教育对人的一生都具有决定性的作用。

卢梭以其"爱弥儿"为例,在倡导自然主义教育的同时,对童年的价值进行了明确的肯定,他向世人宣称:儿童是与成人全然不同的独立存在,大自然希望儿童在成人以前就要像儿童的样子,人们应当重视儿童并尊重儿童,

---

①　绿原:《人生的睿智》,北京,中国国际广播出版社,1995年,第8页。
②　《冰心研究资料》,北京,北京出版社,1984年,第42页。
③　〔捷〕夸美纽斯:《大教学论》,傅任敢译,北京,教育科学出版社,1999年,第90页。
④　崔永杰:《洛克的"白板说"解析》,《山东师范大学学报(人文社会科学版)》1992年第3期。

"年纪轻轻的博士和老态龙钟的儿童"是违背儿童自然成长规律的教育后果①。他呼吁应把孩子当作孩子，认为童年时形成的美德能促进儿童天性的发展。

此后的华兹华斯更以诗人的豪气大胆宣扬出童年的纯真与美好，提出"儿童是成人之父"的口号。蒙台梭利在《童年的秘密》一书中进一步强调了童年对于人的一生的重要价值，与华兹华斯的观点有异曲同工之妙。她说："儿童不是一个事事依赖我们的呆滞的生命，好像他是一个需要我们去填充的空容器。不是的，是儿童创造了成人；不经历童年，不经过儿童的创造，就不存在成人。"②她还一再强调儿童生而具有"精神的胚胎"，这是童年成长的秘密所在；了解儿童的内心世界，发现"童年的秘密"是教育实现激发和促进儿童成长的关键，成人应该仔细观察和研究儿童，认真对待童年、顺应童年的需要并给予儿童及时的支持和帮助。另外，弗洛伊德从儿童期的阶段性特点的角度、杜威从教育的目的与以儿童为中心的角度都强调了儿童的独特性以及童年对于儿童教育的重要价值。

然而，现代社会的儿童正在遭遇童年消逝的危机，国内许多学者对童年给予了极大的关注，既有保卫童年的呼声，也有主张发现童年并创造童年的呐喊。如顾明远先生表达了救救孩子的呼声，刘晓东教授发出拯救童年的呐喊，朱自强教授也发表了自己对童年消逝的担忧。教育专家们关注到童年正在一点点地被社会需要攻陷，儿童越来越没有自由游戏的时间和娱乐的空间，儿童对童年没有主动权，只能被动地经历成人安排下的童年。就连想象的空间和话语土壤也已经被侵蚀，因为从尼尔·波兹曼的研究来看，儿童已经没有属于自己的个性游戏和娱乐，在商业广告和大众文化广为传播的世界里，儿童的形象也已经日益成人化，儿童的穿着传递着成人的美学主张，少男少女被打扮得帅气、性感，成为大众逗乐的工具。在大众文化的影响下，儿童也对成人的生活达成了虚拟认同。以至于我们"不得不眼睁睁地看着儿童的天真无邪、可塑性和好奇心逐渐退化，然后扭曲成为伪成人的劣等面目，这是令人痛心和尴尬的，而且尤其可悲"③。

---

① 〔法〕卢梭：《爱弥儿——论教育》，李平沤译，北京，人民教育出版社，2001年，第91页。
② 〔意〕蒙台梭利：《蒙台梭利幼儿教育科学方法》，任代文译，北京，人民教育出版社，2001年，第347页。
③ 〔美〕尼尔·波兹曼：《童年的消逝》，吴燕莛译，桂林，广西师范大学出版社，2004年，第3～4页。

二、童年的追忆：当下的研究

不管是强调童年的价值，还是担忧童年的消逝，这些研究毫无疑问都在关注儿童的成长，但不论是童年的时间被挤占，还是空间被替换，或是儿童的话语土壤被侵蚀，都不足以表达童年消逝的本质影响。因为童年时间与空间的消逝只是使儿童的童年体验失去了土壤，还不能显示出童年体验的价值所在。为了探寻童年体验的本质意义就必须回溯历史，追寻那些逝去的童年体验感受与内容，以此召唤现代童年体验的合理回归。为此，笔者在近几年采用叙事性文献研究的方法，对湖北省16个地市（州）的220位成人开展了"追忆童年"的叙事研究。研究采取让研究对象以"童年回忆"或"追忆童年"为题写作文的方式，共收到有效反馈文章213篇，其中以记叙文为主，还有一小部分是以诗歌、散文形式呈现的。通过全面阅读，笔者发现这些人出生时间涵盖了20世纪60年代至21世纪初期。受时代影响，他们大多有农村生活的经历。以他们的"童年体验"感受为研究核心对文章内容进行分类统计分析，得出如下结论。

（一）童年体验的性质

1. 童年是纯真美好的

> 记得小时候，爸妈去上班，我会一个人自娱自乐地下象棋或者跳跳棋。那可是两个人下的棋，不过我会当甲方先走一步，再当乙方走下一步，一人饰演两个角色，还时不时地自言自语着，现在回想起来还挺有趣的。也会一个人提上小篮子到我们所住的学校操场上捡梧桐籽，然后等妈妈回家炒着吃。春天来了，一个人又拎着小篮子到田间地头挖地菜，每发现一棵地菜，都欣喜不已。小伙伴们都上学去了，我常常一人在操场上继续跳房子，抓石子玩。①

97％的受访者都认为童年是美好的，或者说童年中总存在着美好的东西，即便有6位受访者对童年有些伤感有些茫然，作为独生子女感觉孤单，作为留守儿童感觉孤独，但仍然对童年充满好感。例如许多文章中都有类似这样的语句："每一个人都有一个美好的童年，就像彩色的沙滩，那一颗颗沙滩上的贝壳好似我童年的趣事。每一件事都让我回味无穷。每当我想起

---

① 摘自2020年调研对象的自述材料——张华琦：《享受孤独，人生自不同》。

那一件件趣事,心头就涌起了无限的欢乐。""在那五彩缤纷的岁月中,发生过许多事情。那时候不知什么叫烦恼,不知什么叫忧愁,不愁吃,不愁穿,无忧无虑,快乐无比。我的童年是美好的,有许多美好的记忆。"童年的美好还表现在大家对童年的回味,久久地回味。既有美好的经历,还有美好的期盼。那些期盼,有的已经实现了,有的可能永远不会实现,但却仍然是那样纯真和美好。

2. 童年是自由快乐的

本次叙事研究中接受调研的对象主要是来自教育领域的工作者或师范院校的在校学生,年龄跨度较大,生活的背景有所不同,分布在不同发展水平的城镇中,然而,通过对叙事作品的分析,不难发现,所有文章在描述童年时,不约而同地表现出了同一种心情:快乐!

"童年的生活像甜蜜的梦,荡着欢笑,我的童年,就一个字:乐。""生长在20世纪70年代,我的童年有太多有趣的回忆了:弹珠子、打纸牌、跳皮筋、踢毽子、打石子、玩泥巴……各种各样的玩法。那时农村里的孩子还没有六一的具体概念,也没有很多的课业负担,所以每天的闲暇时间都在想方设法地玩。"①童年的快乐来于自由自在的生活,来于充满着玩耍的生活,来于与吃有关的生活,来于犯点小错误却没被发现或者是被发现了却没得到预期惩罚的那种快乐的生活,来于与无限的想象与期盼有关的生活。快乐的童年就是"干什么都能痛痛快快的,玩的时候可以尽情地玩,即使是受批评之后,也可以畅快地哭一场",哭过之后仍然快乐着自己的快乐。

3. 童年是深刻难忘的

20世纪60年代出生的人追忆起童年,常常有快乐和"饥饿"同在的感受,既有自由的快乐,又有因吃不饱而偷吃的经历。20世纪70年代出生的人,温饱已经不是最重要的问题,馋嘴却上升为童年的主题,想着法子弄到自己想吃的东西成为令人记忆深刻的经历,偷着乐是其中最大的亮点,在酷热夏天的小河里、冬天迷人的雪地中,自在的童年清晰可见。20世纪80年代出生的人感受到了童年的紧张,经历了电动玩具的争夺战争以及课业后的偷着玩。20世纪90年代出生的人开启了漫长的期盼,期盼远离家乡在外务工的父母能早点回来。21世纪初出生的人学会了与弟弟妹妹争夺父母的关注,或者享受哥哥姐姐的宠爱。然而这一切是那样深刻地印在我们每个人的心里,正如法国文学家罗歇·马丁·杜伽尔所言:"永远是独一无

---

① 摘自2020年调研对象的自述材料——陈淑萍:《写在六一前》。

二不可替代的事物;这是童年的回忆。"

童年的深刻还在于,直到今天,我们仍然怀念;蓦然回首时我们还会向往;而在继续前行时,我们仍然渴望携着童年的梦想、天真与活力。

(二)童年体验的内容

在笔者所做的叙事研究中,叙事的作者大多数是在城市工作,有大中型城市也有县城,较少为镇上的工作者,然而大家回顾童年趣事时,不约而同地回到了农村,回到了对于自己来说是比较艰苦的日子,仿佛在那个地方、在那个时间发生的那些事是最让人难以忘怀的。

1.玩和吃是童年里永远存在的话题

所有的童年故事都与玩耍有关,都或多或少与吃有关。而这两样又具有明显的季节性。童年里的玩,是自由自在、无忧无虑地玩,是想着法子、偷偷摸摸地玩,是为着一点小物品或某个不起眼的树叶玩半天的玩;童年时的嘴巴总是不停地寻找食物,能吃的想多吃,不能吃的想尝试,吃不到的想象着吃,偷吃不算偷。

2.学业压力成为不可拭去的疼痛

学业的压力一直伴随着我们的成长,让我们忘掉的是欣赏,让我们悲伤的是那些不经意的话语,直到今天仍然感觉到疼痛。

> 有一次下楼的时候我听见爸妈说"一头猪放到北京还是一头猪"。我知道他们在说我,因为我小时候成绩不好,但是在我们那个小镇你的成绩好不好似乎就影响了别人对你的所有看法,你成绩好你就是好孩子,你说什么爸妈都会听;你成绩不好,那你肯定不听话,爸妈对你似乎也没有那么温柔。这一句话,我不知道为什么我会记了那么多年,但是父母似乎从来不记得有说过这句话。我也不曾怀疑过他们对我的爱,也知道他们那句话大概是对我小时候成绩不好的愤怒,但十多年过去,我仍然想起来就难受。[①]

3.不同季节体验内容差异大

52%的童年故事发生在夏季,其次是冬季,占到12%。这可能与我们的访谈对象以生活在中部省份为主有关。在四季分明的省份中,夏季为大家提供了便捷的户外活动机会,使得这个季节当中的活动最为频繁。贯穿

---

① 摘自2020年调研对象的自述材料——向雨淋:《童年最不能忘的一句话》。

这两个季节的核心话题仍然是玩耍。夏天的水非常具有诱惑力:夏天可以吃冰棍;夏天的水塘是游泳、捕鱼、摸虾的好去处;夏天池塘中的荷叶群是难得的躲藏场所,尽情地采莲、踩藕、扯藕带也无人知晓;夏天的小溪是捉龙虾、逮螃蟹、淘漂亮石头的地方。夏天还是馋嘴人最喜欢的季节,除了田里的西瓜、香瓜,地里的番茄,还有那高高的却老爱长虫的桑树上的酸枣(桑葚)。夏天的夜晚,永远充满欢声笑语——躺在屋外竹床上数星星;或者躲在稻场(打稻谷、堆稻草的空地)"守宝"(一种游戏);或者提着装满萤火虫的玻璃瓶灯去吓唬更小的孩子;或者在那棵香樟树下听老人们讲令人毛骨悚然的鬼故事,回家路上那零星的光都像是鬼火;或者在露天电影开播时却在某个角落做起了与电影无关的梦①。冬天里的雪是童年的常见话题,除了玩雪还是玩雪,各种玩法都有,末了再去水塘上面走一走,遇到天冷的时候还可以滑冰,但那么冷的时候屈指可数,比赛吃冰、砸冰、用爆竹炸冰或者拿着竹竿子打屋檐上的冰凌子是比较常见的游戏。

4.害怕与快乐总是复杂地交织着

> 记得那是一个星期天的中午,我和几个同伴在家玩捉迷藏的游戏,玩着玩着一不小心将家里的小鸡宝宝给踩死了,我快急哭了,怕妈妈干完农活回家打我,这时有个同伴说:"别急,我有办法。"他让我找来一个盆子,一根筷子,然后将踩死的小鸡放在桌子上,用盆子将小鸡盖上,再用筷子敲盆子,边敲边说:"小鸡,小鸡,快活过来,快活过来。"就这样操作一会儿,打开盆子看一下。重复了几个小时都没有见小鸡活过来。晚上我向妈妈承认了自己将小鸡踩死的事情,也讲了救小鸡的过程,妈妈哭笑不得。②

罗曼·罗兰曾在《母与子》中谈道:"每个孩子都具有极大的做梦的能力,这种能力扩大他所发现的一切。"童年正是这样一个梦得较多却又害怕着梦的时期,孩子们总充满着好奇,满脑子的想象,有时胆大包天,有时又胆小如鼠。印象中比较害怕的事,主要是与鬼有关的话题,与蛇有关的经历,掉进水坑、泥坑甚至是石灰坑、粪坑之后的惧怕,以及可能会挨打的担忧。对于在城市里长大的人来说,"怕走丢"和"害怕被别人抱走",是最令人担忧

---

① 摘自 2020 年调研对象的自述材料——章忆华:《童年》。
② 摘自 2020 年调研对象的自述材料——徐学萍:《追忆童年》。

的事,然而那种害怕的心理状态中总掺杂着莫名的快乐。今天想来常常会哈哈大笑。

5.自然生活成为最深的记忆

童年记忆总与乡村的生活经历、自然环境有着紧密的联系。叙事作品中描述的事件80％以上都与这个时空有关,包括在城市中成长的作者,在回忆中都不约而同地回忆起出城的故事。自然界的诱惑力似乎比城市的车水马龙更能让人留下深刻的记忆。许多作品都提到"农村的田野里总是藏着无穷无尽的宝藏",在那个地方和那个时代"虽然没有巧克力,没有公主裙,没有好玩具,但是我们也不用学奥数、英语、钢琴,看似困窘单调,然而,我们的生活却是五彩斑斓的"。

三、童年的反思:未来的展望

"体验是在对事物的真切感受和深刻理解的基础上对事物产生情感并生成意义的活动。"[①]童年体验是儿童在自己当时经历的活动、事件、情境中产生了情感并且生成了个性化的意义,是儿童与儿童所生活的世界之间的一种关系状态,是一种特殊的心理活动及其过程,具有深刻性。不管是当下的儿童进行的即时叙述还是成人对童年进行追忆,都会突出展示出当事人在事件中的情感状态和感受,都是当事人直接经历了某事后形成的体验。童年体验是儿童的体验,是富有童心、童真和童趣的活动过程,只有带着纯真的童心、童真和童趣参与的经历活动才会产生情感并生成意义,否则只会收获单一的知识或感性的经验。因此缺乏童心、童真和童趣的童年是被消解的童年,是无法产生意义的童年,是会消逝的童年,可以说,童年消逝的本质危机就在于童年体验的消逝。

对每个人来说,童年是非常珍贵的,每个人都应该拥有属于自己的童年及童年的美好,这样的一生才是幸福、快乐且有意义的人生。

(一)心中的童年:成人的追忆

逝去的童年总叫人难忘,然而却不能再来,于是"成人儿童节"成了当下比较时兴的一个词,每到儿童节时,"追忆童年那些事""返璞归真到童年"类的活动就比较受成人们欢迎。在童年体验的追忆研究中,成人表达了自己心中的童年印象,唤醒了儿时经历过的深刻感受,抒发了对已经逝去童年的留恋之情。不难发现,成人诉说的童年经历,虽然关乎那段逝去的时光、关

---

① 陈佑清:《体验及其生成》,《教育研究与实验》2002年第2期。

乎那个时期发生的某些事、关乎那个时期相关的某些人,但却绝对不止于此,成人往往怀念的是那种经历之后的感受。

(二)当下的童年:儿童的感受

对童年消逝的问题研究主要集中在儿童自由支配的时间与活动空间的变化上。儿童自主支配的时间越来越少意味着儿童所应拥有的童年在逐渐消逝,当然不是指时间的空无而是指童年时间与儿童的关联性,儿童越来越不能成为童年这个时间段的主体,儿童的存在与儿童外在的世界之间表现出一种矛盾,身体休息和游戏活动的时间被其他需要所占据。儿童在活动中成为客体,无法主动投入情感,更难生成积极的意义。从联合国教科文组织统计的数据看,中国儿童的课余时间正在逐步减少,例如在 20 世纪 90 年代,中国 6～15 周岁的学龄儿童除睡眠之外的平均课余时间为 5.5 小时,而到了 2003 年,该年龄段儿童的课余时间降到了 4.6 小时。在家庭作业日益增加的情况下,这个课余时间中还有许多"水分",在家长不断破费的"兴趣班、特长班"中,儿童所能自主支配的时间所余无几。

随着城市化进程的快速推进,社会上急功近利的氛围在变浓,社会的复杂性越来越明显,儿童自由活动的空间越来越被指定化。儿童生活的空间要么是单一认知性的学习空间,要么是单一的智力游戏的空间,缺乏自由放飞的空间,无法让儿童找到玩耍的乐趣;而且自由活动的空间越来越被赋予危险性,使儿童从心理上对自由空间产生恐惧而消解了对空间的本能向往。

儿童活动的内容不断被约定,即便是玩泥巴、丢石子之类的传统游戏也逐渐被网络视频、电视动画、声像游戏所取代。人人对话、人际交往被人机对话、人机互动所替代,儿童对成人世界越迎合、越积极,则儿童自己的世界就越快地成为过去,从某种程度上讲童年就越会被侵蚀,就会渐渐消逝。

直面当下的儿童及其生活状态,我们不难发现这样或那样的童年失落的案例,不断听到"把童年还给我们""把游戏还给我们"的儿童之声,不断听到"现在的儿童真可怜""现在的孩子真累"这样的成人感叹。在某校"你眼中的童年"的访谈中,初一学生纷纷表达了自己对童年的看法。从中可概括出几个有代表性的观点。

1. 童年是枯燥的,童年就像口香糖,嚼着嚼着就没味了。

2. 童年是痛苦的,很多事情是自己不能做主的。

3. 童年是辛苦的,整天参加这个那个(培训),没有一点儿自由,心情没有一刻是好的,所以看天也不是瓦蓝瓦蓝的,就剩下灰色了,仿佛就要下雨了。

4.童年是孤单的,朋友少,知心朋友更少。

5.童年是被动的——从幼儿园开始,不仅学习由家长管着,即便是玩也都有妈妈看着我。

孩子用的词还有无聊、苦恼、酸酸的、不痛快……

(三)反思童年的消逝:建构的立场

当前的诸多研究都将"童年消逝"的讨论围绕儿童在童年中自主支配的时间与空间的多少来进行判断,然而笔者从另一种视角来看,认为与童年消逝关涉的时间与空间只是表面现象,实质上,应关注的是童年的本质要素的消失和异化。也就是说今天的童年正因为失去了这些元素才使童年发生了异化。异化的现象可以概括为三个方面。

现象之一:童年没有了童心。童心即儿童之心、自主之心,也是好奇之心、探索之心和想象之心。当儿童被过分指导,当儿童不能成为自己的主人,当儿童没有主动活动的积极性,儿童就失去了儿童的身份,失去了自决之心、自主之心,儿童就不再是作为独立的个体而存在。某位学生在以"童年"为主题的作文中写下这样的短句:"学习/无奈的选择/无奈的服从/心灵/千年的禁锢/万年的洗涤/只换来/满腔热泪/洒向书本/洒向校园/洒向我们无奈的/童年!"童年充满的是无奈,儿童不再自主为儿童。儿童天生具有好奇之心、探索之心,但当儿童不具备自主之心时,儿童就成为被动的儿童、受限的儿童和包办的儿童,儿童没有了好奇、没有了欲望、不需要探索,也就没有了梦想。当儿童似乎没有需要和追求时,童年就变得可怕,就像沈从文所说:"童心在人类生命中消失时,一切意义即全部失去其意义。"[①]有童心才会有梦想,没有了梦想,就会失去好奇心、探索心,更不会有想象力。

现象之二:童年没有了童真。童真是儿童本性的彰显,是善良本性、同情心以及想哭时哭、想笑时笑的真性情,是简单、直接思维的表露。儿童生来犹如一张白纸,具有纯洁而天真的心灵。但在快餐式的生活节奏与便捷教育的共同努力下,三岁的孩子可以"出口成章";五岁的孩子即"小大人",满口的成人话语,难寻稚嫩的童音;小小的儿童满脑子的成人事件,满目的成熟之举,从衣着到谈吐都没有了纯真的样子。本应天真无邪的孩子言行举止之间有时比成人更成熟,而在某些现代化的技术应用上,儿童已经被教

---

① 　朱自强:《童年:一种思想的方法和资源》,《中国图书评论》2006 年第 6 期。

化成为熟练工:五岁的孩子已经会上网查阅资料,七岁的学生可以熟练地通过网络聊天,九岁的学生熟悉电脑的各项操作,而十二三岁的学生可以熟练地进行动画制作甚至软件研发。这种例子比比皆是。现在的孩子越来越聪明,却离孩子本应具备的纯真似乎越来越远,离孩子当下的生活越来越远,当这样的生活成为儿童生活的主要内容时,儿童化的情感就难以在活动中产生。没有情感投入的童年就成了缺乏主体的童年,就是没有体验的童年,也是面临消逝的童年。孩子过早地抛弃了孩子原本应该拥有的童年乐趣,过早地窥探着成人的世界并且过多地模仿甚至是早早地过上了成人般的生活,儿童亦面临消逝。

现象之三:童年没有了童趣。童趣指的是儿童天性中喜好游戏、追求纯真快乐的本性。孩童本应是因着一丝一毫的兴趣而快乐着的,正如胡伊青加在《人:游戏者》一书中所主张的:人都是游戏者,儿童更应是游戏的存在。没有游戏的童年,不算是童年。没了童心、失却了童真,不仅童年的趣味性自然会消失,就连对生活的兴趣也会消逝。在现实生活中,儿童离游戏越来越远,儿童不是游戏的存在,而是学习工具,知识化、技能性的学习是儿童生活的基本方式,从早晨到深夜,睁眼闭眼所想的、开口闭口所说的,都是学习。课堂上要学习、课间要复习、放学要补习、回家还要练习。从模仿、记忆、训练中,看到的只有学习,儿童是学习的工具,没有游戏的时间与空间,没有自己的兴趣与爱好,有的只是要完成的接连不断的学习任务。虽然在电子技术快速发展的时代中,各种各样的游戏机、游戏卡充斥在市场上,没有哪个孩子没有几个像样的玩具,但是真正能让孩子在大庭广众之下,自由、自主地开展的纯粹以快乐为本的游戏却是少之又少,真正打动孩子,并能让孩子开怀畅快的时间越来越成为稀罕物。正如孩子们所体验到的:童年的快乐越来越少,要快乐起来越来越难。纯粹的乐趣变得遥不可及,儿童就在成人的指示下品尝伪装的快乐,从模仿成人那里偷窃快乐,甚至是在有限的想象中偷窥快乐的样子。

的确,在分析成人的童年追忆和儿童的童年感受时,我们不难发现,不管是对于童年在物理时间还是心理经历上的消逝,都与童年的时间与空间变化有关。然而结合学者们对童年的研究观点以及笔者进行的文献分析研究来看,童年消逝不只停留于时间与空间的变动,而更应看到童年消逝的深层次要素,那就是童年体验的消逝。这才是童年消逝的本质危机。正如大卫·帕金翰在《童年之死》一书中针对波兹曼的某些观点进行剖析并提出另解,他认为,成人世界对于儿童来说既是一个危险的世界,也是一个充满机会的世界。我们希望能够保护儿童免于接触这样世界的年代是一去不复返了，我们所能做的应该是积极地准备让儿童来应对这个世界，来理解这个世界，并且按照自身的特点积极地去参与这个世界，倡导以积极的态度来建构儿童应有的童年和童年生活。

积极的态度就是既要看到时间与空间在儿童身上的变化，又要看到这种变化的背后包含的价值探索，关注到童年是儿童的本质力量，而力量的发挥在于童年体验的发生。可以说，童年体验就是主体在童年经历中自然而发、自由而生、自觉而行的内心感受、心理情绪和情感，是儿童身上展现的自然童心、稚嫩童真和游戏童趣。这也是童年的本真内涵，因此，童年的本质就是童心、童真和童趣，失去了这些就意味着童年的消逝。

童年的本质正是童心、童真和童趣，童年体验的失落直接消解了儿童的存在，消解了儿童的本质精神。由此引起的反思是：教育应该如何作为，才能捍卫童年，保护儿童？我们应该如何正确地看待儿童发展的问题？今天儿童的生活与学习明显表现出偏离童年本质的倾向，那么，究竟是谁动了童年的奶酪？我们教育工作者如何为儿童守住这份奶酪？儿童应该怎样生活才能保持这份奶酪的恒久弥新？学习只是儿童成长的手段，不应异化成教育的目的，正如现代教育的呼唤："学校教育需要直面学生发展现状，认识其成长需要，真实有效地促进其生命成长。"[1]教育的目的应该是促进生命成长，儿童要在童年之中充分地经历、积极地活动、快乐地体验才能实现真正的成长，要拥有童心、童真和童趣，才能真正成为独立自主、纯真、快乐的个体，才能自主地生活、健康地成长。当童年的本质发生异化时，会直接导致童年变味，导致儿童精神失落，导致儿童生活体验被忽视、成长的价值旁落。因此儿童发展的过程不应只是知识累积的过程，而应是保卫童年，拥有童心、童真和享受童趣的过程，更应是精神成长的过程。

---

[1]　叶澜主编：《教育学原理》，北京，人民教育出版社，2007年，第101页。

第一章　儿童体验的重要性

"童年是什么""童年有何危机""研究童年有何教育意义",这是本章重点进行讨论的三个问题。不仅是教育学、心理学领域在研究"童年",文学与社会文化领域的相关研究也毫不含糊,从不同的学科视角来探寻"童年"的概念及其意义,从危机的种种表现中寻找捍卫童年的机会和途径,唤醒童年体验,让儿童拥有童年。这不只是本章阐述的内容所在,更是教育工作者的职责与追求。

第一节　童年的理解

童年是什么? 童年是怎么来的? 不同的学科立场对"童年"的解读是既有共同之处又各有特点的,本节主要从童年的语义探寻,从文学、社会学、心理学、教育学等领域对童年的解读等内容来进行阐述,最后从教育学的视角总结出当前童年理解异化的表现及原因。

一、童年的语义分析

《现代汉语词典》中,"童"指的是"小孩子",如儿童。"童年"的含义是"儿童时期;幼年"。这个词看上去很好理解,大家头脑中也很容易直接给出一些图画、一些场景来印证自己的理解,但是就词源学的探寻来说,尚缺一个对童年内涵的深入解读。

要理解"童年"的内涵,需要从三个角度来思考。一是从独立定义的角度,即《现代汉语词典》中所给出的解释,但仅就这个定义,往往不能给人以满足感,因为它不能完全表达我们所想要的那个"童年"应该有的含义。二是从相对概念的角度,即将"童年"与"成年"进行对比,在对比中实现对"童年"的理解。如果说"成年"代表的是一种成熟状态,则"童年"指的就是"未成熟的"状态,还处在"过程中的",是在"成熟之前的"并且正在走向"成熟"的状态。这既是一种时间维度上的对比,更是一种过程性的表述,还是一种发展方向,对过去的追忆、对未来的展望。三是从感性判断的角度来理解,即在谈论"童年"时,不需要给出一个概念性界定,但是头脑中会呈现出许多与童年经历相关的感受和场景,比如与童年有关的词汇"天真、快乐、游戏、无忧无虑……"(褒义)或者"枯燥、压抑、失望、自暴自弃……"(贬义),还包括一些印象深刻的活动、经历、事件等,这是对"童年"理解的一种拓展,是一种人文式的理解。

综合以上三种角度的思考,结合语义学的方法,可以概括出"童年"具有三种基本特性。

(一)阶段性

从时间的维度来看"童年",它就是一个线性的时间概念,指人一生中最初的一段时光,具有阶段性,并且还有范围。这个阶段是所有人都会拥有的,无论中外也无论老幼。但是在时间界限的划分上,略有争议。童年的时间界限与儿童的年龄范围是对应的,但是在儿童的年龄范围认定上,国内外也没有明确的界定。在我国通常将未成年人划分为 3 个阶段:0~1 岁为婴儿期、1~6 岁为幼儿期、6~14 岁为儿童时期。① 在儿童发展心理学研究中是将 18 岁以下的人定义为儿童,这种划分得到国内外学术界的普遍认可。在联合国颁布的《儿童权利公约》中,也把 18 岁以下的人称为儿童。综合这些时间阶段划分,并基于本研究的便利性,本书中的儿童主要指的是 3~12 岁年龄段的人,童年也对应相应的时间段。

(二)不可逆转性

童年总是持续向前的,每个人的童年都是稍纵即逝不会重来的,从这个角度来说,童年具有不可逆转性,是不以人的意志为转移的客观存在。这个时期的生活、经历、感受都会以经验的形式储存于人的大脑中和身体的记忆里,会对童年之后的其他时期产生重要的影响。同时,童年的发展进程具有自身的节奏,有自然的发展秩序,不能因为不可逆转而极端加速,更不能因为童年时光的短暂而额外增压增容,使童年失去其自然属性,成为虚化的、失落的童年。正如杜威所说,儿童的教育不全是为未来生活做准备,还应引导儿童过好当下的生活。关注当下,才是关注童年的意义所在。当然,从这个角度来说,童年期所形成的心理印象和情感影响也是具有不可逆转性的,一旦形成,往往会具有根深蒂固的影响力,既可能为成年期的延续提供支

---

① 根据《关于执行〈全国人民代表大会常务委员会关于严惩拐卖、绑架妇女、儿童的犯罪分子的决定〉的若干问题的解答》中的相关标准划分。已废止。

持,也可能影响甚至决定着成年期的发展方向。

(三)主体性

童年的载体是人,指的是人的童年,而人具有思想意识和主观能动性,因此童年又彰显出主体性。这也是研究者们探寻"童年是什么"的教育价值所在。要全面地了解"童年",就必须了解童年的主体——儿童。英语单词"childhood"翻译为"童年",其中的"child"就是儿童,不能离开儿童来谈童年。儿童具有特殊的身心特点,才使得童年与其他人生阶段具有不同的表现;儿童具有特殊的成长需要,才使得童年的教育研究不同于其他阶段的教育定位;儿童具有特殊的经验需求,才使得童年的教育要符合儿童的需要而不全从成人意志出发。童年与儿童是融合为一体的,具有不可分割性。由于儿童会成长为成人,童年的经历会刻画进成人的记忆中甚至是思想和行动中,因此,童年还与成人的生活有着千丝万缕的联系,这就是为何诸多不同学科领域的研究者们孜孜不倦地研究"童年"的原因。

二、童年的多学科研究

"童年"是一个有趣的话题,也是一个值得研究的命题,因此在许多学科领域中的研究者都对其展开了研究,诸如文学、社会学、历史学、人类学、哲学、生物学、心理学等,这些领域的专家学者们或者从童年经验或者从童年生活或者从童年价值的角度来研究童年,其中以文学界、心理学界、社会学界和教育学界对童年的研究最为丰富,以下将从这四个角度来概括他们对"童年"的解读。

(一)文学界的解读:童年是思想的源头

近些年,"童年"的话题在文学界受到热捧,尤其在文学创作和文学评论中特别明显。许多优秀的文学家都在作品中表达了对童年的印象、回顾与自省,同时也通过诗歌、散文、小说等体裁的作品表达对童年的歌颂与赞扬,彰显人生的理想与价值追求。

文学界如此重视"童年"研究,是因为在文学创作中,作者的童年经历和童年生活成为其创作的资源,是其思想的源头。书写童年是一种研究方法,也是一种创作的方法。"几乎每一个伟大的作家都把自己的童年经验看成是巨大而珍贵的馈赠,看成是取之不尽、用之不竭的源泉。"①苏联伟大的无

---

① 童庆炳:《作家的童年经验及其对创作的影响》,《文学评论》1993 年第 4 期。

产阶级作家高尔基在其自传体小说三部曲之一的《童年》中,以自己 3～10 岁的童年生活为原型,生动再现了 19 世纪七八十年代俄罗斯底层人民的生活状况,讲述了一个孤独孩童的成长故事,表达了作者对光明与真理的不懈追求。小说中展示的童年充满了灰色基调,却也全面写出了作者对苦难生活的独特感受和对人生的独到认识与见解。正直善良的外婆给了阿廖沙这个可怜的孩子许多正能量,这为作者所生活的那个丑陋的世界和悲惨的时代披上了一层天真烂漫的彩衣,给读者带来了光明和希望。我国文学家鲁迅先生在《故乡》这本小说中,把童年看作人生的乐园,让人留恋和回味,小说的内在结构和情节所展示的,不只是对以水生和宏儿为代表的新一代儿童即将失去乐园的无能为力,更是对作者自己所代表的一代人的童年乐园的怀念。诸如此类的中外作品还有很多,有的是挖掘童年题材,创作出供成人阅读的作品;有的是回顾童年经历,研究儿童的阅读兴趣,创造作品提供给儿童阅读。不管是哪种类型,这些作品都表达了对童年某方面价值的挖掘与彰显。

(二)心理学界的解读:童年是人格形成与认知增长的重要时期

童年的经历对儿童的心理具有较大的影响。童年的生活及交往环境影响到儿童的认知水平、情绪商数和个性品质。童年时受到虐待或创伤的经历会影响儿童的社交关系甚至造成焦虑[1],使儿童缺乏安全感,表现出低自尊、孤独、焦虑、抑郁等消极情绪。在童年时期受到同伴侵害的儿童容易对学校、对学业产生消极情感,甚至会产生严重的社会适应性障碍,产生自杀或报复社会的极端行为。童年期的心理需要与心理特点是儿童人格形成和发展的基础与条件。弗洛伊德对童年期的分期划分研究、埃里克森的人格发展八个阶段以及皮亚杰的童年期研究等都体现出童年的心理学价值。

弗洛伊德将人从出生至 20 岁划分为"口唇期、肛门期、性器官期、潜伏期和生殖期"五个阶段,他认为不仅每个人都会经历这五个发展阶段,而且不同阶段的境遇对每个人后续的人格发展都具有重要的影响,尤其是婴幼儿时期的经历,诸如"欲望的满足程度"和"遭遇挫折的情况",与儿童人格的形成与发展关系非常密切。以第一个阶段的"口唇期"为例,口唇期指的是人从出生至 1.5 岁左右的阶段。这个年龄段的婴儿主要通过吸吮、吞咽和咬的口腔活动来满足身体本能和性的需要。如果在这个年龄阶段,婴儿较好地通过以上的动作满足了本能和性的需要,则其性格就会表现出对成长

---

① 何全敏等:《童年虐待和创伤经历与社交焦虑的关系》,《中国临床心理学杂志》2008 年第 1 期。

充满动力和渴望。反之,如果口唇期的需要得不到满足,个体就会失去发展动力甚至畏惧进入下一个发展阶段、产生需求滞留现象,也就是说这个个体虽然年龄增长了,但是有些需要还停留在早期阶段,表现为成年后仍然通过"嚼口香糖"类的方式来获得口腔的满足,表现出口唇期时的性格。具有这种性格的人,容易对自己比对其他人或物更感兴趣,喜欢要求别人给予或向别人索求,有时也会主动给予别人但往往附带有想得到回报或赞赏的要求。

埃里克森在吸纳借鉴弗洛伊德精神分析理论的基础上,运用胚胎学和后成论的观点,提出了自我发展的理论。该理论认为生命有机体原本是未分化的,却又是按照自然约定(遗传)的顺序来获得身体各个部分发展的,自我的发展也是有阶段顺序并且在每个不同的阶段都是侧重于某一种独特的发展任务。这种发展任务会以挑战或危机的形式呈现出来,但这些挑战或危机对于机体来说是友好的、带有促进性质的,个体越能成功地在后天的环境中应对这些挑战、解决这些危机,就越能发展得健康。在其《童年期与社会》一书中,埃里克森把人格发展分为八个阶段,每个阶段都有不同的人格发展特点和主要任务。例如,0~1岁是第一阶段,也是形成"信任与不信任"的重要时期,这个阶段的婴儿最为脆弱,对成人的领悟性最大,婴儿会根据自身需求的满足与否而对人产生不同的信任程度,婴儿得到的安全抚育和爱护越多,他对别人的信任感就会越强烈,相反,则越难产生信任。

皮亚杰对儿童的研究可谓独具慧眼,在他看来,幼小的儿童并不是像大家所看到的那样可能比较大的儿童缺乏语言的表达能力,而是可能以另外一种完全不同的方式在思考。儿童在不同年龄段处于不同的认知发展水平,总体来说,童年期共有四个主要的认知发展阶段。第一个阶段是0~2岁时期,为感知运动阶段,幼小的儿童最初的感觉是笼统的,把自己和世界混为一体,随着年龄的增长,儿童逐步从初生时的笼统反射中分化出来,开始意识到主体与客体的区别,感觉和动作发生分化,思维也开始萌芽。到了第二个阶段(2~7岁),即前运算阶段,儿童的语言快速发展,并会初步使用多种表象符号来表述外界的事物,思维水平有了很好的提升,但主要表现为直觉表象,还不能进行抽象概括,此时儿童的思维表现出单维和不可逆性,能进行简单的推理,但所做推理常常不合逻辑。在第三个阶段(7~11岁),也就是到了具体运算阶段时,儿童的认知能力进一步提高,抽象思维得到快速发展,思维具有了可逆性和去自我中心的特点,而且形成了守恒的观念,能对客体外形变化与特有属性不变的关系有较明确的把握。第四个阶段(11~15岁),是形式运算阶段,这个阶段的儿童能借助具体形象的支持进行逻辑推理,不仅能从逻辑上考虑现实的情境,还能考虑到假设的情境,但还不能进行抽象的逻辑辩证推理。儿童是在同化与顺应的适应性发展中获得自身认知水平的提升,儿童认知发展的各个阶段各具特点,阶段之间的差别比较明显,而且阶段的出现是按固定顺序呈现的,由第一个阶段向第四个阶段依次出现,不会出现跳跃或断开。

(三)社会学界的解读:童年的消逝与青春蔓延

从社会学角度来研究童年问题,目前影响较大的观点是对童年的文化性观察与反思。社会上越来越流行"成人儿童节",倡导制造成人玩具,营造成人宣泄的场所,形成对童年追忆的成人文化现象。在文化学与社会学的研究中,波兹曼和帕金翰两位专家对童年的研究引发了广泛关注,无论是对童年消逝的悲观哀叹还是剖析童年之死中彰显出的辩证的观点,都是人们对童年问题及文化现象的热切关注与深入思考的表现。

在《童年的消逝》一书中,波兹曼提出"童年"的历史只有400年,大概是在16世纪时产生,后经过不断提炼和培育延续至今,在20世纪80年代前后,随着以电视为核心的电子媒介的侵蚀而表现出"消逝"的趋势。"童年"从无到有,从有再到"濒临消逝"的过程,大概可以概括为三个阶段。第一个阶段是16世纪以前,没有童年。主要原因有三个方面,一是当时的人们主要通过口头语言实现人与人之间的交流,缺乏读写能力。在同样拥有口头语言表达与交流能力的成人与儿童之间没有明确的区分,不存在隐性的秘密,文化传递很容易被人理解,不需要特殊的训练,所有人都生活在同等的信息交流世界中,不存在是否识字或识字量大小的差异,也不存在间接经验多寡的不同,所有人只有直接经验水平上的区别。二是童年作为一种文化的概念还没有发展起来,无论是成人还是儿童的学习都是通过经验的累积以及口头的传授来实现的,成人与儿童的学习没有本质上的区分,也没有系统的教育来为儿童成长为成人提供准备。三是儿童与成人之间没有羞耻心的差异,不仅仅是儿童在成人面前毫无掩饰,更重要的是成人在儿童面前也没有避讳,在文化相对落后的时代,成人所知道的也并不比儿童多许多,成人的活动范围与行为表现也没有对儿童有所隐瞒,成人与儿童整合于同一个世界当中,各自都没有界限,更没有相互不让知晓的羞耻观念。成人与儿童、成人世界与儿童世界都是融合的,没有区分的,所以是没有童年的。第二个阶段是16世纪,童年诞生。主要原因是在16世纪印刷术被广泛应用,由此带来了一个由文字建立起来的书本世界,这个世界开始将成人与儿童进行隔离,只有成人才有能力涉足这个世界,而儿童需要努力数年才能进入文字世界。童年和成年之间产生了严格的界限,儿童需要努力才能"成年"。儿童尚未具备进入文字世界的时期被概括为"童年","童年"的概念由此诞生。童年的发展方向是成年,因此儿童被界定为"未发展成型的成人",儿童与成人之间的界限越来越清晰:语言、服饰、阅读文本……都开始分离,人们越来越理所当然地认为儿童不应共享成人的社交生活,儿童就只是处在需要不断努力的、正在为进入成人的世界做着准备的时空里。第三个阶段是20世纪中叶以后,童年面临着被电子媒介消解的困境。主要是因为20世纪50年代电视开始进入人们的日常生活,以电视为中心的电子媒介越来越普及,使得儿童与成人之间的界限越来越模糊起来,形象直观的电视内容让儿童与成人之间的理解结果越来越相近、理解能力的差异越来越不明显。电视的使用权也无法区分儿童与成人的观众层次与类别,成人世界被电子媒体一览无余地呈现在儿童的面前,儿童可以展示出任何成人所能呈现的样式:浓妆艳抹、装腔弄调,甚至是暴力。成人世界的秘密越来越被消解并且消失了,依此划分的成年与童年也没了界限,童年的概念也就不复存在了。

然而,正如文化发展的复杂性一样,我们理解"童年"的文化概念时,也需要辩证地理解。这是因为"童年"是因社会历史性变化而形成的概念。波兹曼带有文化批判性的观点给了我们新的视角,但其略带悲观的伤感情绪容易袭染我们的神经,使我们更加茫然无助,他的观点适合警醒世人,却不利于建设性发展"童年"。英国学者大卫·帕金翰则是以一种更加积极的视角来理解童年的。他在《童年之死——在电子媒介时代成长的儿童》著作中提出另一种思考:童年不会因为电子媒体的存在而消亡,相反地,在新的文化环境下,童年是以新的方式存在于广泛的社会生活和文化生活之中的。尤其是在当下,电子媒体的样式和传播途径越来越丰富多样,再也不是单一的以电视为中心的媒介时代了。快速发展的网络技术与高科技产品对儿童可能潜藏着消极的影响,但不可否认的是儿童并不是一个等待被填满的罐子,儿童具有主观能动性,儿童会对媒介信息与内容做适当的选择与取舍,也能从电子媒介中获得积极的影响,在形象直观的电子媒介信息中,儿童可能更能适应时代的变化,更能接受新鲜的事物和信息,这与成人的保守抵制态度形成鲜明的对比。从这个角度看,电子媒介并没有模糊了成人与儿童的界限,反而加深了二者的区别,所以童年并不是濒临消逝,而是趋向重生,是青春的蔓延,具有积极的力量。

(四)教育学界的理解：童年的秘密与发展价值

"儿童的发现"开启了教育学界对"童年"的真正认识。在人类历史长河中，儿童一直处于隐蔽的角色。在中世纪以前，人们的头脑中还没有清晰的"儿童"，也没有儿童专属的地位和权利，儿童不是独立的存在，而是依附于成人的"小大人"。

1.童年有内在的秘密价值

卢梭在宣扬自然主义教育中间接地宣扬了顺应童年需要的价值；蒙台梭利直接以"童年的秘密"为题宣告童年的价值及儿童生来具有的发展潜能，告诫成人要尊重儿童本性、要尊重童年的潜力；范梅南则在《儿童的秘密》中提出了童年期的秘密的教育价值。

教育学界逐步达成共识：儿童具有内在的吸收力，儿童具有学习的能力与生长的力量，而且人的本性也使得儿童具有较好的学习能力。这是因为"人的本性是'生成性'"[1]。人不是预成的存在，而是不断生成的存在。"人在本质上是不确定的，……人的生活并不遵循一种被事先确定的过程，……自然只完成了人的一半，另一半留给人自己去完成。"[2]另一方面，"人永远不会满足于自己所已经拥有的任何规定性，力求创造出自己的新的规定性"[3]。"完成"另一半的方式就是后天的学习，突破既定规定性也是后天的实践努力，也就是说，人总是不断地通过后天的实践学习来弥补自身在自然生物性上的缺陷和不足（例如，人不会飞行，所以人想办法借用工具达到飞行的目的；人没有类似于动物的皮毛却借助织物制成的衣服来抵御寒冷），人还通过不断地追求生存的意义，不断创新，力图超越人本身的局限性，追求完满。

学习的功能性越来越彰显出来并为人所充分利用，从增强类生存与延续的自然力的原始生活化学习，到增强类社会发展与进步的文化力的学校学习，不管是个体的生存还是人类的延续，学习都成了使"历史凝结起来的人类文化在现时的个体身上活化其生命"[4]的重要桥梁。在高结构化演变中，正规与非正规的学习活动分化得越来越明显，尤其是正规学习越来越表

---

[1] 曾文婕：《走向文化学习——学习文化的历史嬗变与当代重建》，《课程·教材·教法》2011年第4期。

[2] 〔德〕兰德曼：《哲学人类学》，阎嘉译，贵阳，贵州人民出版社，2006年第2版，第192页。

[3] 鲁洁：《教育：人之自我建构的实践活动》，《教育研究》1998年第9期。

[4] 曾文婕：《走向文化学习——学习文化的历史嬗变与当代重建》，《课程·教材·教法》2011年第4期。

现出强大的效益性,成为制度化教育的主要甚至是唯一的表现,学校教育成为正式教育的主体场所,儿童在学校教育中接受学习成为教育过程的核心要求。教育在经由原始生活经验的口传身授到今天制度化的正规学校教育,既是教育学习系统化、现代化、效率化的过程,也是学习内容不断被筛选、被规定和被偏离生活的过程。

学校学习自成体系,内容也不再是整个生活,而是对生活的典型化,主要以书面化、文本化甚至是声像化的符号承载,这在很大程度上导致了非符号化的类经验被排斥于学校学习之外,儿童的生活与学校学习被分化开来,儿童的生活体验被拒于正规学习之外,儿童生活体验的时间完全被正规学习时间挤占,抽象的间接经验的学习占据了儿童学习的全部时间,让儿童越来越成为为了学习而存在的人,而不是为了自身的成长而存在的人。这样的学习越来越限制人的本质性追求。

2.狭义的学习限制了儿童视野的发展

"人的存在的有限性和开放性对于人之存在和发展具有不可否认的积极意义,它是人之自由和创造性所以能够生成的必要条件之一。"①当学习被当作实现自由和创造性的必要条件时,"看最有教育价值的动画片""把最有价值的知识教给孩子""只做最有利于学习的事"就成为儿童学习的全部,一些偏离学习价值的教育观念愈来愈坚固。

仅以学前教育为例,越来越多的家长愿意把幼儿送进幼儿园。我国的毛入园率也在逐年上升,2020年全国平均入园率已经超过83%,大多数家长认为"学习"就是指在幼儿园里的学习,在幼儿园里的学习才是目的性强、有效且快捷的。家长们习惯性地询问幼儿"今天在幼儿园学到了什么(知识)",是因为知识性的学习成为家长普遍认同的学习内容,家长们也乐于向亲朋好友炫耀孩子学到的儿歌、英语单词和数学加减法,以此类习得性知识作为孩子"聪明"的佐证。家长们也相信有目的、有计划的成人安排更有益于儿童心智成长,而这一个阶段的学习就是为下一个阶段做准备的。因此"参加这个兴趣班可以为以后入小学打好基础吗"这样的询问成为家长们的口头禅。家长们比较认同儿童的学习潜力越早挖掘越好,因为"学前儿童好奇心强、记忆力好,最适合进行早期智力开发,开发得越早收获的成就越大"。这类"蛊惑"家长的信息经常使家长们不知所措,最后都跟风进入了培优的围城。

---

① 衣俊卿:《论人的存在——人学研究的前提性问题》,《学习与探索》1999年第3期。

　　把学习理解为"学生在教育活动中通过经验引起的、符合教育目的的行为或心理的相对持久的变化的过程"①是狭义的学习，是外在的学习，是基于成人世界且带有成人目的的学习，而不是基于儿童的。它较少关注儿童对生活的热爱和对自然的好奇心，不是儿童天性的顺应、童真的维护和童趣的追寻，它极大地限制了儿童发展的视野，导致现行的学前教育出现了许多怪异的"化"学现象。

　　一是幼儿园的课程定位利益化。为着管理的利益，为着办园的利益，为着教师的利益，最后才可能是为着幼儿的利益，以儿童为本成为课程目标定位的间接要素。

　　二是课程选择自由化。在《幼儿园教育指导纲要（试行）》指导下，园长选择课程太自由了，行政规划参差不齐，课程指导不到位，所谓"一切为了孩子、为了一切孩子、为了孩子的一切"的三个"一切"成了口号。

　　三是幼儿园课程小学化。2011 年笔者随机调查了 50 所幼儿园，其集体教学活动节数严重超标，大班平均每日 4 节，中班平均每日 3 节。在 2018 年 1 月进行纠正和防止小学化倾向的调查中，城市幼儿园的小学化倾向有所好转，但在农村幼儿园尤其是农村民办幼儿园中，小学化的问题仍然十分严重。

　　四是幼儿园游戏活动形式化。幼儿园教育教学组织实施的方式发生了较大变化，从单一的集体教学走向一日生活皆教育、一日活动皆课程，从课堂教学走向户外自主游戏，但是"以游戏为幼儿园基本活动"的教育要求还并未真正落实。把游戏场所布置成景观，过分重视材料的堆砌、过分强调区角数量与形式，而不重视幼儿在其中是游戏还是表演，教师在游戏中究竟处于什么样的角色与地位。这些都是当前值得探索的重要难题。

　　五是幼儿园课程内容学科化。在经历了单元活动、分科教学到主题课程的整体性、综合课程发展进程中，由于课程编制的理念与教师的实践之间存在差距，导致教师更愿意采取分领域的学科化的方式来组织实施课程活动。课程内容的选择上更注重教师组织实施的便利性，而忽视儿童整体性感知的学习特点。

　　这些怪异的举措都无形中忽略了幼儿园课程最为本质的价值所在，忽略了儿童为什么要学习这个核心问题。强调学习的价值、学习方法的科学性、学习过程的有效性、学习结果的丰富性、学习能力的重要性以及学习进

① 　卢家楣：《学习心理与教学》，上海，上海教育出版社，1999 年，第 3 页。

程的快捷性,似乎不管怎么强调学习都不过分。然而,人创造出学校的目的是让学校为人服务的,人设计课程也是为着人的发展服务的,当人完全让渡出学习的价值,让学校或正规的学习制度来约束和限定人的学习,推崇学校制度中的学习而否定制度中不传授的内容时,就消解了人为了追求完满人生的本质目的,而沦为制度化学习的奴仆。将儿童的全部使命都限定于学习活动中,学习成为儿童存在的唯一方式,没有游戏的时间与空间,没有自己的兴趣与爱好,有的只是绵延不断的学习任务,学习消解了为优化生命而学习的内生性动力。

第二节 童年的危机

无论是讨论童年的过去,还是研究童年的未来,都需要立足童年本身来剖析童年的现状。对当下教育生态的观察、对教育现象的搜集、对教育问题的思索后都可以反思:童年是否处于危机之中。本节尝试从危机视角来解析当下的童年困境。

一、童年的危机

"危机"在此处指的是"处在危险的紧要关头"。"童年的危机"指的是当今时代中,童年出现了一些严重的问题与怪异的现象。这既与波兹曼的"消逝"有某些重合之处,又与其批判性的文化视野有所差异。"危机"与"消逝"都有"不断恶化、走向不良后果"的意思,但是"消逝"更强调结果,而且结果更严重,没有挽回的余地,是化有为无,而"危机"是一种过程性的判断,是一种趋势,不良结果还没有完全出现,或者说还有挽回的余地,因此"危机"还可以解释为"危险的机会"。笔者更愿意从这个角度来看待童年和儿童教育。这反映出教育研究者的一种觉醒,也寄予了教育工作者的期望。

二、童年危机的表现

童年与儿童相互依存,儿童缺位,则童年无所依。概括来说,童年的危机表现在三个方面。一是时间与场所的危机:儿童身体活动的缺失。二是游戏与娱乐的危机:儿童自我的缺失。三是生存动机与成长方向的危机:儿童精神的缺失。

（一）时间与场所的危机：儿童身体活动的缺失

1. 儿童不能亲历童年

童年是人生的起点，也是人生中最重要的时期。许多成人在回忆自己的童年往事时，思绪总会沉浸其中、流连忘返。童年充满着纯真的好奇、异想天开的梦想、使不完的劲儿、毫不掩饰的表情、不分昼夜的玩耍、无拘无束的疯闹，是朴实无华、天真烂漫、童心闪耀的时期。童年时的我们可以与万事万物对话、交流、游戏，一树一木都生机盎然，一花一草都饱含情感，日月星辰是伙伴，鬼怪神灵亦是朋友。游戏玩耍应是童年的全部主题。在童年里，儿童拥有一颗金子般的童心，总向往着人间的真、善、美，追求着人生的独立与自由。儿童拥有天然的童趣，喜好在游戏中生活、在玩耍中探索，以自己的方式享受童年的简单和快乐。儿童具有天真的品性，天然去雕饰的纯真。

童年本身带有时间属性，童年所指的时间有周期性和不可逆转性。童年的时间还与成年的时间具有差异性，主要在于时间的使用权、使用范围和支配度的不同。童年的时间不能被儿童自主支配、不能自由使用，就意味着童年在时间上的危机。童年的场所既是儿童活动的场所，也是儿童游戏的场地和成长的空间。儿童在这样的空间中不能安全地活动、不能自由地玩耍，甚至根本就不能进入这样的空间，这就意味着童年在场所或空间上的缺失。

因为童年被赋予了太多的期望和责任，成人要求儿童花费大量的时间去学习和思考，而不是游戏。游戏因其太具有娱乐性而不被成人所接纳，又因其会挤占正式学习的时间、扰乱思考的心绪而更被排除在童年之外。儿童自主支配的时间越来越少，一切都在成人的规划之中。儿童活动的空间相当有限，家、校、培训点构成当今中国儿童的主要生活空间。儿童的好动天性也被束缚得"相当规矩、有秩序"，身体运动的时间、空间、内容都没有了，儿童自然只能"老老实实地坐着"，不能"交头接耳"，交流只能在所谓的"意义"中进行。除了接受成人安排的指定内容和活动，儿童只有度过童年的义务而没有享受童年的权利，成人与儿童构织成一个不成形的社会，在这个社会中，父母被逼成了"变态娘"①，而儿童则"不想做人才，宁愿做条狗"，只因狗还有出外溜达放风的时间与自由。

童年因儿童而存在，也因儿童的亲历体验而充满光彩。但是越来越多

---

① 语出《女儿小升初，我被逼成"变态娘"》，摘自《楚天都市报》2011 年 8 月 9 日 A08 版。

的儿童成为幕后主人、无法走到前台,儿童只是童年存在的背景,而不能自主地把握童年和自由地畅游童年。童年成为儿童心中所思所盼的憧憬,而无法在生活中亲历,因为亲历需要身体到场主持活动,需要情感到场营造快乐,需要时间和空间到场提供自由。而这些必要的元件却常常因成人安排了更重要的任务而缺席。

成人由儿童成长而来,成人的生活模式在童年的体验中已经埋下确定的种子,成人的精神只是在儿童的精神中生长,成人的个性早已在童年中形成,因而儿童是成人生长之父,儿童是成人精神之师。然而成人却以"压抑"来"反哺"儿童,使得儿童不能正常地发育和成长,这是当下社会的普遍现象,"社会赋予了成年人截然相反的使命:让他们有权决定儿童的教育与发展"。"当人类的思想达到了一定的深度之后,我们才转而发现,那些过去被认为是整个人类的守护者和施舍者的成年人应该受到控告。"因为儿童远不是无知无能的代名词,也不是等待填充的罐子或者等待涂抹的白板,而是一个我们无法完全了解的"神秘世界"。教育的任务就是激发和促进儿童"内在潜力"的发挥,使其按自身规律获得自然的、自由的发展。成人过早地将任务和压力施加给童年,在成人与儿童的较量中,儿童的弱势激发其对成人权力的向往,又生发出对成人世界的好奇和模仿,这既激发了儿童探索成人世界的兴趣,又使儿童主动地放弃了童年的许多阵地而去追逐成人世界。童心显得越来越可贵和难得,因为只有亲历童年才能持有童心。李贽《童心说》言:"夫童心者,绝假纯真,最初一念之本心也。"童心中满含着纯真,展示着童年的游戏。陆游《园中作》云:"花前自笑童心在,更伴群儿竹马嬉。"童心对于儿童的重要价值,在沈从文的心中有杆秤:"童心在人类生命中消失时,一切意义即全部失去其意义。"

2.儿童身体活动缺失

儿童身体活动的缺失主要表现为儿童身体活动受限制。例如,身体自由活动的时间缺乏,身体游戏的时间减少,身体活动的空间受限制,儿童越来越被圈养起来。儿童对自然生活越来越缺乏体验,触摸不到春天的气息、夏天的游戏、秋天的追逐和冬天的惬意,被成人关闭了自然生命的体验之门,只会矫揉地想象着季节的特征。身体活动缺失对儿童的影响是严重的。现象学中认为知觉是认识的起点,没有身体知觉就无法取得好的理性发展。对于儿童来说,身体是儿童认知的基点,体验儿童成长的手段,甚至是人生成长的目的。没有体验,儿童就无法使书面的、前人的、理性的知识与自己的生命融合起来,成为有价值的一体。

(二)游戏与娱乐的危机:儿童自我的缺失

儿童有一种与生俱来的"内在生命力",这种生命力是一种积极的、活动的、发展着的存在,它具有无穷无尽的力量,甚至决定着整个世界的方向,为人类的发展提供了原动力。在《童年的秘密》中,蒙台梭利很直接地指出:"儿童正是作为一种精神上的存在而不仅是肉体上的存在,才给人类的发展提供了的原动力。也正是儿童的精神,决定了人类发展的进程,并有可能把人类引向更高级的文明。"①儿童不在场,童年无所依。"童年消逝的危机"成为儿童教育研究者们需要直接面对、不可回避的重要问题。是童年面临消逝吗? 显然不是。童年作为一个时间概念是不会消逝的。童年是儿童存在的表现,童年的危机意味着儿童的危机,讨论童年的问题自然就应关注儿童的存在与活动的问题。儿童作为物的存在具有客观性,但儿童不只是物,更是具有思想与理想的人,儿童又在"人"这个概念中显露出自己的独特性。因为儿童这个概念中凝聚了除"人"之外的"童真、童心和童趣",没有这些,也就无法区分儿童在"人"中凸显出来的差别。自由自在的身心活动和愉悦的情绪情感是儿童存在的显著外象,威胁到这些就意味着威胁到儿童,威胁到童年,因此儿童在童年中彰显出具有"童真、童心与童趣"的主体性及主体活动才是童年的本质。而儿童的主体性及主体活动是需要儿童来自我把控的,因此,童年的本质危机是儿童自我缺失的危机。

1.儿童的自我表现

人本主义教育家、心理学家罗杰斯认为,教育的价值在于人的自我发展和自我实现,其"自我"就是个体的一种体验,是"个体整个儿地去知觉他的机体,他体验到的所有知觉,体验到的这些知觉与所处环境中其他知觉以及整个外部世界发生关系的方式",是对自己能力、态度、情感以及生理等各个方面的全面的认识。② 卡尔·雅斯贝尔斯也认为,教育不是非理智知识或认识的堆积,而应最大限度地调动人的潜力、促进人的内部灵性与可能性的生成,让儿童在自由游戏和不断尝试的体验活动中自我练习、自我学习和成长。

"自我"是一个简单而又复杂、清晰而又模糊的概念,既指有形的自己,又指无形的意识。这是一个关于个体生存与发展的重要问题,是个体在对自己的概念、判断和评价中形成的,又推动个体与自己、与自然、与社会的关

---

① 〔意〕玛利亚·蒙台梭利:《童年的秘密》,金晶、孔伟译,北京,中国发展出版社,2006 年,第 2 页。
② 辛继湘:《体验教学研究》,西南师范大学博士学位论文,2003 年。

系建立,还引导着个体理解生命的真谛。因为儿童的发展过程不只是一个生物性生长和成熟的过程,更是一个儿童的自我意识形成与提升的过程,只有具有自我意识的人才能认识到生活的真实性和生命的意义,才能体悟出存在的价值,也正是在自我意识的导引下,人才会产生各种需要并在追求需要的满足中,追求最大限度地实现自己的存在价值,并超越出现实的生存意义,追求生命的价值。"在这种自我意识中,人类能够'觉其所觉','知其所知','想其所想','行其所行',因而又能够超越自己的狭隘的、有限的存在,在自己的'意识世界'中为自己创造无限广阔、无限丰富、无限发展的'世界',给自己构成理想的、真善美相统一的'世界',这就是人的'超越意识'。"①自我意识形成、自我调控权利与自我价值的发挥都是儿童在童年中彰显力量的重要表现,儿童的个性化和主动性的存在就取决于儿童的自我生长与成人的外来影响之间的较量,儿童的自我在较量中失利,则意味着童年意义的不保,而要增强较量的力量,就需要以儿童自身的本能和社会生活中体验的支持为主,同时吸纳外在的有效影响。

2. 儿童的自我形成

儿童受天生素质的必然影响,其"自我"不是天然自生的,而是在儿童活动的滋润中生长的。活动本身并不会促进自我的生长,生长的原因是儿童在活动中投入了兴趣、需要和情感。儿童正是既投身于活动中又将活动纳入自己生命的历程中,在整体融合中领悟活动意义、体验生命价值时影响和促进自我发展的,因此,体验成为儿童形成自我和发展自我的重要力量,预防童年的潜在危机和解除童年当下的威胁就需要积极倡导儿童去体验。所以体验既是儿童自我认识、自我觉知的重要思维方式,也是儿童形成身体自我、游戏自我和审美自我的重要手段,还是儿童获得生命体悟价值、获得生存意义、形成儿童独有品格的重要活动和途径。

3. 童年的危机:儿童自我的缺失

童年的危机既有根深蒂固的社会原因,是成人为本的世界侵蚀的结果;更源于儿童体验的缺失,这使习得性主动放弃成为最主要的原因和最大的问题。如何捍卫儿童的主体地位,尊重儿童体验,唤醒儿童的自主意识和自觉行动,让儿童成为儿童自己,是教育的追求,也是生命的追求。教育是培养人的活动,教育对于人的作用在于提供机会、提高效率和提升水平,人获得的生长不仅包括身体的高大强壮,还包括心灵的灵动与秀慧。人的生长

① 冯建军:《人的超越性及其教育意蕴》,《教育研究与实验》2005 年第 1 期。

发展过程是人的自我生成与发展的过程。儿童发展的过程更是自我的形成、生长、发展与完善的过程。正如现代教育所呼唤的："学校教育需要直面学生发展现状,认识其成长需要,真实有效地促进其生命成长。"①教育的目的应该是促进生命成长,个体生命的成长就在于儿童自我概念、自我意识、自我理解、自我评价与自我力量的形成。儿童成长的根本在于儿童自身,儿童体验成为实现儿童成长的必要路径和方法。因此了解儿童体验,理解儿童体验的过程,尊重儿童体验的特性,支持儿童体验从而促进其内在生长成为本书研究的核心问题。

儿童的幸福究竟是什么?儿童成为自己或许是可能的回答。"认识你自己",是一个人毕生的追求,儿童在努力认识自己,从自我同一到自我分化再到自我发展的过程,儿童最终要追求的是成为儿童自己。而在追求的路上,体验成为儿童在场的手段、达成目标的保障以及评判的标准,儿童只有在追求的路上获得了儿童自己应有的心理、社会与文化的体验过程,获得了儿童自己的认知、理解和追求,儿童才会获得儿童的体验,才能深入地了解生活对于自己的意义,了解自己活着的目的和方向,才能使自己在有限的生命时间中活出无限的快乐和精彩。虽然这快乐和精彩必然需要辛苦的付出和一定的代价。

(三)生存动机与成长方向的危机:儿童精神的缺失

1.儿童不能创造童年

创造因自主而生,创造因自由而活。在自主自由的活动和思维中,儿童才能进行反思和内省,才能领会真义和突破窠臼成规,才能自由地想象,才会有智慧的灵光闪现。但是,儿童自由阅读的机会被严格规范到成人筛选后的框架中,阅读仅限于作品而非生活。儿童思考的过程也被现代媒介的直接图式剪辑了,儿童成了不用动脑子的罐子。儿童的情感趋向程序化,人际间的互动要么成为被忽略的部分,要么成为程序化应付的过程,父母有太多的工作要做、有太多的目标要实现,没有时间和精力来与儿童培养情感。"电子保姆"越来越成为儿童情感的依恋,程序化的交流成为儿童的情感。儿童不是童年活动的真正主体,就难于突破童年的被给予性,就难于创新童年、创造童年。

儿童具有求真的本性,热爱探索并愿意持续探索,总有问不完的问题,总有满足不了的好奇心,总希望了解事物的特性,总想把握事物背后的运行

---

① 叶澜主编:《教育学原理》,北京,人民教育出版社,2007年,第101页。

规律,总想把万事万物都囊入心中。然而在现实生活中,成人想走捷径,想节省时间,越来越趋于功利,因此不断地想办法压缩儿童探索的时间,缩短其求知的路径,剥夺儿童思考的权利,包办儿童生活的点点滴滴。无论是在物质上,还是在精神上,对成人表现出依赖性的儿童也反抗过、挣扎过,想要脱离,追求独立,但这份求真的追求却困难重重,最终,越来越多的儿童喜好偏向成人,不仅向往拥有成人的外形、姿态和言语,还希望早日拥有成人的权力。在这种双向的作用下,童年的周期似乎越来越短,儿童过早地步入了成人的世界,过上了伪成人的生活,儿童应拥有的生活空间、自主时间越来越缺乏,童年成为被制约、被规范的时段,儿童没有自由,童心被泯灭,灌输式的成长成为童心泯灭的罪魁祸首。儿童的好奇心被遮蔽,儿童的同情心被掩盖,儿童的求真精神被抹杀。童趣也荡然无存,儿童的娱乐精神被成人游戏剥夺,儿童天生的游戏性被打上功利的烙印,儿童成为人生竞技场上的斗士。儿童缺乏幽默感,陷入简单、幼稚、极端中。功利与伪装的社会造成了儿童伪成人的生活,儿童纯真的体验本性被伪善、交易、利益等所取代。儿童纯真的心灵上落满了灰尘。

我们"不得不眼睁睁地看着儿童的天真无邪、可塑性和好奇心逐渐退化,然后扭曲成为伪成人的劣等面目,这是令人痛心和尴尬的,而且尤其可悲"。所以,尼尔·波兹曼大叫起来:"童年正在消逝,而且飞快地消逝!"①

2.儿童精神的缺失

在童年消逝的危机中,面临危机的是儿童,而儿童自身的某些本质要素的丧失又加剧了童年的危机,在这之中,儿童精神缺失是最为核心的本质要素。

郎格威尔斯说过:儿童的发展基模分为"身体、心灵和精神"三部分。心灵和精神正是身体所承载的。身体生活是第一生活,它是以学习为特征的第二生活的基础。在有关童年的访问访谈以及文献分析研究中,我们不难发现,童年危机不仅有儿童身体活动缺乏的危机,更有儿童精神缺失的危机。

儿童精神的缺失主要表现为儿童心理自我的缺失。儿童不仅受到身体的限制,连自发的行为也普遍受到约束,儿童的想法缺乏正常表达的渠道,导致儿童自我认同感的缺乏和自我精神的缺失。因此,儿童厌学、逃课、离家出走、迷失于网络甚至暴力、犯罪等已经成为儿童教育中十分突出的问

---

① 〔美〕尼尔·波兹曼:《童年的消逝》,吴燕莛译,桂林,广西师范大学出版社,2004年,第3~4页。

题。扭转童年危机的方法之一就是要努力使儿童形成积极的自我形象，并让此成为儿童良性成长的重要因素。

在童年的危机中，儿童的健康成长似乎常常被忽视。学习成为儿童的任务和生存的目的，教育更注重学习的结果，成人对儿童的关心也更侧重于儿童的学业与成绩，学习异化为教育的终极目的，儿童的成长成为被忽视的冰山，孩子们成为成人的手段、成为教育的工具，儿童成长的本性被歪曲、消解。在"吃得苦中苦，方为人上人"的信念下，越来越多的儿童的成长被苦水淹没，近视眼的发生率越来越高。游戏是儿童的本能，也是儿童的生活方式和生活内容之一，但儿童自主的游戏也遗失殆尽。

第三节　童年的重构

在探寻童年的现状中，感受到童年的危机四伏，那么造成这些危机的原因是什么呢？本节将从成人世界对儿童的影响、成人态度对儿童的侵蚀、成人对儿童观念的误导、儿童自我的缺乏和成人压力向下转嫁等方面来思考当下童年危机产生的原因，并由此展开重新确立童年意义的研究，提出以"体验"为切入点来确立儿童的地位，以学习观向成长观的转向作为童年意义确立的载体，建立起童年应有的自身意义立场。

一、产生童年危机的原因

(一)成人本位的世界对儿童的忽视，阻碍了儿童的自我建构

在成人眼中，成人所做的事总是有价值的，儿童的事都是不值一提的。有一本叫《冬冬，等一下》的书突出表现了成人无视儿童存在的"残酷"。

> 冬冬说："嗨，爸爸！"
> 爸爸说："冬冬等一下，我现在没空！"
> 冬冬说："嗨，妈妈！"
> 妈妈说："冬冬，等一下，我现在没空！"
> 冬冬说："妈妈，花园里有一只怪兽要吃我。"
> 妈妈说："冬冬，等一下，我现在没空！"
> 冬冬走到花园。他对怪兽说："嗨，怪兽！"
> 怪兽一口就把冬冬吞到肚子里。然后，怪兽走进屋子，怪兽在冬冬

妈妈的背后,大吼了一声。妈妈说:"冬冬,等一下,我现在没空!"

怪兽张大嘴巴,使劲儿咬了冬冬爸爸一口。爸爸说:"冬冬,等一下,我现在没空。"

"晚饭好喽!"冬冬的妈妈说。她把晚饭放在电视机前。怪兽把晚饭吃了个精光。然后,他看了一会儿电视,又读了一本冬冬的漫画书,还摔坏了冬冬的一件玩具。

冬冬的妈妈大喊:"快去睡觉,冬冬,你的牛奶已经拿上去了!"

怪兽走上楼去。怪兽说:"喂,我可是一只怪兽啊!"

妈妈说:"冬冬,我现在没空,赶快去睡觉!"①

孩子总希望得到成人的关注并且和成人待在一起,不管是做游戏还是无所事事。越小的孩子越会依恋成人,希望得到成人的关心,然而,成人却总是那样忙碌,以至于当"怪兽"来了都不知道!所以在孩子成长的道路上,成人究竟是如何陪伴的?如果没有陪伴,就不要失望,更应在孩子没有成长为成人所期望的那种人时,首先追究成人自己的责任,而不能一味怪罪孩子。

自我的形成是儿童认识自己、确立人生观和价值观的重要前提。儿童总是在寻找样板中建构自我。这种建构既取决于儿童自身内在的力量,更受外在环境的影响,特别需要成人的关注、关心和支持。成人对儿童内在力量的发现、疏导是儿童形成积极自我的重要支撑条件,缺乏这样的正面力量支持可能会导致儿童形成消极的自我。朱自强认为,在成人为本的世界里,成人总以利益为前提,因此成人普遍是极不豁达的。成人总以为自己走过的路比儿童走过的桥还多,自己吃的盐比儿童吃的饭还多,总在强调自己的经验更为丰富,以此作为掌管各种权力的借口,包括儿童的教育发展权、人生规划权、价值选择权等。成人不应总是以此为理由把儿童看作未完成的人,依赖成人的无力的人,更不能仅从成人的精神需要出发去利用儿童,而应从儿童的身心特点与需要出发,以促进儿童成长为目的,以自己拥有的人生经验和智慧去解放和发展儿童。成人推动儿童生命成长的过程,也是成人获得新的生命成长的历程,推动着成人的成长。

正如周国平在《妞妞——一个父亲的札记》中所省悟到的:

---

① 〔英〕大卫·麦基《冬冬,等一下》,周逸芬译,南宁,接力出版社,2010 年。

黄昏时刻，一对夫妇带着他们的孩子在小河边玩，兴致勃勃地替孩子捕捞河里的蝌蚪。

我立即发现我的记述有问题。真相是——

黄昏时刻，一个孩子带着他的父母在小河边玩，教他们兴致勃勃地捕捞河里的蝌蚪。

像捉蝌蚪这类"无用"的事情，如果不是孩子带引，我们多半是不会去做的。我们久已生活在一个功利的世界里，只做"有用"的事情，而"有用"的事情是永远做不完的，哪里还有工夫和兴致去玩，去做"无用"的事情呢？直到孩子生下来了，在孩子的带引下，我们才重新回到那个早被遗忘的非功利的世界，心甘情愿地为了"无用"的事情而牺牲掉许多"有用"的事情。

所以，的确是孩子带我们去玩，去逛公园，去跟踪草叶上的甲虫和泥地上的蚂蚁。孩子更新了我们对世界的感觉。①

(二)成人的伪装消解了儿童的童真，遮蔽了儿童的视野

儿童的本性是追求真、善和美的，表现出向善的本质。但在成人世界中，经常出现各种"皇帝新装"式的展示场合，即成人要求儿童加入的伪装教育，"没有穿衣服"的喊声在成人歪曲的表扬声中逐步消音，带来的是儿童对成人的附和。儿童看待世界的目光被遮蔽了，常常以"活着真累""太烦了""郁闷"等词汇表达对生活的感受。儿童对人生的目光被遮蔽了，儿童常常会觉得"活着挺没意思的"，儿童选择走向极端道路的信息常常会以新闻报道的形式跃进我们的眼帘。面对成人的压力，儿童常常违心地顺从成人的安排，接受成人的"恩赐"，怀着不满意和不舒服的心境还得对成人表露出感恩之心，而儿童在内心却对人际关系的认识、对金钱的态度、对成长的价值都表现出自己的喜好，由此造就越来越多的双面性格的儿童和儿童应对实际事务的双面性。

成人给予的环境极大地影响着儿童自我的形成，既有积极的一面也有消极的一面。积极的自我是有利于儿童成长为健全的成人并过上幸福的生活的，而消极的自我表现为对人生的苦恼、困惑甚至迷失，自然会影响其成长的方向和进程。成人以爱的名义把儿童当作实现自己人生目标的工具和手段，儿童在被爱中沦为成人的俘虏。儿童成为成人强迫的对象，接受的不

---

① 周国平：《妞妞：一个父亲的札记》，上海，上海人民出版社，1996年，第23页。

是从儿童的需要和利益出发而是以实现成人的利益为目的的强制性的教育。

(三)成人的控制压抑了儿童的天性,抹杀了儿童的心智

洛克的"白板说"只反映了儿童具有可塑性的一个方面,没有揭示出儿童还生而具有潜能的另一方面。正如蒙台梭利所说:"事实上,儿童个性发展的关键在于他自身。他有自己的发展方式和必须遵守的规律。在儿童体内必定存在着一种微妙的力量……"①儿童的成长不是靠成人去涂抹,而是靠儿童内在的生命力和发展力。儿童生来就具有了内在的心理结构、本能、天性和潜力。

成人不能把他当作一无所有的白板,想当然地给他涂画上自己喜欢的图画和颜色。儿童是一粒具有潜力的种子,内部蕴藏着自身的力量,成人只能扶持、帮助和激发,而不能替他成长。当下,越俎代庖的事情越来越多,也由此诞生了许多高智商低自理能力的学生,这类学生智力水平高,学业成绩优秀,但是生活能力相当差,心智不成熟,与人交往容易出现困难,对社会的认识存在片面性甚至容易走向极端。例如,在中央电视台 2005 年以"神童魏永康讲述成长的烦恼"为题的一期新闻调查当中,讲述了一位 13 岁就考上重点大学,17 岁考上中科院硕博连读的天才学生魏永康的人生经历。在他 20 岁时,因生活极度不能自理,而被学校退学,以至于 22 岁时还在老家待业。这个学生并不是天生有不足,其被退学的一个重要原因是他母亲一味迁就孩子、剥夺孩子除了学习之外其他所有事情的处理机会,甚至上大学期间一直租房陪读,使得魏永康丧失了生活体验,缺位亲自成长的童年经历,未能适应社会群体性生活和个体独立生活。

(四)成人的求真限制了儿童的想象,消解了儿童的热情

儿童具有天生的想象力,他会因好奇而追问出十万个令成人不知所措的问题,也会因探索而回复令成人捧腹的答案。

开了花呢,就摘下来

两岁多的同同常常调皮捣乱,我们就呵斥他:"小东西,你再调皮就打屁股。"同同嬉皮笑脸地又重复着捣乱的行为,我们就会板着脸提高音量告诫他:"调皮蛋,再不听话就把你屁股打开花!"同同完全不怕先

---

① 〔意〕玛利亚·蒙台梭利:《童年的秘密》,金晶、孔伟译,北京,中国发展出版社,2006 年,第 27 页。

生,因此,当先生这样训斥他时,他就会很认真地回答:"我不听话呢,你打屁股。开了花呢,就摘下来。"(摘自一位妈妈的育儿日记)

同同小朋友的想象力很丰富,虽然此花非彼花,然而就他的经验而言还是想到"摘"的行为,十分有趣。然而,儿童的想象力、游戏性却在科学至上、学业至上的现实中被成人消磨得差不多了。只过了一年多的时间,当成人再开玩笑说"把你的屁股打开花"之类的话语时,同同却很认真地告诉成人:"我以前说错了,屁股上根本开不了花,花只能在土壤中生长。"难怪一位作家在跟小朋友们讨论"人是什么变的"这个问题时,全体小朋友都陷入了困顿之中:大家除了回答人是猿猴变来的之外,再无其他具有想象力的答案了。

(五)成人的压力转嫁到儿童的身心,压抑了儿童的生长

学校不是一个造就童年的地方,不是一个保护儿童的地方,在追求知识教育与功利教育中,学校走向了反面,成了塑造成人的工厂。学校与家长们为了公正的利益目的,一起剥夺儿童游戏的时间、活动的空间、思想的自由。学校与家长对儿童的成长越关心,儿童的负担就越重,童年消逝的速度就越快,为了明天,巴不得今天快点逝去,因为"我要的是知识的葫芦",哪管葫芦的浇水、除虫、施肥和枝叶生长。一切为着功利的目的,人生过程也可缩略化,正如评论家雷达所言:"甚至,人生过程也在缩略化,本来,人生各阶段各有韵味,童年稚气,少年多梦,青年豪勇,中年多思,既不能互相代替,也无法相互超越,可是现在的人觉得这一切太按部就班了,不如压缩之,重点是压缩童稚和多梦期,尽快转化为挣钱、赢利,人于是由此而早熟,而提前实惠化、世故化,心灵由此而提前苍老了。"在《放慢脚步去长大》中,章红强调,"放慢脚步去长大"是在"浪费时间",然而"浪费时间"恰恰是童年里正当合理的一种生活态度和方式。① 又如一位评论此书的评论员所说:"当儿童不是匆匆走向成人目标的赶路者,而是走在成长路途上的游玩、闲逛者的时候,童年便不仅仅是为'将来'存在,也是为'现在'即童年自身而存在的一段有价值的人生了。"

---

① 章红:《放慢脚步去长大》,南京,江苏少年儿童出版社,2008年。

二、童年意义的重新确立

(一)体验:彰显儿童为本的境界

狄尔泰说,生命是个体不断地体验自身、他人和他物的过程。生命存在的基本方式即体验。在生活中体验,在体验中生活,生命的社会表征亦是如此。"直接体验的世界"才是生命进化的世界,是人追求生命完满性的生活世界,生活体验表现出鲜明的"直接性"与"亲在性"。生活都由生活于其中的人的活动而存在着,也因人对于活动过程的体验与反思而获得意义。体验是一种基本的生存方式和追求精神生成的社会表征,是人的生成性本质的显性载体,是人作为实践主体的本质表现。体验的过程就是追求新生活和获取新意义,生成新的规定性的过程。因为对"我"而言,体验意味着生活的事件正在进行着,或当某事发生时,"我"正好在场并体验到事件的过程,是亲临其境的、亲自在场的、亲心体验的。同时,体验事件的过程,还意味着领会到事件的结果,吸收并保留了其中与"我"有关系的相关经验,成为"我"的一部分,并影响着"我"对其他事件的"经历"。

自然只赋予了儿童对世界的天然好奇和探索热情这一半,却留下儿童幼稚无知的另一半,需要儿童不断去追求、探索、创新、突破和生成。正是在这样先天的优势基础和天生的不足中,儿童才会依赖着天性,立足于生活,怀揣着憧憬,在执着的想象中追寻着儿童的本质。体验正是儿童实现自身价值的唯一途径。

(二)生长:揭示童年的发展意义

如果将儿童体验与学习取向作为儿童发展的两个方面进行比较,通过前面的阐述,可以将儿童体验定位为生长取向的儿童发展观。从这个角度来讲,儿童体验所持的生长取向与当前的学习取向是有鲜明冲突的。

首先,从发展的主体性来讲,生长取向强调儿童发展的内生动力和内发需要,强调儿童获得发展的动力来自儿童本身。蒙台梭利作为儿童教育领域的重要代表,曾坚信:成人"设想通过对儿童的指导和建议增进其情感、智力和意志,但他们只是从外部完成了这项创造性的工作","儿童个性发展的关键在于他自身。他有自己发展的方式和必须遵守的规律"。[①] 而学习取向更强调儿童发展的外在要求和主体外的需要,强调的是儿童发展中的非

---

① 〔意〕玛利亚·蒙台梭利:《童年的秘密》,金晶、孔伟译,北京,中国发展出版社,2006年,第27页。

儿童的主体利益,以社会利益来塑造甚至是替代儿童发展的轨迹。

其次,儿童的生活是儿童存在的根基和土壤,儿童的发展应立足于儿童的生活。生长取向强调让教育回归于儿童的生活。在儿童的世界中,应保护和培植儿童身体以及各种精神官能的发育成长。正如蒙台梭利所说:"儿童有一种与生俱来的'内在生命力',这种生命力是一种积极的、活动的、发展着的存在,它具有无穷无尽的力量。""教育的任务就是激发和促进儿童'内在潜力'的发挥,使其按自身规律获得自然的和自由的发展。"①而学习取向则主要立足于成人生活的需要和成人世界的需求,以成人世界的标准作为衡量儿童发展的标尺,易于彰显知识化和技能化的人才标准而忽视人最为根本的精神需求与情感力量。

最后,学习可以是儿童获得发展的有效方式,但是,从儿童一生的长远发展来看,狭义的学习不再是儿童生活的全部内容,只是被规定的、人类文化中较小的部分,并不能成为儿童发展的终极目的。而成长则伴随儿童终身,生长取向的儿童发展强调儿童的经历与实践,重视体验的过程与亲历发展的过程;学习取向的儿童发展更侧重知识传授与范例解析,易于从经济便利的角度在短时间内获得丰富的知识。

以体验彰显的生长取向的儿童教育观具有明显的以儿童为本的立场。

第一,儿童是认识与实践活动的情感主体。儿童有不同于成人的生活经验和认知水平,更拥有不同于成人的、属于儿童自己的生活世界。在儿童的生活世界中,体验成为儿童存在的主要方式。只有在他自己尝一尝之后,他才能真正体会到什么是味道,只有在他亲自摸一摸之后,他才会理解什么叫光滑,他是"味道"和"光滑"的感受主体。儿童正是在亲历生命的过程、感受生活的历程,对自己在生活中、在生命历程中的各种生存环境与关系的亲自参与、亲身投入、亲心体验中,获得对生命存在意义的深层理解与觉察。在以主体身份参与的认识与实践活动中,儿童投入了情感,引发了内心的情绪,获得了社会生活的切身性经验,又生发出对未来生存的价值追求与向往,是儿童整体认知生命、感受生活整体意义的重要过程。儿童既是认识世界的主体,又是实践自己所想的主体,是不附属于成人而独立存在的、富有情感的主体。

第二,儿童以体验的方法获得知识与学习的意义。体验是儿童获得知识符号背后的生活意义与价值的途径。在狄尔泰的精神科学教育学方法论

———————————————

① 〔意〕玛利亚·蒙台梭利:《童年的秘密》,金晶、孔伟译,北京,中国发展出版社,2006年,第2页。

中,体验成为认识精神世界的方法。因为在对物理与精神两个世界的认识中,人们只需通过对物体的观测和接触就可获取对于物理世界的知识,而要认识精神世界,就需要认识人类活动的目的、观念、价值和规范,但这些又都是看不见摸不着的,都是不能直接被认识的。这就需要体验,即通过心灵体验来达到人的心灵相通,进而实现对意义的理解。因而体验是生命个体对事物直接、亲在地整体性感知的最重要的途径。以体验来认识世界,打破主客观二元对立的认识主体状态,使单向的主体(人)对客体(物)的把握提升到从主体到客体、又由客体到主体的双向把握上来。儿童天生具有通过体验来感知世界的能力,他可以与万事万物融为一体、亲密对话和快乐嬉戏,他与物的关系是一种交往关系,而不是单纯的认知关系,交往中的他与物之间是一种双主体的关系,他从中得到了无穷的快乐,那就是他把握的人生最重要的意义。儿童对世界的认识不仅要通过接受性学习获得有关物理世界的知识,更要通过体验来获得对学习意义的理解、对生活前景的向往以及对自己生命价值的确认。

第三,儿童的精神性成长来自儿童自己的内生性体验。体验中包含儿童的兴趣、需要、热情和探索情感,这是儿童成长的内生性动力。儿童的成长表现为身体的发育与心理成熟之外,还表现出精神性的生长。精神性的生长成为决定人理解活动的意义与感受活动的核心要素。身体的发育与心理成熟需要遵循自然的生长规律,而精神性成长需要儿童内心的体验自决,这是外在强加或灌输所无法实现的,只有儿童内在的精神成长起来并拥有了力量时,儿童才是真正地拥有了精神,才成为儿童自己。

童年的意义就是要让童年真实存在,让儿童成为真实的儿童。但是童年意义的重新确立需要经历一个过程,在这个过程中,学习取向的儿童教育还在不断修正自己,而生长取向的儿童教育也在不断建构之中,由此,童年意义的确立必须要经历一个学习取向与生长取向相融合的时期。在这个时期,一方面,以促进成长为目的的儿童发展理念越来越被广泛认同,在学习取向的教育活动中越来越重视儿童主体地位的确立与儿童积极性、主动性和独立性的发挥;另一方面,在系统知识的间接学习中,越来越强调融入实践调查、研究、分析与理解的学习方式,越来越注重儿童在学习中的动手操作与亲身体验,不仅重视知识、技能获得的结果,也强调儿童在这些结果获得过程中的心理感受。儿童体验辩证地吸纳学习取向的儿童教育方式的系统、便捷、理性等优势,又打破单一的讲解与传授模式,而融入丰富的活动与游戏,为儿童成长发展服务。

第四节　儿童体验的意义

对童年的追忆与探寻，使我们了解到童年的本质是儿童体验。儿童体验是童年的灵魂，才使得童年逝去却又永存心间，对儿童教育具有重要的研究价值。

一、儿童与儿童理解

"儿童"是一个被广泛使用的词，尤其在近几十年的教育与文化研究当中，越来越多的研究者愿意单独讨论儿童的话题，而不是把儿童放在整个人类群体中去。这是因为儿童是有自身的特点的，儿童是不同于其他人群的。那么"儿童"是谁？对于这个问题，历来都有不同的回答。其实，回答儿童是谁的本质不在于进行概念界定，而在于探讨儿童的角色和角色所代表的意义。而这样的讨论，最后其实是在追溯和反思我们所坚持的儿童观。

（一）儿童是谁

首要且必然地，儿童是作为人而存在的，是年龄较小的人，是思想与行为相对独立而不是依附于成人的人，所以在讨论"儿童是谁"时，应从最初的源头来反思。什么样的独立是属于儿童的，儿童的独立有哪些表现，如何在独立中又有依附、如何在依附中又保持独立，这是重点要讨论的内容。

"儿童"似乎是个不需要解释的概念，大家都在使用这个词，指的是某个年龄段的人。然而，当我们真要追问"儿童是什么"时，却不能那样简单、草率地给出答案。从《现代汉语词典》的解释上看，"儿童"指"较幼小的未成年人"一语道出了这个概念的相对性。对于儿童自己，他们不能说自己是什么，只能说出自己相对是什么：相对于成人来说，他们是未成年人，是年龄较成人小的人，或者还有其他的相对性话语；对于成人来说，回答这个问题可能需要成人对自己的童年进行回顾与概括，对身边的儿童进行即刻剖析与体认；对于把儿童作为研究对象的研究者来说，儿童的概念可以仁者见仁、智者见智，既可以从哲学思辨的角度给出理论概述，又可以通过对某些儿童的观察研究、调查访谈或者生理测试、心理测量等手段获得有关"儿童是什么"的认识。

但不管如何界定，儿童所指的只能是"人"，只是在应该具有"什么样的能力"上的不同罢了。因此在学科分化的研究背景下，站在人文学科的不同场景中,有关"儿童是什么"的答案是相当丰富的。在哲学界,哲学的本质不在于握有真理,而在于对真理的追寻,儿童天生的好奇心和探索欲正是使他们成为哲学家的有利条件,正如英国哲学家卡尔·波普尔所说的"人人都是哲学家"那样,儿童就是哲学家。在政治领域,儿童不仅是受国家保护的公民还享有合法的权利。在经济领域,儿童囿于身体的力量,主要表现为无产者和消费者的形象,但就其发展走向来说,儿童还是一个潜在的生产者。而在学术研究领域,诸如对儿童做了大量研究的心理学领域,儿童处于生理与心理发展的关键期,是一个与"成熟的人"相对的群体。在文学中,儿童是语言大师。在美学中,儿童是艺术家。在历史学中,儿童就是历史。儿童还是"诗人""艺术家""探险家"等。儿童的成长离不开教育,因此所有领域的阐释都需要在教育中落脚。

(二)儿童是独立自主的人

那么在教育学界,儿童是什么呢?教育领域对儿童的描述直接传递出描述者的儿童观。与其他领域表述上的最大不同,在于这种描述不是对儿童的一种终结描述,而是在于对后续的教育指明方向。因此,在教育学界,随着教育理念与技能的不断更新,学者们对儿童的理解也发生了变化,这些变化是与社会、科技的发展密不可分的。

概括来说,主要可以划分为两种观点:一是"成人中心"价值观导向下的儿童观;二是"儿童中心"价值观导向下的儿童观。历史发展至今,我们不难发现,在一直由成人主导的社会生活中,成人中心导向下的儿童观持续的时间是非常长的,在14世纪以前甚至可以说文艺复兴之前都是由成人中心主导下的儿童观占主流。儿童被当作与成人一样的劳动力,儿童只是缩小的成人,是未成熟的成人、小大人,对儿童的表述直接是相对成人而言的"子""童""幼"。这表明儿童是成人的最初生物阶段,是相对年长成人的较低身份的、幼稚无经验的人,因此教育上不划分儿童教育、不区分儿童阶段,认为教育儿童就是为了将来成人做准备,教育什么、如何教育完全依从于成人社会的需要。这种导向一直到今天都没有消除,只是表现得没有那么极端和强烈。儿童中心导向下的儿童"不是缩小的成人,也不是成人的预备"。在夸美纽斯的眼中,儿童的成长就如同种子的发育,教育需要尊重儿童的内在发展。儿童不是成人的附属品,与成人之间有千差万别,儿童既不是生来有罪需要接受惩罚,也不是纯粹的白板可任意涂抹。

恰如卢梭在《爱弥儿》中所宣扬的那样"儿童是与成人完全不同的独自存在",又如蒙台梭利所言"儿童是人类的创造者",再如"儿童是成人之父"

"儿童是成人之师"的理念越来越张扬。杜威在批判旧教育的种种弊端时指出"旧教育的重点只在于教师和教材",而在对待儿童上,旧教育者只希望快快结束他们的儿童期,将成人的知识经验硬装进儿童的头脑,而不顾儿童本性的发展,让儿童处于被动的接受或吸收的状态中。这都不利于儿童的正常成长,因此他大力倡导"儿童中心"的教育理念,主张教育应遵从儿童的天性和本能,让儿童在活动中学习。可以说这是对"成人中心论的一次致命的剿灭"①。时至今天,在日常生活中"成人中心"导向的儿童观仍是较为普遍的,而在学术界,"儿童中心"导向的研究越来越丰富,也越来越被认同。

那么,在教育领域中,我们究竟对儿童认识了多少呢? 今天究竟该如何阐释儿童呢? 这样的阐释对于儿童教育而言又具有怎样的意义呢?

二、儿童特性的教育取向

(一)儿童具有发展的潜能

儿童身体发育不成熟,心智处于成长的过程中,因此具有较鲜明的不稳定性和发展性。儿童时期的记忆力普遍较成人强,但系统思维能力较弱,认识事物主观性较强,以形象思维为主,比较感性,逐步向抽象思维发展。但因儿童社会经验不足,故对事情的认识、判断和处理较容易认死理、考虑简单和易冲动。也正是因其具有不稳定性,儿童才具有较大的发展弹性和潜力。儿童想象力丰富,思维受社会规则制约小,敢于大胆想象且乐于尝试,喜好探索,而且对失败常抱乐观心态,较容易形成自己的主见,独立性易获得发展,虽然常以自我为中心,但容易形成主体意识。儿童发展的可塑性强,在不同的环境中可获得不同的发展潜能。

(二)儿童具有游戏性

儿童天生热爱游戏,好动,好奇心强,探索欲望强烈且情感丰富。福禄贝尔倡导教育适应自然的原则是因为他发现了儿童都喜欢玩游戏的天性,认为儿童天性中具有游戏的潜质,儿童都具有游戏的本能。儿童爱好游戏和喜爱活动的特点是儿童的本质特点之一。虽然成人也时常参加游戏活动,但成人的游戏与儿童的游戏存在本质的区别:成人的游戏具有鲜明的前规则和前目的性,成人参加的游戏都是具有约束性且以达到某种功利结果为目的的,如竞赛性的游戏或竞技活动是为了获得奖金、荣誉等。游戏的本

---

① 刘晓东:《为杜威"儿童中心论"辩护》,《学前教育研究》2002 年第 2 期。

质是快乐,儿童的游戏就是以快乐为目的,儿童的全部生活都以自由的游戏为特征,游戏有变化着的规则甚或根本无规则,全以快乐为本。游戏与活动是分不开的。儿童生性活泼好动,热爱并积极投入各种活动中。活动性也是儿童在游戏本能中显现的重要特性。

(三)儿童具有独立性

儿童虽然依赖外在世界的物质供应和精神抚养,然而其思想和精神却是凭他自己的本质力量建构起来的,儿童具有向往独立并坚持追求独立的精神。当儿童想要推开扶着他的成人之手时,他就已经具备了以实际行为来表达自己独立的愿望了。儿童在独立性发展中不断地以好奇之心和探索之行来实现自己的独立愿望。儿童具有天生的独立性,儿童具备独立的语言能力、想象力、游戏力。儿童异想天开的能力是成人所不及的。成人囿于自己的经历和经验,不善于把不相关的事物联系在一起,因而受规则的约束较大,而儿童则可在自己的经验圈中自由驰骋。

三、儿童体验的教育特性

儿童是一个学习着、游戏着并成长着的体验者,儿童以体验的方式触摸整个世界并以体验来整体把握这个世界。作为一个整体感知的体验者,儿童具有其认识世界的独特性,而这又与童年的本质紧密相关。儿童是童年的主体,童年是儿童发展的力量,没有主体儿童也就无所谓童年,童年消逝也自然消解儿童的特性。

(一)具有主体性

儿童具有一颗童心,一颗以和善为本,向往美好,富于同情且追求独立性的童心。儿童生来具有追求善与好的特点,并体验着这个世界的善良与友好。儿童富有同情心理,喜欢与自己同龄的伙伴一起玩耍,会体会同龄人的心情,情不自禁地随着同伴的笑而笑,哭而哭。幼小的儿童常常会主动地通过触摸、亲吻、拥抱、嬉笑来表现友好关系。

儿童具有追求独立与自由的本性。儿童生而柔弱,不论是在物质上还是在精神上都对成人表现出依赖性,然而儿童却不是一味地享受依赖,会对这种依赖表现出天然的反抗、挣扎、脱离、独立、自主的取向。

(二)具有主动性

儿童生来表现出热爱探索并愿意持续探索的童真,对万物怀有满腔热情和好奇,总有问不完的问题。儿童具有求真的本性,总希望了解事物的特性,总想把握事物背后的运行原理,总想了解万事万物。

儿童好交往,具有合群的主动性。儿童喜欢群体生活,害怕孤独、独处,喜好人多的地方、好热闹,儿童喜好交往且愿意主动与人交流,这有利于儿童的社会性发展。儿童主动追求自己想知道的,主动参与生活活动。

儿童好奇心强,喜欢问个究竟,具有探索精神,儿童在追求问题答案的过程中表现出独有的探索精神,反复玩弄某个物品,拆装零件,探索其中的奥妙,比较有耐心,且愿意了解个中究竟。

(三)具有自主性

儿童天生好动,喜欢运动也喜欢说话,还喜欢遐想。

儿童追求快乐,在探索中发现快乐,并创造着自己的快乐。儿童在探索中体验着世界的神奇,而这些神奇又激发起他们对这个世界持续的兴趣。

儿童喜欢创造,突发奇想和反常思维常常带来出人意料的结果。儿童喜欢自娱自乐,追求童趣,并表现出自主性,喜欢自作主张地完成某个事件。

四、儿童体验的教育价值和意义

(一)儿童体验的教育价值

1.促进儿童生长发展是儿童体验研究的教育价值追求

发展是一个哲学术语,是一种变化,是事物由小到大,由简到繁,由低级到高级,由旧质到新质的运动变化过程。事物的发展是事物内部矛盾斗争的结果。① 变化是发展的根本属性,要发展,必须得有变化。由变化引起发展,发展是变化的一种结果。变化是持续的,引发的发展也是连续的,因而,发展又反映出变化的过程,所以,发展也是变化的过程。当然,有变化,不一定就能引起发展,因为变化是中性的、广泛的,而发展是正向的、狭隘的,只有向前的、上升的、进步的运动变化才是发展。

人的发展就是人变化的过程和变化的结果。关于人的变化,涉及的因素和要件是很多的,从生理学的角度看,主要是指人身体的生长变化;从生物学的角度看,主要是指人的身体功能的成熟程度变化;从物理学角度看,有物质空间的变化;从社会学的角度看,有人的社会关系的变化;从心理学的角度看,有人的情绪、情感和心智水平的变化;等等。关于人的发展,因立足的角度不同而存在许多不同的表述,比如,有专家从生物学的角度提出:

---

① 《辞海》,上海,上海辞书出版社,1989年,第560页。

"发展是指自出生到死亡的一生期间,在个体遗传的限度内,其身心状况因年龄与习得经验的增加所产生的顺序性改变的历程。"这种表述反映出人发展的几个特点,即:(1)变化的周期是人的一生;(2)维度有生理与心理的变化两个;(3)受到遗传、环境与教育的影响;(4)个体身心发展有顺序性,从幼稚到成熟是单向的,且具有不可逆性。作为具有自然属性的人和具有主观能动性的人,人的发展是在对立、转化、统一的相互作用过程中实现的;是对人自身的素质结构的优化,也优化了人与自身相关事物之间的关系,提高了适应环境、认识事物、变革事物、驾驭事物、创造事物与创造和谐关系的智能,提升了人生的价值与精神境界。①

有变化才有发展,然而,是哪些变化引发了人的发展呢? 是先天的自然素质与后天的培养之间相互作用的结果,这是当前最有力的说法。皮亚杰就是主张这种说法的典型代表,他认为是同化与顺应两种作用促进了人的发展,同化是人对环境的选择与利用,顺应是人对自我的调整与改变以适应环境。就儿童的健康发展来说,后天的培养比先天的遗传更重要。维果茨基则强调了人类活动对于人发展的意义,认为社会集体活动和个体的思维活动都是促进个人发展的重要方面。

儿童的发展既要顺应儿童自身的需要与方向,又要符合整个人类社会的需要,遵循社会发展的进程,因此儿童的思想、行为、技能、人生态度等方面的形成与发展过程都应既表现出个人性,又含有内在的规定性,即把个人的生存发展与人类个体、群体、整体与自然万物的和谐发展融合在一起。儿童发展与成人的发展存在区别,儿童的身体处于不成熟的状态,精神发展处于由少到多的量变进程中,因此,儿童的发展是身体发展和精神发展共同进步的过程,而成人发展则更侧重于知识、经验与精神层面。但追求生存的深远意义、广泛价值、崇高境界、高尚人格,是儿童更高层次的发展要求,教育改革既要服务于社会发展的大方向,也应立足于人发展的小目标,以儿童发展为本。

2. 促进发展与独立发展相辅相成

儿童期的生活既是成人生活的预备阶段,也具有独立的意义与价值,虽然儿童期的全部生活都是指向成长,但不能说成人生活就比儿童生活更有价值,顺应自然的生活周期都是真正的生活。儿童需要为过成人的生活做好准备,但儿童应有儿童自己的生活,不能为了成人的生活而丢失儿童自己

---

① 高鉴国、展敏主编:《资产建设与社会发展》,北京,社会科学文献出版社,2005 年。

的生活。当儿童作为学生在学校接受教育的时候,儿童既是学生也是儿童,但首先还是儿童。当儿童通过系统的规范学习来获得知识经验时,儿童占有了学习的便利,但儿童不是学习的工具,也不是被学习控制的傀儡,儿童应首先满足生长的需要,实现身体与心理的和谐成长。因此把成长作为儿童教育的价值取向才是对儿童进行生命关怀的价值立场。

"坚持以学生的成长作为设计和实施一切教育活动的出发点和归宿,以促进或者说有利于学生的主动健康成长作为衡量一切教育行为的道德尺度,是当前教育者亟待坚定的立场。"①当然以学生的成长为坚定的立场,并不是说要教师或教育活动被动地来适应学生,而是主张双向服务的理念,即在促进学生成长中达成师生之间的双向成长,从而使学生成长的过程也成为教师成长的过程,实现如杨小微所言的素质"增值"的过程,达到师生的"共同成长"。

3. 促进儿童整体性可持续地发展

儿童的发展既有儿童身体的发展,也有儿童心理与精神的发展。因此儿童发展的意义宽泛,涵盖了认知的、情感的、社会性的和身体的发展。儿童受其生存地位与生活技能的影响,很大程度上受到成人的干预影响,因此儿童的发展主要表现为成人预期的发展。由成人或成人社会、团体(家庭)阐述儿童发展的方向、方法和预期结果,形成对儿童发展的基本认识和观点。

这些观点主要源于政府的管理举措、家长的养育意愿和社会团体的服务功用。政府层面的儿童发展观体现的是国家意志在教育中的反映。政府相关部门通过颁布各种方针政策、规章制度、管理办法以及组织开展教育活动等来传递国家的儿童发展观。例如通过颁布法令来保障儿童的权益,通过颁布教育指导纲要或课程标准来明确儿童在校的学习内容和发展目标,等等。家长们对子女的养育方法和养育期待,就形成了家长们的儿童发展观念。社会团体通过组织活动、社会服务来明确其教育立场,发挥其在教育中的影响与作用,从而形成社会团体的儿童发展观。

儿童发展应该定位为在保护童年生态性的前提下个体儿童的精神生活的可持续性发展。作为儿童教育规划者、建设者的成人必须改变自我中心主义的立场,回到儿童本位的根基上来。成人不能凌驾于儿童之上,而应与儿童生活相融合,使成人走进儿童的生活,与儿童同为人生的探索者和创造

---

① 杨小微:《当代教师要有坚定的学生立场》,《教育发展研究》2008年第Z4期。

者,共同体验人生的历程。

4.促进儿童成为自己主体地发展

教育目的的定位究竟是什么? 教育要使儿童成为什么样的人? 对教育目的问题的追问,则是对这两个问题答案的探寻。教育目的的定位直接受到社会政治要求的制约和儿童身心发展特点的影响。

教育的目的在于促进人的发展,而"人类发展的目的在于使人日臻完善;使他的人格丰富多彩,表达方式复杂多样;使他作为一个人,作为一个家庭和社会的成员,作为一个公民和生产者、技术发明者和有创造性的理想家,来承担各种不同的责任。"①早在《礼记·学记》中就说,"建国君民,教学为先","君子如欲化民成俗,其必由学乎"。这就是说教育既要为国家培养所需要的人才服务,又要为社会树立道德风尚服务。"教育的根本旨趣在于启蒙人的自我觉醒,通过不断地启发受教育者的人生智慧,促使其努力去发展智慧的人生。"②

柏拉图说:"教育的任务不在于把知识灌输到灵魂中去,而在于使灵魂转向。"③孔子也说教育的作用就在于"明明德""亲民""止于至善"。鲁迅曾说:"教育是要立人。"如何立? 立什么样的人? 蔡元培更明确地指出,教育是帮助被教育的人给他能发展自己的能力,完成他的人格,于人类文化上能尽一分子的责任,不是把被教育的人造成一种特别器具。陶行知的生活教育理论更倡导教育的目的在于培养有行动能力、思考能力和创造力的人。马克思关于人的全面发展学说展示出教育是促进个人的独创的自由发展。

新中国成立以来,在教育目的的定位上根据当时社会发展进行了几次调整,从新中国成立初期的"培养合格的劳动者",至改革开放后的培养各类人才,培养社会主义事业的建设者和接班人,再到 20 世纪 90 年代以来所强调的要培养合格的社会公民。这些教育目的的调整都围绕着教育"培养什么样的人"的本质价值问题展开,即教育具有生产性,通过教育培养社会所需要的人。

关于教育的目的与价值、功能与实施的问题研究者们进行过诸多讨论与探索,把学生培养成为学习主体的观念不断得到认同。在新课程改革中,越来越注重由学习知识向学习能力、从学习结果向学习品质等转变,越来越

---

① 联合国教科文组织:《学会生存——教育世界的今天和明天》,华东师范大学比较教育研究所译,北京,教育科学出版社,1996 年,第 2 页。
② 靖国平:《教育学的智慧性格》,武汉,湖北教育出版社,2004 年,第 26 页。
③ 〔古希腊〕柏拉图:《理想国》,郭斌和、张竹明译,北京,商务印书馆,1986 年,第 61~70 页。

尊重学生的主体性地位。但从总体上来看,"现行教育在教育目的的追求上基本是停留在教会学生认识世界,即把学生培养成为认识的主体上"[①]。也就是说,现行的教育仍然是将学生培养成为间接认识世界的主体,即学习书本知识的主体,而不是或还没有将学生培养成为实践的主体。要"将学生培养成为在一定的社会历史条件下能动地从事现实活动和改造世界的主体",也就是教育应将学生培养成为具有实践意识、实践精神和实践能力的主体。

杜威提出了"教育无目的"的观点。什么是目的? 即"在特定的情境下,有所行动,能够预见不同行动所产生的不同结果,并利用预料的事情指导观察和实验"。教育是解放个人能力,是朝着社会目的向前生长的过程,生长的目的自然而生,不是外在强加的。因而"教育无目的"强调的是教育无外在的目的,教育目的不在于教育过程之外而应在于教育过程之中。教育即生长,"生长并不是从外面加到活动中的东西,而是活动自己要做的东西"。教育本身即目的,儿童的生长不是由儿童教育过程之外的某个目的决定的,儿童的生长本身就是目的。教育即经验的不断改组或改造。能使儿童获得经验的活动就是有意义的活动,就达到了这个活动自身的目的。经验获得的过程是一个持续不断的过程,因而教育的目的也必然不是事先预设的、完全确定不变的,而应是随着活动的进程而不断跟进的过程。活动过程的展开既是对预设目的草案的检验,更是对这份草案的修改和完善。教育的目的就在教育之中,还意味着教育不是为将来的生活做准备,因为儿童期是不成熟的、缺乏经验的,但成人期也不是一成不变的完善的时期,也就是说,儿童与成人都是处于发展的过程之中的个体,都是在不断地生长着的,只是他们之间存在适用于不同情况且表现不同的生长方式。成熟是相对的,成长也是相对的,儿童不成熟的特性蕴藏着巨大的发展潜力,具有较强的可塑性和创造潜能。儿童的生活与成人的生活是同样积极的,儿童的成长与成人的成长都是处于发展的过程之中的,人生的每一个阶段都有其内在的生长,都具有生长的内在价值。

(二)儿童体验教育的重要意义

通过对童年的反思,对儿童角色的重新定位,探索出儿童体验在儿童成长中的重要价值,有利于为儿童教育提供一些发展方向。

---

① 陈佑清:《从认识主体到实践主体——实践唯物主义视野中的教育目的观探析》,《中国教育学刊》2000 年第 1 期。

1. 有益于重新确立儿童的教育主体地位

儿童发展的主体更应是儿童,儿童成为教育的主体,是教育的出发点和归宿。儿童既是一个生活的体验者,也是一个在教育过程中的成长者,教育活动应回归儿童主体,明确儿童的应有地位,还给儿童一个纯真的童年。儿童不仅具有吸收力,具有先天的内在生命维持力和生长力,而且具有后天的强大的适应力和发展力。这一切既由儿童这个主体所主导,又因这个主体的主动"适应、调整、转换"而获得更好的适应和发展。这种主动地"适应"和"调整"就是儿童的体验。体验成为儿童存在的本质和表现形式。体验虽然划分为主动体验和被动体验,存在事实体验、游戏体验和想象体验等不同类别,然而归结到一点就是通过活动而获得意义的过程。

2. 有益于研究儿童体验机制及其过程

通过对儿童体验的特点与类别的分析,阐述儿童体验的心理、社会与文化过程,全面了解影响儿童体验的内在因素、外在条件以及由体验过程产生的结果,总结出儿童体验的过程就是自我意识形成与发展的过程。儿童体验的心理过程指的是儿童在生物性成熟基础上的心理认知、情感与意志的形成与发生的过程,是自我意识产生的心理条件,也是情感性体验发生机制的重要表现,是直觉性、顿悟式体验思维的形成条件和支撑背景。儿童体验的社会过程是指儿童自我认识、自我调控能力获得发展,并在道德认识、判断和评价中获得自我内在体认的交往过程、社会化过程。儿童体验的文化过程则是指儿童自我获得提升和价值感实现的过程。

3. 有助于重新构建儿童课程观

正如奥托所言,儿童的发展既要重视自由活动与内在能力的发展,也应承认教育在人的发展过程中所起到的外因作用。教育的基本特性是社会性,因而教育的使命是促进个人的社会适应性,并将个人纳入社会文化的联系中。然而今天的教育,犹如韦伯所言,存在四种弊端:第一,学校教育内容跟人的真正生活相冲突;第二,忽视学生个性发展,而倾向于团体教育;第三,这种教育带有强迫教育的特性,忽略了学生的自由活动;第四,偏重知识的灌输,而忽略情操的陶冶。因而,他认为教育的任务应该是发展个人的人格特质,即应唤起自我的自觉活动来培养创造力。① 当前的儿童课程忽视了儿童的特性,过于注重成人的标准和适应成人世界生活的技能准备,现行的儿童课程实质上是对儿童的强制执行的成人课程。

---

① 邹进:《现代德国文化教育学》,太原,山西教育出版社,1992年,第15页。

　　课程应该是教育的实践蓝图,是儿童成长的助推器,课程本身并无好坏之分,关键在于是否适宜。就儿童的主体性存在而言,儿童体验课程是构建儿童课程的新方向。儿童体验课程基于儿童的特性与需要,立足于儿童世界与成人世界的生活联系,挖掘游戏的课程价值,是以儿童发展为本构建适宜儿童活动的整体课程。

　　4.有助于重新确立儿童发展观,让儿童过上儿童生活

　　所谓儿童发展观,是对于"儿童"发展的认识的一种观念。目前对儿童的认识主要有三种,即儿童是客观存在的一种(本体论)、儿童是未成熟的人类个体(心理认识论)、儿童是成人之师(关系论)。笔者认为,儿童即他们自己,是一种主体体验性的能动的存在。该表述表明儿童观的几个方面:(1)儿童是"体验者",即本体存在的人;(2)儿童是"体验"者,而不是其他"者",即儿童是认识与反省、感悟与理解活动中的人;(3)体验表明了活动及活动的过程,是动态的,儿童不是静止的存在,而是处于变化过程中的动态存在;(4)体验既是过程也预示着结果,儿童是体验者,儿童在体验中获得发展,儿童成长的方向从体验中获得并指示着体验过程;(5)体验总是与人的情绪情感等内心感受相联系,因而,儿童成为体验者不仅会使其获得身体力行的体验,还会获得心理体验和精神发展。

　　当下的儿童生活出现了对儿童本性的异化现象,儿童的生活对儿童的发展时有阻碍。儿童生活应是顺应儿童天性生长和创造力发挥的自由生活。选择和确立儿童是主体体验的能动存在的儿童观,并由此构建适宜儿童成长的体验课程,帮助儿童过上儿童生活,是教育工作者和儿童自己的共同追求。

第二章　儿童体验的历史回顾

"体验"的使用并不源于教育领域,而是源于文学作品,后来在心理学研究当中表现突出,因而在教育领域探讨"体验"的含义会存在许多不同的角度。本章先从普遍意义上的"体验"语义分析入手,探寻不同领域对"体验"的解读,尤其以教育的视角来讨论"体验"的教育性及其特征,再分别从国内和国外两大方面阐述几位思考、研究和提出过体验教育思想的代表人物的观点,从而对体验教育的历史背景与来源进行全面梳理。

第一节　"体验"的含义

从语义学的角度汇总中西方文化背景下的"体验"概念,既有相同和相近之处,又存在一定的差别,由此概括出不同研究领域对体验的解读略有不同侧重,笔者吸取各个领域的思想精华提出体验的教育性特征。

一、体验的语义及特性

(一)体验的语义追寻

中西方"体验"概念出现的时间早晚不同,含义却有相通之处。《辞海》中认为,"体验"一词源自《淮南子·氾论训》,在讨论圣人的处事原则时讲道,"故圣人之道,宽而栗,严而温,柔而直,猛而仁。太刚则折,太柔则卷,圣人正在刚柔之间,乃得道之本。积阴则沉,积阳则飞,阴阳相接,乃能成和"。因此中和之气才是最为珍贵的,"夫绳之为度也,可卷而伸也,引而伸之,可直而眳,故圣人以身体之"。文中以墨绳卷曲伸长的和谐来比喻圣人亲身体验和表现这种特性的处世之道,权作"体验"的基本含义"以身体之"最早的史载出处。另据《汉典》中的"体验"词条显示,在《朱子语类》中直接出现了"体验"一词,如卷一一九中讲道:"讲论自是讲论,须是将来自体验。……体验是自心里暗自讲量一次。"王守仁在其《传习录》中也讲到体验的内容,其含义都与"亲身经历、体悟"有关。后世有关体验的文章较多,涉及文学、宗教和心理的各个领域,基本含义都在"亲身实践,实地领会,体会、顿悟、考察、经验"等范围内。

西方的"体验"在翻译上与"经验"难以区分,根据翻译的需要也经常是混用的。因着哲学研究的影响,目前学术界喜欢从德文的"erlebenis"的含义进行探讨,认为该词的词源为"erleben",本意为"仍然活着"或"仍有生命",通常指"亲身体验过的或正在经历的、不再消失的永久性内容"①。在英文中,"experience"既具有动词的"去经历,亲自去做"的属性,也具有"经历后的结果、经验"等名词性的内涵。伽达默尔认为"体验"这个词出现得非常晚,是 19 世纪 70 年代以后的事。他考证到这个词最早是出现在黑格尔一封信的"我的整个体验"这句话中。② 这个词既从"经历"发展演变而来,又是对"经历"的再构造。

因此,从中西方的"体验"概念来看,都含有"经历、经验、体悟"的基本内涵。但在不同的领域中,对体验的解读侧重的角度会存在不同。

二、不同领域中的"体验"理解

在哲学中,主要是从认识论的角度来理解"体验"的内涵,它是一种与心理学上的认识方式有所区别的、一种整体性的认识方式,是"主体通过自身直接的活动认识和把握客体,并把对客体的认识纳入主体的身心之中,通过主体的内心体察而内化为主体体认、把握自身存在和外部世界的一种认识方式"③。体验是把握生命意义的方式,是一种精神认识的方法和体悟生存过程的历程。海德格尔认为体验作为认识方式是一种"领会",体验是对存在的领会,离开了领会,存在是不可思议的。同时,体验也是一种本体论上的概念,在生命哲学家们的眼中,体验就是生存存在的形式,体验不是外在的、形式化的东西,而是与生命和生存同为一体的内在的存在,生命即存在于体验表达的本质中。④

在心理学上,体验是一种特殊的心理认知与情感融入的活动与过程。它既由感受、理解、联想、情感和体悟等心理要素构成,又是建立在对事物真

---

① 朱小蔓:《情感教育论纲》,北京,人民出版社,2007 年,第 146 页。

② 〔德〕汉斯－格奥尔格·伽达默尔:《真理与方法》,洪汉鼎译,上海,上海译文出版社,1999 年,第 77 页。

③ 庄穆:《体验的认识功能初探》,《福建学刊》1994 年第 6 期。

④ 邹进:《现代德国文化教育学》,太原,山西教育出版社,1992 年,第 174~175 页。

切感觉、知觉和理解等基础之上对事物产生情感并且生成意义的过程。心理学研究中把"体验"与"学习"进行联系研究，并从知识获得与学习的角度来解读体验，侧重强调体验式学习的方式和体验活动。苏联心理学家瓦西留克即持这样的观点，认为体验是"指人在度过这样或那样的（通常是艰难的）生活事件、情况时，恢复推动的精神平衡，一句话，应付有威胁情境时的一种特殊的内部活动、内部工作"①。马斯洛在自我实现理论中提出的"高峰体验"充分展示了"体验"的心理活动特点，"这种体验可能是瞬间压倒一切的敬畏情绪，也可能是转眼即逝的极度强烈的幸福感，甚至是欣喜若狂、如醉如痴、欢乐至极的感觉……最重要的一点也许是，他们都声称在这类体验中感到自己窥见了终极真理、事实的本质和生活的奥秘"②。这是一种带有神秘性的认知方式，情感溢于其中，是一种极度的身心合一的愉悦状态。

在美学领域，美感的获得通常是经由体验实现的，审美体验是一种最高层次的体验，是超越于一般经验和认识之上的、带有个别性、高强度、难以言说、瞬间生成的顿悟的过程，是出神入化、物遇神游的境与情在心中交融的过程。

"体验"是一个难以简洁概括的概念，但大家纷纷尝试从不同的角度来进行阐述，概括来说，主要有这样几种代表性的观点。

一是特殊认识说。这种观点认为体验是一种认识活动，但又不同于一般的知识性的习得，而是对有关事物与自己的意义关联的理解，以及对事物内在本质的把握，通常是在哲学领域运用较多，在美学中也具有这种意味，是对有关生命、精神、本质等的把握方式。胡塞尔眼中的"体验"是一种具有"意向性"的"意义统一体"。在狄尔泰的心中，"体验"就是一种非理性的生命认识方式。

二是非理性的思。这种观点认为体验是一种思维活动，但不是一种理性的思维。因为自笛卡尔以来的西方哲学都是"理性的哲学"，是与"欲望、情感、意志"等非理性相分离的讨论，而体验则是在"反理性"的思辨中确立的。用海德格尔的话说，叫作"非规定性的思"，它"消除了主体与客体、主观与客观的二元对立"，"经验对象不再是在人之外、与人对立、为人所认识和改造的对象，而是人的存在经验、人的生活方式的一部分，与人不可分割的或者说是人的肉身形态的存在"③。体验是这样一种思维活动，带有明显的

① 〔苏联〕瓦西留克：《体验心理学》，黄明等译，北京，中国人民大学出版社，1989年，第9～10页。
② 车文博：《人本主义心理学》，杭州，浙江教育出版社，2003年，第142页。
③ 孙利天：《21世纪哲学：体验的时代？》，《长白学刊》2001年第2期。

非理性的成分,尤其是情感性,也因情境的变化而发生变化,因此体验具有鲜明的情感性。经常在情感中进行的情绪体验和情感体验都可表现为一种非规定性的思维特征,如孟昭兰认为,"体验是情绪的心理实体",是"带有特定色彩的一种感觉状态。这种状态导致自我觉知。""体验的自我觉知使人脑内的感情性信息与认知的高级功能相联系。"①刘惊铎也认为体验是一种思维活动,他把它概括为"图景式的思维",它既是非理性的直觉领悟,也包含理性的反思,是一种融通式的思维,具有整体性、现场性和超越性。②

三是活动及过程。体验是活动,也是活动的过程。体验活动融合了认知、情绪、情感和意志等活动,并需要通过实践性的行为进行整合。体验既是一种知、情、意、行共同发生并产生体悟的心理感受活动,也是"生理和心理、感性和理性、情感和思想、社会和历史等方面的复合交织的整体矛盾运动"的过程。③ 情感是真正属于个体且具有内在性与独特性的,个人的价值认同形成于个体的情感变化和发展中,因此,朱小蔓认为体验就是情感生成的过程,这种过程既有主动的也有被动的,其中主动体验的过程强调的就是体验活动,是"活动的特殊类型,是确定主体同世界的关系及解决主体现实生活问题的独立过程,协助解决外部物质——实践活动和认识活动不能直接解决的生活情境中的问题与冲突"④。裴娣娜从"一个人对愿望、要求(情感)感受"⑤的角度来解读"体验",张华认为"体验"是"意义的建构和价值的生成"⑥,等等。这些都是从活动与过程的角度来讨论体验的。当然,过程本身既是结果,也附带产生新的认识、感受和新的结果。

三、"体验"的教育特性

教育是培养人的活动,体验对于儿童教育的意义就在于理解不同的"体验"对教育活动的开展具有重要的启发意义,明确"体验"的含义更有利于开展适宜的教育活动、提升教育培养的效益。对"体验"的教育理解,需要从其特性来对教育进行较为全面的分析。

---

① 孟昭兰:《体验是情绪的心理实体——个体情绪发展的理论探讨》,《应用心理学》2000 年第 2 期。
② 刘惊铎:《道德体验论》,北京,人民教育出版社,2003 年,第 60~65 页。
③ 沈健:《体验性:作为学生主体参与的一个重要维度》,《中共宁波市委党校学报》2001 年第 2 期。
④ 朱小蔓:《情感教育论纲》,北京,人民出版社,2007 年,第 140~141 页。
⑤ 裴娣娜:《发展性教学论》,沈阳,辽宁人民出版社,1998 年,第 25 页。
⑥ 张华:《体验课程论——一种整体主义的课程观(上、中、下)》,《教育理论与实践》1999 年第 10~12 期。

(一)主体性

体验是个体内心的情感反应,是以主体为依托而存在的。体验总是个体的人的体验,人的体验表现为人与人内在世界的连续过程,以及人与人的外在世界的交互过程。教育的主体是人,人的发展既是一个人的内在身体与心理成长与成熟的过程,也是外在的社会化的过程。强调体验就意味着教育应顺应主体的需要,提供激发体验的情境,激起主体内在需要并在体验活动中获得满足,应突出人在教育中应有的主体性地位和以人的发展为本的教育目的的定位。

(二)情感性

"体验的出发点是情感,主体总是从自己的命运与遭遇,从内心的全部情感积累和先在的感受出发去体验和揭示生命的意蕴;而体验的最后归结点也是情感,体验的结果常常是一种新的更深刻的把握了生命活动的情感的生成。"[1]体验是在人与自然、人与社会、人与文化等的关系联结中产生情感且生成意义的活动过程,情感性是体验的根本性特征,人总是带有情感并在活动中不断挥发出情感彰显存在状态的,人也总是在与外在世界交往的过程中萌生出各种各样的情感,带有情感的活动才体现出人的生存意义。教育不仅是科学知识传授的过程,更是情绪情感的激发与培养的过程。体验的情感性对教育的启迪就在于,教育应是丰富情感、传递情感、激发情感和享受情感的过程,是饱含人情味的人际互动的过程,而不是生硬的知识的物理传递过程,因此应强调教育的情境性、教育活动的主观感受性和教学的过程性。

(三)活动性

体验是一种有关行为与心理过程的运动状态,具有活动性,活动是建立在主体的亲身经历和亲心在场理解的基础上的,是主体到场并身心主动投入的活动。教育作为体验的活动应突出人的身体活动、游戏活动和审美活动,使人在活动中获得发展。体验的活动性既是一种存在的表现,也是一种动态的表现,是在活动中不断生成的过程。活动是主体在实践中实现的,教育活动应突出主体的活动和主体的实践,教育与生活总是紧密联系并为生活服务的,教育活动应为生活活动和生命活动提供服务的能力和支持,在教育中应倡导活动性的课程,以促进主体体验的生成。

---

[1] 童庆炳主编:《现代心理美学》,北京,中国社会科学出版社,1993年,第51页。

第二节　体验的教育理解

体验本身内涵丰富，在教育领域的应用当中更是与经验、感受、知识、理解和移情等词相互替换使用，从某种角度来说这些使用是不规范的，因为体验本身与它们虽有关联但又存在区别，因此很有必要对体验进行专门的教育理解与辨析。

一、体验与经验

经验的含义比较广泛，它的本义泛指一切来自实践活动的知识、认识和技能，例如"从这件事中他获得了经验"中的"经验"指的就是"知识或认识"，而"他很有经验"或"他的经验很丰富"中的"经验"指的就是处理事情的技能。在实际应用中，经验的本义被拓展为更丰富的含义。例如"他经常凭经验办事(贬义)"中的"经验"指的是"主观臆断或个人直觉"，有"感觉经验"和"感性认识"的意味。如果说一个人犯了"经验主义"的错误，也指的是这种变化后的经验含义。童庆炳对"经验与体验"的关系做过分析，他认为，人一生中积累的所有见闻、经历以及获得的知识和技能都可统称为经验，但这样的经验可以划分为两个方面或者两个层次，第一个是"纯经历性的，就是说他经历了这件事情，并有相关的常识和知识"；另一种则是"不但有过这个经历，而且在这经历中见出深刻的意义和诗意的情感"①，这就是体验。经验与体验的最大不同就在于指向不同，经验一般来说指向真理世界，而体验则指向价值世界，两者都是认识，只是侧重不同，可见他认为体验是经验的一种，又与一般经验不同。

现在在一些专题研究中，尤其是受外文翻译的影响，经验也有"经历、体验、感受、遭受"的意味，强调的是行为的过程，有的直接翻译成体验，但在现代汉语的习惯用法中较少有这类词性应用，而体验的活动性则涵盖了这些动作过程的含义。

(一)体验以经验为基础

体验与经验都包含认知的成分，都可泛指人经历之后收获和检验过的东西，但其区别就在于，经验具有相对的客观性，重视活动的结果，而体验具

---

① 童庆炳:《经验、体验与文学》,《北京师范大学学报(人文社会科学版)》2000 年第 1 期。

有较强的情感性和主观性,重视活动过程中的情感投入和共鸣。因此,经验侧重于主体在活动结束后获得的对客体的客观认识,这种认识是这一个活动的阶段性结果或结束性的形态,而体验则更侧重于在活动中产生了情感并且使客观对象与主体存在之间发生了关联。正如伽达默尔所说:"如果某个东西不仅被经历过,而且它的经历存在还获得一种使自身具有继续存在意义的特征,那么这种东西就属于'体验'"。① 是否在经历活动中带有情感投入并获得存在的意义是两者的区别。任何体验发生都具有前提性,体验者总带着先前的经验进入新的经历或实践活动中,总以原有的经验结构来同化新的经验,以获得新的感受、体会与理解。

(二)体验是对经验的超越

体验以经验为基础,又是对经验的升华和超越。体验是"一种注入了生命意识的经验","一种激活了的知识经验"和"一种内化了的知识经验"②,相对于经验的"结果性""阶段性"和"认知性"来说,体验更侧重活动性、过程性和情感性。在活动过程中,体验将人类经验与个体生命紧紧联系起来,将体验主体内心的心智活动与外部世界融通起来,将外部世界的经验与内在生命的存在价值融合起来,形成属于体验者的个性化的理解。狄尔泰认为经验是外部的,是对象性的,在对外物的经验中,主体与客体是处在一种相互对立的二元关系中,主体将客体物化对待的方式是一种纯粹的认识关系。而在体验中,体验者与其对象是不可分割地融合在一起的,这种关系消融了主客对立的关系,而使得对象成为对主体有意义的对象,正如"在学生身上凝聚了教师的爱,这爱就是主客体间关系中产生出来的意义"③。正是在追寻这新生的意义中超越了经验的有限性。

二、体验与感受

(一)体验在多感官反应中感受

感受一般指人脑对直接作用于感觉器官的事物的个别属性的反映,相当于感觉。例如,事物的颜色、声音、气味、味道、冷暖等个别属性作用于眼、耳、鼻、舌、皮肤等感觉器官所产生的反映。这种表述虽然明确了感受受外

---

① 〔德〕汉斯一格奥尔格·伽达默尔:《真理与方法》,洪汉鼎译,上海,上海译文出版社,1999 年,第 78 页。

② 孙俊三:《从经验的积累到生命的体验——论教学过程审美模式的构建》,《教育研究》2001 年第 2 期。

③ 邹进:《现代德国文化教育学》,太原,山西教育出版社,1992 年,第 29 页。

在环境影响的特征,但未表明感受的主观状态。在情绪心理学的研究中,感受主要指主观上的情绪反应,情绪感受与情绪体验通常具有相通性甚至是同一性,感受和体验都是"心理活动中的一种带有独特色调的知觉或意识,是心理的一种主观成分",都是人的特殊的感知方式,不是单一的感官反应活动,"而是各种感官作用所产生的一种综合效应,是主体对客体的一种整体的情绪把握"。

(二)体验是对感受的反思

体验和感受都建立在感知的基础之上,但体验和感受都不同于其他的感知方式。体验和感受都是带有先验性的元素参与到感知中来的,它们都"不仅仅是输入客体信息,而且是'激活'已有信息……主体心灵中的有关库存被'激活'了,这些被'激活'的信息和刚刚输入的信息相互作用,从而把新的信息纳入原有的框架中去,形成一种边缘模糊的情绪状态或者经验状态。"[1]在感受社会生活时,这种综合信息的特征就越发明显,这是体验与感受的相同的特征。但体验相对于感受来说,更强调主体的主动性和积极性,更追求感受中这种情绪或经验状态的结果,因此体验相比感受来说更具有反思的意味,在体验中常常会反身自省,对所感受到的信息进行有意义的追问,它既以感受为基础,又在感受中进行理性反思,是对感受的情感升华。

三、体验与知识

儿童体验是赋予知识以意义并获得知识的过程。对知识的讨论是教育的核心话题,对知识的推崇与批判总是同时存在的。知识一般是指人的认识成果,这种成果具有客观性、确定性和真理性。[2]

培根对"什么知识最有价值"的提问让人重新思考"知识"的价值问题,虽然他做出的回答对社会产生了极大的影响,但从知识与人的关系来看,对知识的理解更应从人的角度来把握,而不能过分夸大知识的工具性价值,而使人成为知识的奴仆。知识的传播被简化为教育传递的过程,而不是人对知识的认识、理解与内化的过程,也就是说,当知识成为外在于人本身的独立存在时,知识的价值是无法体现的,而只有当知识与人相遇,成为人发展历程中重要的内在组成部分时,内化到人的心灵中时,才可能是对人有意义的。

---

① 朱小蔓:《情感教育论纲》,南京,南京出版社,1993年,第140~143页。
② 郭元祥:《知识的教育学立场》,《教育研究与实验》2009年第5期。

知识的类别非常多,不同类别的知识都代表着不同的力量,但就什么知识最有力量来看,可能不是科学,不是文学,也不是艺术、社会学或其他类似的学科。知识的力量不在于其语言描述上的措辞,不在于口头上的鼓吹,而在于人本身的体验。

体验与知识的关系是一种赋值的关系,是体验将知识带入实践的场域中并进行知识的再生产的,知识也正是在再生产中具有了意义并产生了之于人的生命价值。丰富的知识、有用的知识和有趣的知识可能最具有力量①,因为它是源于儿童生活、基于儿童需要和富于儿童情感的知识。教育中传授的知识可以说是一种公共性的知识,是"人类精神财富的结晶","反映着客观世界的存在形式、发展变化的规律以及人的认识活动规律","凝集着人类认识世界、改造世界的历史经验,体现着人类的智慧"②,这是类的知识,知识的教育是类的需要。这种知识观是以主客体二元分离为基础的,它追求的是客观性、普遍性、真理性和规律性,而把个人的、情感的、人性的成分从知识中消除掉。③ 类的知识是外在于儿童的知识,就个体的差异性发展来看,个性化的知识更直接,更有价值,而体验的过程与结果正是在超越主客体对立的二元矛盾中,在素质结构中内化成为个人知识的过程与结果,它除了具有一般知识的共性之外,还表现出内隐性、主观性、能动性和个体生命的意义性。因此,体验与知识的紧密联系就是体验以知识为工具和手段,又在活动中进行着知识的个性化再生产,赋予其个性化的意义和理解,并形成新的知识,而知识既支持着体验,也因体验而具有价值。

四、体验与理解

对"理解"的解读很多,一般从儿童教育的角度将其简单概括为对事物的理解和对人的精神与意义的理解。对事物的理解指的是明白事物的联系、关系及其本质的过程与结果。这是传统教育的立场,把教育的任务定位于教育者向被教育者传递更多的结果。在对人的精神与意义的理解中,"理解"虽然总是与认知活动相随,但更是人的一种生活方式。

作为生活方式的理解总是存在背景依存性,总受到两个视界的限制,一个是"文本"视界,一个是理解者的视界,而要跨越这两个视界的限制,就需要进行意义的"复原"和"重构"。在"文本"视界中,理解是在语义结构中的

---

① 刘良华:《什么知识最有力量》,《全球教育展望》2004年第10期。
② 王坤庆:《关于知识教育价值观的探讨》,《华中师范大学学报(哲社版)》1994年第6期。
③ 陈佑清、李丽:《个人知识与体验性课程》,《湖北大学成人教育学院学报》2003年第6期。

理解,理解者需要把自己与理解的对象融为一体,从作者的语境出发去理解文本作者的原意,通过心理移情的方式从心理上进入作者创作时的心理与社会情境,这个复原的过程就如施莱尔马赫所说的"主观地重建客观的过程",是消除理解者与作者之间事实差异所进行的一种心理平等的对话,所以,狄尔泰又说"理解是一种对话性的活动"。"重构"是从理解的生活意义角度来看的,进行文本的理解和对历史的回顾不能只追求对作品本意的把握和复原,更应从文本和作者本意的复原中研究和理解我们自己,这个过程就是一个由我们的"现实视界"与历史的或文本的视界之间进行相互认可和确认的过程,从而不断地扩大我们的"现实视界",形成一个新的视界,生成一个新的意义世界,即在视界融合中,进行了意义的重构。所以狄尔泰在他的理解论中提出"理解"就是"自我提示与价值生成过程"。① 理解对人和人的生活具有普遍的意义,是人存在的方式,它也贯穿于儿童发展的全过程。儿童通过理解成人提供的素材或教材的范例来形成自己的人生观、建构自己的生活方式,体验在理解的实现中担当着重要的作用,体验是主体进入理解活动中的亲历要素,通过体验把理解的主体与对象进行融合,使理解主体与对象之间是一种意义关系而不是一种物的二元对立的关系,通过"体验"来理解,使对象作为另一个人(你)同我的对话过程,是一个自我揭示的行为和价值生成的过程。"教育过程就是儿童的自我理解过程。"②

五、体验与移情

(一)心理移情的一般含义

心理学上的移情主要指的是主体将自己的情感转移到其他人身上。这包含着两层含义,第一层指对他人情感、态度的识别和认同接受,由此获取与他人相同的角色;第二层指由于对他人情绪情感的认同而生出与之相一致的情绪情感反应。也就是说,移情发生时必然包括认识能力和情绪反应两种成分,只有认识到甚至是认同他人的状态,才能产生替代性情绪体验。例如同情,就是由于对他人的痛苦或不幸的认同而引发伤心甚至落泪的移情反应。

文学上也经常使用移情,主要指主体将自己的感情赋予关注的对象,并通过对对象的主观描述间接表达出主体内在的情绪感受,是一种文学修辞

---

① 邹进:《现代德国文化教育学》,太原,山西教育出版社,1992 年,第 40 页。
② 张天宝:《论理解的教育过程观》,《陕西师范大学学报(哲学社会科学版)》2001 年第 4 期。

手法。杜甫在《春望》中诗曰："感时花溅泪,恨别鸟惊心。"我们可以通过花和鸟的情绪来了解诗人当时的情感状态。

(二)心理移情是儿童体验的常用方法

体验与移情存在紧密的相关性,两者都是以认知为基础的,两者的产生都需要以一定的认知能力为前提,而且认知水平的高低直接影响体验与移情的范围和程度;同时,两者都与人的情绪情感密不可分,都强调的是主体的情绪情感反应。

但不同的是,移情一般被认为是先天性的活动,例如霍夫曼的研究表明"婴儿生来具有移情反应的能力,移情的最初形式在出生时就已经表现出来"[1]。他将人的移情发展描述为四个阶段,不管是普遍性移情、自我中心的移情,还是对他人感情的移情或是对他人生活情境产生移情,都是可以具有跨文化性的,先天性的。而体验,笔者认为是在先天能力的基础上后天形成的能力,是在情绪情感反应中,在社会化和个性化进程中形成的能力。另外,移情在心理学中主要被当作积极的亲社会能力,是维系积极的社会关系的重要社会性动机因素,主要通过帮助别人、抚慰、转化、合作和分享等社会行为的动机基础来激发、促进亲社会行为的发展,而且由于能替代性地分享他人的情绪情感状态,对造成不良心理生理效果的行为具有显著的抑制作用。

心理移情主要是通过主体对被主体赋予了情感的客体进行再现认识,再现主客体之间在原来的社会历史情境中的联系;体验则更关注于主体与被赋予了意义的客体间的意义关系的理解,具有主体性和主动性。心理移情是儿童体验的表现方式,儿童常常以自己为中心来认识周围的事物,通常以自己的情感来推测对象的情感,因此无论在对待人物还是事物上,都表现出相对一致的移情特点,越小的儿童越难分出物与我的关系,因此普遍采用移情的方式来理解生活,他完全相信拉扯花草,花草也是会疼的;自己摔疼了,踩踩地板,地板也会疼的,就扯平了。

第三节　国内体验教育思想的历史回顾

体验教育的思想源远流长,最早可以追溯到原始社会的教育启蒙中。

---

[1]　周宗奎:《儿童社会化》,武汉,湖北少年儿童出版社,1995年,第192页。

原始社会中的儿童教育主要是通过社会生产和生活活动来实施的,儿童通过观察成年人的生产劳动并在真实的生产劳动活动中进行实践,在实践的过程中不仅获得有关生产劳动的技能,而且体会到氏族、部落和家庭成员中的各种关系,并在一些图腾式的活动中获得精神性的发展。其中,生产劳动类的模仿游戏是重要的学习方式,例如,非洲儿童模仿成人玩设陷阱猎兽游戏,美洲因纽特儿童爱为玩具娃娃做衣裳,而亚马孙河河谷的儿童喜欢仿制陶器,正是在游戏体验中儿童获得了生存的技能。而成人则以身示范,通过言传身教来教育儿童。①

随着教育的兴起和文化繁荣,许多历史人物和学术流派都积极展现了各自的思想,其中也蕴含了现代体验教育思想的内涵。本节从我国教育历史回顾的角度,挑选了具有代表性的人物及其与体验教育内涵相关的部分思想进行追溯,从中探讨体验教育思想的历史渊源。

体验教育的思想只是当代的术语,并不具有确切的历史出处和流派,因此本节所选择的代表性思想之间并不存在严格的逻辑关系,并不是按照时间的推移或人物出现先后或流派的核心观点发展等线索来阐述,仅仅是笔者从个人思考的角度,认为这些人物既具有代表性,其思想中的某些部分又蕴含了今天所要表达的"体验"及"体验教育"内涵中的一部分内容,而进行选择的。

一、孔子的乐学体验教育思想渊源

孔子是我国历史上在世界教育界中影响最大的人物之一,孔子学院在全球多国设立并备受欢迎足可证明。但孔子的教育思想并未成著,而集中呈现在其弟子记录的《论语》中。孔子从人的本性入手,认为人先天的本性是差不多的,人与人之间的差异主要形成于后天,所谓"性相近也,习相远也"。本着这样的人性观,孔子非常重视教育的作用,并且以创办私学的方式培养了大批人才。

孔子的教育对象范围很广,年龄跨度大,可谓是"有教无类",不分贫富贵贱,不分地域和种族,既有中人以上,也有中人以下;教育目标是为社会服务的,"学而优则仕";教育内容主要涉及"文、行、忠、信",认为"仁""礼"是最高的道德标准,所谓"非礼勿视,非礼勿听,非礼勿言,非礼勿动",德育为先,重视六艺六经的讲授,德育与智育是相辅相成的关系,"仁者安仁,智者利

① 杨汉麟、周采:《外国幼儿教育史》,南宁,广西教育出版社,1993年,第4~6页。

仁"。

就体验教育思想渊源来看,孔子在教育中所传授的正是其在人生中体验到的最为重要的内容,他将其体验到的"仁""礼"和"信"等人生信念以教育教学的方式进行传播,其中,孔子的"乐学"教育思想、原则和方法影响最大。人的发展是通过个人内心的反省、体悟和在实践中改过而实现的,强调个人道德形成的体验性。个人发展应先立志——"士不可以不弘毅,任重而道远。仁以为己任,不亦重乎? 死而后已,不亦远乎?"(《泰伯》)无志则无方向。个人发展还应建立在自省自克的基础上——"吾日三省吾身:为人谋而不忠乎? 与朋友交而不信乎? 传不习乎?"(《学而》)"己所不欲,勿施于人。"(《卫灵公》)还应善于改过迁善——"过则勿惮改。"(《学而》)"过而不改,是为过矣。"(《卫灵公》)同时,在学习中,也非常重视情绪情感激发的作用,认为积极的情感更有利于学习——"知之者,不如好之者,好之者,不如乐之者。"(《雍也》)在教学方法上,则应"不愤不启,不悱不发"(《述而》),就是说"心求通而未得之意、口欲言而未能之貌"才可"开其意,达其辞"(朱熹:《四书集注》),只有学生产生了内在的求知欲望时才是对其进行教育的最佳时机,强调学生的学习情感和内在动机,尊重学生的学习积极性和主动性。因材施教也是孔子教学方法中重要的原则——"夫子教人,各因其材。"(朱熹:《四书集注》)"求也退,故进之;由也兼人,故退之。"(《先进》)学习与思考应并重——"学而不思则罔,思而不学则殆。"(《为政》)学习应重视温故——"温故而知新,可以为师矣。"(《为政》)"学而时习之,不亦说乎?"(《学而》)学习还应谦虚,诚实有度——"知之为知之,不知为不知,是知也。"(《为政》)"敏而好学,不耻下问。"(《公冶长》)

二、庄子的体验教育思想渊源

儒、道两家可谓中国文化思想的双雄,深入中国历史长河,且印入历代中国人的内心,成为中国传统文化的重要组成部分。虽然不及儒家的影响之大,但道家的诸多思想尤其是庄子的许多思想是极富教育与借鉴价值的,其中的很多思想都为今天的体验教育提供了思想基础。道家的教育思想主要反映在有关道德修养的思想上。道家认为,天地万物的最高本质就是"道",这种本质包含了万事万物的运行规律和社会法则、人类精神的最高境界以及宇宙中存在的真理。对"道"的理解和遵循可谓"德"[1]。庄子思想中

---

[1] 赵莎、肖枫:《庄子的道德教育思想》,《沧桑》2007年第1期。

的"道"主要指天道,主张效法自然。看重的是个人的内在修养与体悟,个人要获知万物的"道",有效的方法就是天人合一、物我两忘。

"天人合一"在于"主客体交融",如《逍遥游》中说:"北冥有鱼,其名为鲲。鲲之大,不知其几千里也;化而为鸟,其名为鹏。鹏之背,不知其几千里也;怒而飞,其翼若垂天之云……"化身鲲鹏之体而逍遥于广阔的天地,去理解自然万物的"道"。虚化为万物是为了融入万物中并在合体中体悟"道","庄周梦蝶"就是非常有名的一个寓言,讲的是:有一天庄子梦见自己变成了一只翩然起舞的蝴蝶,悠然自得、快乐无比。梦中知觉到的只有蝴蝶,梦醒后,知觉到的是庄子。在这两个时空中,是刚才庄子做梦变成了蝴蝶,还是蝴蝶现在做梦变成了庄子? 他想表达的正是:梦是一种境界,醒则是另一种境界,它们都是"道"的形态的一部分,入中才能体会。

庄子的思想中还蕴含了大量的"直觉"思想,在其《庄子》的《逍遥游》中有大量的寓言故事,贴近生活实际,引导听者从中领悟出言者的思想。物质的本质究竟是什么呢,我们怎么才能理解物呢,庄子认为只有超然于自然感官从心物通融中才可把握其中本质。庄子谓之为"心斋",即:"若一志,无听之以耳而听之以心,无听之以心而听之以气。听止于耳,心止于符。气也者,虚而待物者也。唯道集虚。虚者,心斋也。"也就是说应排除杂念与物通融才可理解。这种"直觉"的方式是"以现实中的人的具体感性为中心的感性领悟方式,注重超越世界与现实世界的合一,注重以人为中心的万物通融"①。

庄子崇尚自然,重视对自然自我的关照,蕴含着自然教育的思想,他推崇的"人法自然"即"顺应自然、效法自然并服从自然"思想就是人与天(自然)的契合。庖丁能游刃有余地解牛,在于一是积累了分解数千头牛的经验,二是因为对牛的自然结构了如指掌,且刀子顺着结构的势而得解,顺势(自然性)而为才有所得,在教育中,也应顺应人的自然性而教才更有成效,这是从中得出的启发。其《逍遥游》的思想也反映了同样的思想,顺应自然之势可知"道",解放人的心,才可顺应人性追求自由。

这些核心教育观念都蕴含了体验教育中以人为本,以直觉领悟的方法,以个人内在自由性觉醒为追求的思想。庄子的思想中含有神秘色彩,是后世玄学的思想渊源之一,因此魏晋玄学思想家们继续发扬了其自然自省自悟的思想,在论证问题中常常使用"得意妄言""寄言出意"的方法把握义理。

---

① 　周春生:《直觉与东西方文化》,上海,上海人民出版社,2001年,第54页。

三、王守仁的体验教育思想渊源

王守仁是中国明代著名的思想家,人称阳明先生,其思想影响广泛。"心外无理"是王守仁继承并发扬陆九渊的思想所得,心即理,应从自己内心中去寻找"理";同时,"良知即天理",这是"心之本体","不待虑而知,不待学而能,是故谓之良知",因此良知是与生俱来,人人都有的,是不学而能、不教自会的,但因外物影响,良知极易受昏蔽而暴露出弱点,所以教育的作用就在于去蔽,去掉外在物的诱惑,保留人内心的主观能动性。他在实践中倡导"知行合一",因为天地万物原本就是一体的,知而不行,只会落空,甚至会造成浮夸之风,因此知与行应合一,也就是说,知道孝顺之理,就应在行为上对父母有孝行和孝心,知道仁爱之理,就应对亲朋好友以仁爱相待。

知与行相合,知行不能分离,因为"知之真切笃实之处即是行,行之明觉精察处即是知"①,"知是行之主意,行是知之工夫。知是行之始,行是知之成",知行为一体,产生了行动的意识和念头,就应切切实实去行动,将意识转化为行为就是良知的完成。在教育中,知行合一应顺应自然天性,了解儿童的特点才能使教育有法,因为"大抵童子之情,乐嬉游而惮拘检,舒畅之则条达,催挠之则衰痿"②。在儿童教育中尤应以礼义引导、用德行激发学习的兴趣,可谓"顺导志意、调理性情、潜消鄙吝、默化粗顽",引导儿童在"趋向鼓舞、中心喜悦"中自觉自愿、主动地学习,并学有长进。顺导的内容主要是:以诗歌诱之,激发其活泼和开朗的性情;以礼义导之,使儿童身体健壮、有礼有节;以书讽之,开发儿童智力,使儿童"存心宣志",形成良好的道德修养,确立发展的理想。另外,教育还应引导儿童"各得其心",培养儿童独立思考、有主见不盲从,学习与其是他人点化,还不如自己解化,可谓"夫学贵得之心"。儿童的学习也不是一蹴而就的,应注意循序渐进,顺应儿童的年龄阶段特点,根据儿童"精气日足、筋力日强、聪明日开"的情况进行适度教育。又因儿童的自然禀赋各不相同而因材施教,不能只用一种方法去教育所有的儿童。

王守仁对儿童教育的观念,在今天看来仍然存在许多可借鉴之处,其遵循内心法则、追求体悟的思想以及顺应儿童天性、因材施教的思想都为体验教育提供了历史依据。

---

① 王阳明:《传习录注疏》,邓艾民注,上海,上海古籍出版社,2012年,第95页。
② 王阳明:《传习录注疏》,邓艾民注,上海,上海古籍出版社,2012年,第175页。

四、陶行知的体验教育思想渊源

陶行知是五四运动后中国教育界最有影响力的教育家之一,被称作人民教育家,是公认的中国近代教育史上的里程碑式的人物。他的贡献在于不仅将国外教育思想本土化,还长期进行教育实践和改革活动,所提出的生活教育理论及相关学说至今仍然影响着中国的教育,成为当今教育理论的重要思想来源。他吸收了孔子的求真思想,确立"教人求真,学做真人"的教育目标,批判性地吸收杜威的思想,建立"生活教育"的思想体系,融合中外教育传统,提出"知行合一"的教育实践方法,等等。这些方面都是体验教育的渊源,本小节挑选其中部分思想观念进行概述。

(一)教育目的观

陶行知的教育思想大概包含了"民主教育、全民教育、全面教育和终身教育"等四个方面的内容[1],涵盖的教育对象非常广泛,因此其在教育目的定位上既为社会大众服务,也体现了教育个体的利益需要。在民主教育方面,民主教育是当时历史背景下的新兴思想,也是受到进步人士高度认可的思想。陶行知在国外留学的经历使其感受了美国的民主观念,形成了民主的意识;后在五四时期国内民主思潮的激荡下,他进一步接受并形成了民主教育的观念,并在毕生的教育生涯中进行实践。他认为教育就是"为公",即人人都有享受教育的机会和权利。民主的教育就是人民的教育,就是为了满足人民的需要而进行的教育,也是由人民办的教育,是为人民追求自己的幸福而进行的教育。要实现"教育为公"的民主教育目的应因材施教,造就民主人才。在全民教育方面,陶行知一直致力于平民教育实践,开设"平民读书处",编辑出版《平民千字课》,创造了"小先生制",让识字的人教不识字的人。这在当时的社会中起到了积极的改良作用,当然其中也存在着不尽人意的地方,这也促使他进一步研究当时的社会背景,积极开展乡村教育实践活动,以解决实际生活中的问题为目标,并在办学的实践中进行实验,从中产生了"教学做合一"的思想。他还关注到女子教育和幼儿教育,尤其是针对幼儿教育的实践活动在中国形成了较大影响。在全面教育方面,陶行知倡导德、智、体、美、劳等各方面的教育;并进一步倡导终身教育的思想,认为教育是以人生为始终的,各类场所都可作为学校之外的教育场所,蕴含了生活时时、处处皆教育的思想。

---

① 董宝良主编:《陶行知教育学说》,武汉,湖北教育出版社,1993年,第237～470页。

虽然教育思想内容的不同方面指向不同,但基本的教育目的是贯穿其中的,教育既要为社会服务,造就人才,也要为个人服务,提升生活质量。他认为有钱人读书是为了读书而读书,属于一种小众教育,而大众则可以为生活而读书,从生活里找教育,在生活里获得进步,因为"教育的作用,是使人天天改造,天天进步,天天往好的路上走"。教育也是社会的责任,教育让人向好向善,因此"教育就是教人做人,教人做好人,做好国民的意思"。在对中国当时的社会状况进行全面了解的基础上,他认为学校也应有鲜明的教育目标,因而在《百侯中学校歌》中精炼提出"千教万教,教人求真;千学万学,学做真人"的追求。

(二)"生活即教育"的思想

生活与教育是紧密联系的,生活决定教育,教育要通过生活才能产生效力而成为真正的教育。这是陶行知对其老师杜威所提出"教育即生活"观点的完善,因为教育即生活只是把广大的社会生活引入狭小的学校中,仍然如鸟在笼中,是无法真正实现鸟的自由的,而要过上自由的理想生活,就应把鸟儿放归自然,那样才可自由翱翔,因此要打破牢笼、拆除学校围墙,将教育放归于社会生活之中。他提出"生活即教育"的思想,强调生活本身就具有教育的作用,可谓"生活与生活一摩擦便立刻起教育的作用。摩擦者与被摩擦者都起了变化,便都受了教育"①。

生活教育的内涵非常丰富,总体上来看,包括三层含义:第一层含义是生活具有教育价值,强调生活的教育性和教育作用,想要过什么样的生活,就进行什么样的教育。理想的生活应包括健康、劳动、科学、艺术和改造社会等方面的生活,因此在其创办的晓庄学校中就设有这样活动的课程,学生可一边读书一边劳动。教育与生活、生产紧密结合,知识与技能相结合,是身体力行式的体验学习。第二层含义是现实的生活是教育的中心。他说:"生活教育是生活所原有,生活所自营,生活所必需的教育。"第三层含义是阐述生活与教育之间的决定性关系,他认为"生活教育是给生活以教育,用生活来教育,为生活向前向上的需要而教育",明确了生活决定教育的观点,强调了教育要通过生活才能产生效力而成为真正的教育的观点。

生活教育具有"生活的、行动的、大众的、前进的、世界的、有历史联系的"等六大特质。"生活的"是针对传统学校只有富贵之人才去,而与平民百姓无缘的状况,倡导生活教育是平民的教育,平民的教育更应重视平民的生

---

① 董宝良主编:《陶行知教育学说》,武汉,湖北教育出版社,1993年,第43页。

活,所以"要从生活的斗争里钻出真理来"。平民对生活了解得越多,才越有所获,"我们钻进去越深,越觉得生活的变化便是教育的变化",强调生活中蕴含着教育因素,现实生活具有教育性。"行动的"指的是生活教育主张"为行动而读书,在行动上读书"。他吸纳王守仁的"知行合一"的思想并在实践中进行调整,提出"知是行之始"存在不妥,应该是"行是知之始,知是行之成"的观点,因为实践才能出真知。他因思想的变化而两易其名,也是在此基础上,他结合美国的"做中学"思想,提出自己"教学做合一"的实践方法。"大众的"特质指生活教育是一种全民性的教育,教育中的人既来自大众又归到大众中,可谓"大众都是先生,大众都是同学,大众都是学生",生活教育就是大众的教育,既是大众办的教育也是大众接受的教育。"前进的"特质指的是生活教育的本质作用是具有促进前进性的,教育的过程就是"用前进的生活来引导落后的生活,要大家一起来过前进的生活,受前进的教育"。"前进的生活才算是教人真正的向前去。""世界的"特质指的是生活教育应该是全面的、开放的,"为着要过有意义的生活,我们的生活力是必然的冲开校门……整个的世界,才是我们真正的学校"[1],教育所要培养的正是面向世界的广泛的生活。"有历史联系的"指我们必须用选择的态度接受人类从几千年生活斗争中得到并留下来的宝贵的历史教训,针对现实肩负着历史的使命,争取大众的解放和民族的解放。

正是基于对杜威思想的批判性学习,对国内传统教育中"教死书""读死书"的批判改良,他才提出要以生活为中心的生活教育思想。虽然今天看来可能存在诸多不足,但它的历史意义是十分重大的,尤其是在今天仍然具有重要的借鉴性。

(三)教学做合一的方法

受杜威活动课程和主动作业等"做中学"思想的影响,陶行知认为教育的有效方法应是几方面合力的,"教学合一"无法解决,只有"教学做合一"才是有效的。"教的法子根据学的法子;学的法子根据做的法子。事怎样做就怎样学,怎样学就怎么教。"[2]教学做是一种生活的三个方面,在这种生活中,对事说是做,对己之长进则是学,而对人的影响则是教。"教学做是一件事,不是三件事。我们要在做上教,在做上学。在做上教的是先生,在做上学的是学生。从先生对学生的关系说,做便是教。从学生对先生的关系说,

---

[1]　胡晓风等主编:《陶行知教育文集》,成都,四川教育出版社,2007年第2版,第394～395页。
[2]　中央教育科学研究所编:《陶行知教育文选》,北京,教育科学出版社,1981年,第53页。

做便是学。先生拿做来教,乃是真教;学生拿做来学,方是实学。"①

"教学做合一"是生活法也是教育法。陶行知认为教学做合一应以做为中心,围绕做而开展,好的先生不是教书,不是教学生,而是教学生学,可谓"授人以鱼不如授人以渔"。教师的教应依据学生的兴趣、能力来定进程,教与学都以做为检验准则,在做中教、在做中学,才是教学做合一。

(四)儿童创造力教育思想

陶行知非常重视幼儿教育,创办过多所幼儿园,撰写过多篇幼儿教育方面的文章,在儿童教育上形成了自己的思想体系。他认为幼儿教育是非常重要的,如果说小学教育是建国的根本,幼儿教育则是根本之根本,因为教人要从小开始教,幼儿就好比幼苗,只有适宜地培养才能成材。传统教育中非常忽视幼儿教育,实际上幼儿教育是最重要的教育,应该普及。为了实现这样的教育理想,他积极呼吁要创造"中国的""省钱的""平民的"幼儿园,并亲自参与创办乡村幼儿园。

在儿童教育的方法上,他从自己的儿童观出发提出三种有效的方法,即要尊重儿童、解放儿童和重视儿童的作用,这三种既是教育的方法,也是他的创造性教育儿童观。儿童是教育的中心,儿童有自身的身心发展特点、兴趣、愿望和要求,儿童具有生活的能力和发展的潜力,儿童是与成人一样平等的人,具有独立的人格尊严和个性,儿童是受教育的主体,成人或教育者应该学会了解儿童、尊重儿童,善于解放儿童和发挥儿童的作用,才能做好教育。

儿童教育应重视培养儿童的创造能力,因为做的最高境界是创造,创造教育就是要培养出真善美的"活人"②。儿童的创造力主要表现为三个方面:一是治学能力,就是儿童主动、自觉和自得的学习的能力;二是观察、分析、综合、推理和判断等方面的思维能力;三是治事能力,就是儿童手脑并用、待人接事的处理能力。培养创造力的过程,就是解放儿童的过程,是让儿童过上儿童生活的过程。陶行知称之为儿童创造力教育的"六大解放"。一是眼睛,眼睛是看世界的重要工具,现实生活的实际情况、新问题都需要用眼睛去观察,因此首先应解放儿童的眼睛,让儿童多了解社会生活。二是头脑,头脑是思维的仓库,应解放儿童的头脑,破除盲从、成见等思维牢笼,让儿童进行大胆、独立思考,勇敢地探索,为创造力的生长提供土壤。三是

---

① 张传燧主编:《中国教育史》,北京,高等教育出版社,2010 年,第 444 页。

② 张传燧主编:《中国教育史》,北京,高等教育出版社,2010 年,第 450~451 页。

双手,中国的父母应向爱迪生的母亲学习,学习她解放了爱迪生的手,让爱迪生有许多动手的机会,要培养儿童的创造力就应解放儿童的双手,让儿童动手操作,亲身实践,从做中体验、学习。四是嘴巴,嘴巴是语言表达和思想交流的重要器官,传统教育中压抑儿童使用嘴巴表达观点的做法阻碍了儿童的发展,正确的做法应该是解放儿童的嘴巴,让儿童自由大胆地表达,谈天谈地谈出真理来。儿童有了言论的自由尤其是提问的自由,才能充分发挥出创造性。五是空间,小鸟在笼中无法自由飞翔,儿童在封闭的学校中也无法创造性地发展,应该解放儿童的活动空间,让儿童在广阔的自然世界和社会生活中学习。只有在开放的空间中,儿童才能获得丰富的资料、扩大受教育的视野,发挥出体内无穷的创造力量。六是时间,儿童应在玩中、想中、说中和做中学习,而不是一味地做作业或赶考,儿童应该有自己的闲暇时光,有看书的时间,有玩的时间,享受成长的乐趣,才会有学习人生的欲望,才能把握做事的机会,才会有身心的健康发展,才能发挥出创造性、形成创造力。

五、陈鹤琴的体验教育思想渊源

陈鹤琴是我国现代史上著名的儿童心理学家、教育家,其在幼儿教育方面的突出贡献为我国幼儿教育的发展奠定了理论与实践的基础。

(一)儿童观

陈鹤琴的儿童观是通过从心理学的角度来考察儿童而形成的,他通过对自己儿子的观察、记录和心理学的实验研究,认为儿童期是发展能力的时期,也是形成可塑性或可教性的时期。幼稚期(0~7岁)是人生最重要的一个时期,与陶行知一样,他也主张把幼儿教育作为最根本的教育。

陈鹤琴通过阐述儿童的心理特点来表达自己的儿童观,主要有七种含义:一是"小孩子是好游戏的"。孩子天生好动,游戏动作会越来越多且游戏的方法也是不断变化的,从最初的独自玩耍、喜欢把什么都放到嘴里尝尝,到后来身体动作和身体活动发展,喜欢敲敲打打,再到后来喜欢玩各种竞争游戏,孩子是"以游戏为生命的"。父母应顺应孩子发展的需要,使孩子充分运动,选择好的伙伴使孩子获得良好的影响,使孩子身心愉快从而增长其知识、启发其思维。二是"小孩子是好模仿的"。不到一岁的儿童能模仿简单的声音和动作,随着年龄的增长,其模仿力会越来越强,学会很多东西,但也容易学坏,家长应注意自己的言语行为,以身作则,做好示范。三是"小孩子是好奇的"。不管是声音,还是物品,孩子都想要去了解个究竟,喜欢提问题,这都是因为儿童具有好奇心,"好奇动作是小孩子获得知识的一个最紧要的门径"。四是"小孩子是喜欢成功的"。儿童都有向往成功的心理,享受成功后的愉悦,这也与环境有关。儿童在做成事情后既满足了自己的需要又获得了成人的肯定,这有利于增强儿童的自信心。成人应注意"成功与自信力"的关系,不要叫孩子做太难的事,而提供更多让儿童获得成功的机会。五是"小孩子是喜欢野外生活的"。儿童不论年龄大小,不论性别男女,都喜欢野外的生活,而且野外的生活的确也有益于强健他们的身体、愉悦他们的精神、增长他们的知识。成人应多提供这样的野外活动机会,让儿童与自然进行接触,成人不能仅从自己看护儿童便利的角度限制儿童,将儿童囚在房子里,这样容易造成儿童知识缺乏、身体孱弱,是贻害子女。六是"小孩子是喜欢合群的"。儿童喜欢成群结队地玩,喜欢和伙伴一起玩,即使没有真实的伙伴,他也能想象出伙伴来玩。成人应该顺应儿童的这种好群心理,提供机会让他交朋友,或家里养点小动物,或提供一些玩具娃娃,促进儿童好群性的发展。七是"小孩子是喜欢称赞的"。很小的孩子就喜欢听好话,一些很简单的称赞就可以让他愉悦很长时间,而且也可以激发他做好更多的事情,所以成人应善于称赞儿童,但也不能滥用,否则就无效了。①

(二)活教育

"活教育"是针对"死教育"提出的。传统教育中许多禁锢儿童的做法使儿童变成了读死书、死读书的人,教师也只是教死书、死教书的人,教与学缺乏应有的生气,儿童也没有前进的活力,因此他主张活教育,就是要"教活书,活教书,教书活;读活书,活读书,读书活"②。儿童不是"小人",不只是为成长为未来的成人做准备,儿童具有自身的心理特点,教育应尊重儿童。同时,儿童是在社会中成长的,教育应为社会的需要而进行,"活教育"应依据社会的现状与发展的需要确定培养目标,应将儿童按照"做人、做中国人、做现代中国人、做世界人"的目标培养。

教育就是为人的发展服务的,本质是培养人的活动。教育应使人具有不同于其他动物的社会性,使人积极参与社会生活,在合作中改造和建设社会,使人类获得幸福。这就是活教育要完成的基本目标,教会儿童学习如何做人、如何促进社会进步和人类发展。中国是不同于其他国家的独立存在,有自己的特质,教育应培养出适合中国国情的人才,活教育应培养儿童成长

---

① 陈鹤琴:《家庭教育》,上海,华东师范大学出版社,2006年,第1~8页。
② 北京市教育科学研究所:《陈鹤琴全集(第五卷)》,南京,江苏教育出版社,1991年,第1页。

为中国人,一个有骨气的中国人,负有保卫民族的责任以及建设和发展国家的使命。时代是发展的,教育也应与时俱进,儿童应跟上时代的步伐,所以活教育还应培养儿童做当代的中国人,既要继承中国的优良传统,又能紧跟时代进行创新,拥有科学的头脑和民主的精神。中国是世界的一部分,需要在世界的大环境中发展,儿童应具有世界的眼光,能为世界的共同进步而做出应有的努力,能联合世界上的各种力量为实现"世界大同"而献出能量。

(三)活方法

儿童是活的人,教育是活的教育,教育的实施过程也是活动的过程,采用的方法应是多种多样灵活有度的。这些方法主要有:游戏法、整个教学法、暗示法、分团法、生活教学法和活教学法等。贯穿这些方法的途径是游戏,因为儿童的生活可以说就是游戏,在幼儿园中就应采用游戏式的教学方法去教导儿童。在教学中,游戏是最基本的方法,也是最便于采用的方法,成人应多提供机会让儿童去游戏,指导儿童游戏,而不是随意终止儿童的游戏。游戏对于儿童具有极其重要的作用,也是一种重要的教育方式。首先,游戏有益于儿童身心发展,儿童可以全身心投入游戏活动中,既可以锻炼筋骨,促进身体各机能的健康发展,又能放松精神,有助于放松大脑。第二,游戏活动中蕴含着许多做人的道理,包含着反映社会的游戏规则,含有"克己、诚实、公平、自治、尊重他人、团结合作等优良品质"①,儿童可以从中受到潜移默化的影响并形成高尚的品德。第三,游戏有益于儿童的智力发展,因为游戏活动中需要儿童观察、想象、判断和迅速地做出反应,这些既有益于儿童的身体敏捷性和活动性的发展,又能培养儿童观察、判断、想象和思考的能力。第四,也是最重要的,游戏能给予儿童快乐,儿童在游戏中常常忘我,儿童保持愉快的心情才可以开展其他学习活动,所以游戏就是儿童的生命,它可以让儿童快乐、获得知识、得到健康、提升思维水平。

整个教学法认为儿童所学的东西应是整体的、系统性的,应以某科为主线或以某个故事或社会现象或自然物品为中心,引导儿童整体去学,整体融合知识。因为儿童的生活本来就是一个整体,应采用综合的方法、顺应儿童的心理特点进行教育活动,应把儿童应该学的东西整体的、有系统的去教,要把各科功课打成一片并选择一个核心点来进行教学,不限制活动时间和材料,但要求必须是以儿童的生活和心理为依据,即应以儿童的活动为主线开展教学。暗示教学法就是依据儿童好模仿、易受成人影响的特点而提出

---

① 高谦民:《陈鹤琴的儿童教育观》,《学前教育研究》2002年第2期。

的。教育者应采用语言、文字、图片、动作等多种方式营造一种适合儿童学习的环境，在无形中把知识教授给儿童，如此可具有事半功倍的效果。小团体式分组教学法是针对儿童的个体差异而提出的，儿童既具有发展中的共性特点，也有不同的智力水平和兴趣需要，应当区别对待，采用小团体式的分组教学，让儿童相互激励和学习，形成合作的品质，以相互促进。生活教学法就是体验的方法，生活是知识和能力的来源，儿童体验的生活范围越广，获得的经验就会越多，知识丰富了，能力也就增强了。亲身体验非常重要，因为"亲身阅历的经验，印象最深刻"①。儿童天性中也有好动、好探索的特点，对事物具有好奇心，教育者更应多提供让儿童亲身体验的机会，让儿童运用自己的双手和感官去获得丰富的直接经验，因为儿童游戏的过程、做事的过程就是受教育的过程，所以，生活活动与教育活动是紧密联系的，两个过程是统一的。活的教学法就是让儿童回归到大自然和社会中去学习，因为儿童与环境和社会接触的机会越多，儿童的能力也会发展得越充分，身心愉悦且强健体魄。

活的方法既是儿童生活的方法，也是学与教的方法，应该以"做"为中心，充分调动儿童的主动性、积极性，凡儿童自己能做的，应当让儿童自己做，儿童只有通过亲身体验才能获得肌肉动作上的进步和感觉或神经上的真知，因为儿童做的过程就是动手动脑的探索过程，是儿童获得儿童自己的真世界的过程。学校教育中包办代替或者强行灌输的教育方式都是不对的，应当让儿童自己去试验、去思考、去求得结果。

教育方法虽然很多，但都明确地要围绕儿童的身心特点和需要出发，倡导活动中学习，游戏中学习，体验中学习，强调生活与教育的紧密关系，主张儿童多亲历学习活动的过程，多获得切身体验，在综合性的课程活动中积累直接经验，这些思想对今天的幼儿园教育来讲仍然具有重要的借鉴价值。

(四)活课程

课程都要从实际生活与经验里选出来，而不能与生活相脱离，儿童课程更应在儿童一饮一食中，在他们与一草一木的接触和使用灿烂的玩具用品中进行的②，课程的编制应遵循儿童适应性的原则。传统的分科模式割裂了儿童认识世界的整体性，应采用综合的或单元式的或以活动为中心的课程编制方式来组织实施。陈鹤琴把自己的课程形容为"五指活动"课程，即

---

① 张传燧主编：《中国教育史》，北京，高等教育出版社，2010年，第487页。
② 虞永平、田燕：《论陈鹤琴的幼儿园课程思想》，《山东教育》2003年第6期。

儿童的课程包括了儿童健康活动、社会活动、科学活动、艺术活动和文学活动等五种，这五种活动彼此相互联系，就像是人的五根手指，共同构成了整体发挥作用的手掌，儿童的身心发展就在这个围绕儿童生活织成的五指活动网中。

"五指活动"课程是"活课程"。首先，"五指是生长在儿童的手掌上的，是指要注意儿童心理和生理的发展"，是以儿童发展为中心的，遵循促进儿童发展的原则。第二，五指活动是"不离社会实际，领导儿童做合理的活动，予以适当的教养"，课程既以儿童生活为中心，又与社会生活紧密联系，是以儿童为主体的，又是需要教育者的合理指导的。第三，"五指是活的，可以伸缩，互相联系"，五种活动既是相对独立的又共同组成一个整体，发挥整体的作用。第四，"课程是整个的、连贯的"，"有组织有系统合理地编织在儿童的生活中"①，整体性的特点更有益于促进儿童全面发展。

在五指活动课程的思想指导下，陈鹤琴提出"大自然、大社会都是活教材"，大自然、大社会就是活的书，是适应儿童心理特点的和学习需要的书，儿童可以通过直接接触大自然和社会，在亲身观察、体验中获得第一手的经验知识。但陈鹤琴也不是要消除书本，而是据此观点着重强调书本应符合儿童的生活经验实际，因为大自然、大社会是知识的最初源头，只有"部颁课程标准"与"地方的实际环境"结合，才是课程实施的适宜原则。

综观陈鹤琴的教育思想，不难发现，他针对传统教育的目标、内容、方法和课程等都提出了自己的观点，这些思想以儿童心理特征的研究为基础，受自然主义和儿童中心论的影响，重视儿童的活动体验，强调游戏的教育价值，重视直接经验与间接经验相结合的课程建设，等等。这些方面都含有体验教育的思想，具有重要的理论意义与实践指导价值。

第四节　国外体验教育思想的历史回顾

国内外有关体验教育的研究存在词汇翻译上的差异，本节阐述的内容主要是从其代表人物或流派的某些观点涉及体验教育思想的角度来挑选的，带有笔者的研究兴趣与个人倾向。这些代表人物之间并不存在必然的逻辑联系，但是从笔者收集体验教育思想的角度来看都具有代表性和典型性。

---

① 　张颖、邹晖：《陈鹤琴"五指活动法"指导下的园本课程开发》，《江西教育科研》2004 年第 3 期。

一、希腊"三贤"的体验教育思想渊源

古希腊时期的体验教育思想集中体现在当时较强大的两个城邦国家的教育中,即斯巴达和雅典。其中,斯巴达的教育以注重军体训练著称,不仅会对儿童天生的身体健康状况进行检查,留存健康的身体,而且尤其重视以身体训练和性格教育的体验方式来教育儿童,让儿童从小接受寒冷的考验和军营生活的严格训练,为成长为一名合格的斯巴达军人做好准备。雅典则不仅重视军体训练,更因经济文化的繁荣而需要培养身心和谐发展的多种人才,因此其和谐发展的教育思想对后世影响很大。雅典重视丰富的游戏活动,强调礼貌行为习惯的培养,这些也是注重身体力行、身心和谐的体验教育的来源。

被誉为希腊三贤的苏格拉底、柏拉图和亚里士多德等人的教育思想中都包含了体验教育的思想。如苏格拉底的"产婆术"可谓是体验教学的实践方法,这种方法强调学习不仅是学生的事情,知识也不可以移植。对于学生的发展而言,外人只能做到"助产",真正的知识获得来自学生内心的领悟。因此,教育的过程就在师生的交流谈话过程中,通过不断地提出问题,进行辩论揭露对方认识中的矛盾,从而引导学生从内心去领悟和探索出问题的真相,让学生在理解中认识到精神的内在本质,是一种由外在提问激发内在思维动机的启发式学习的过程。学生在经历、获得知识的过程中,也获得了理解知识与正确认识自己的体验。例如,在"正义"与"非正义"这个话题的讨论中,苏格拉底首先要求学生将"正义"与"非正义"分成两类,然后分别问"虚伪"和"偷盗、欺骗、奴役"归于哪一类。学生认为两者都应归于"非正义"类。苏格拉底追问:"如果一个将军惩罚那些极大损害了其国家利益的敌人,并对他们加以奴役,这能说是非正义吗?"学生认为不能。"如果他在作战中欺骗了敌人,这能说是非正义吗?"学生认为仍然不能。苏格拉底继续让学生判断一个将军为了鼓舞士气而撒了谎但结果取得了胜利,一个父亲欺骗孩子说药很好吃而使孩子吃下了药且治好了病,这些行为应归于哪一类,学生都认为应归于正义的一类。苏格拉底继续类似的追问后,反问学生最初的归类行为时,学生请求收回之前说过的话。苏格拉底正是在讥讽、助产、归纳和定义的交谈中引导学生投入"正义与非正义"的讨论体验过程中,从内心产生对概念的内在本质的认识,从而获得发展,具有体验教育的典型特征。

师承苏格拉底的柏拉图,在其和谐教育的主张中也有体验教育的思想。

如,柏拉图将世界划分为可见的"现实世界"和抽象的"理念世界"。现实世界是不真实的、虚幻莫测的,只有理念世界才是真实和永恒的,现实世界只不过是理念世界的影子,因此人的肉体是人的灵魂的影子,灵魂才是人的本质。灵魂可以单独存在,在与肉体结合之前,灵魂是可以认识理念世界的,但由于在和肉体结合后受肉体的扰乱而失去了原先对最高理念的认识和记忆,因此认识不是对现实世界的感受,而是对理念世界的回忆,"学习就是回忆"。教学的目的就在于恢复人的固有认识,教学的过程就是回忆理念的过程。学生是通过理念世界在现实世界中的投射才得以回忆理念世界的,因此具体事物的感性启发具有重要的作用,学生正是在回忆中通过反省才获得灵魂的理念。作为第一个提出学前教育思想的人,柏拉图非常重视儿童教育,主张和谐教育的观点,认为应"用体操来训练身体,用音乐来陶冶心灵"①。在《理想国》第三章中,柏拉图说明了和谐教育的含义就是既要修养心性培养善德,又要操练身体增进健康。他重视音乐和体育的教育,强调儿童的游戏和教材的选择应有益于儿童的身体和心灵的和谐发展,但儿童的和谐发展也不全是外在给予的,而是由儿童内在生发的,"快乐和痛苦是儿童最先的知觉",因此提出"快乐和痛苦"训练的教育原则,要通过这类训练,"把快乐、友谊、痛苦和憎恨适当地植根于儿童心灵中"②,"引导儿童恨他所应恨的,爱他所应爱的"③,使身体与心灵达到和谐,让儿童从内心去获得理性的认识和发展。

亚里士多德受柏拉图思想的影响较大,但却青出于蓝而胜于蓝,较柏拉图更具有辩证的思想。他将柏拉图的灵魂"理性、意志和感情"三部分说的思想进行了完善,他认为人的灵魂与肉体是互不可分的存在,就像是形式与质料一样。灵魂应由植物部分(生理的身体)、动物部分(本能、欲望和情感)以及理性部分(真正的人性)组成,且应依此开展体育、德育、智育和美育的活动,使人得到和谐发展。亚里士多德可谓是历史上第一个提出并论证了"白板说"的人,认为知识来源于对事物的感觉及后天经验;而且人的发展具有内发性,因为"一个人生来就是人,而不是其他动物,并且其身心必须具有某种特性"④。人生来具有自然所赋予的发展能力的胚芽,依赖教育,使可能变为现实。教育应遵循自然的原则,重视教育环境对儿童成长的影响,重

---

① 〔古希腊〕柏拉图:《理想国》,郭斌和、张竹明译,北京,商务印书馆,1986 年,第 70 页。
② 魏茂恒:《柏拉图从教生涯及教育思想述评》,《东方论坛》2002 年第 6 期。
③ 杨汉麟、周采:《外国幼儿教育史》,南宁,广西教育出版社,1993 年,第 17 页。
④ 王磊:《亚里士多德的道德教育思想探究》,《科技资讯》2010 年第 32 期。

视道德习惯的培养,尤其重视练习与实践的作用,如在音乐教学中,他经常安排儿童登台表演,进行现场实践体验。在美德的形成中,他认为只有在后天的生活实践中才能形成良好的品格,实践性的道德习惯养成对于道德品性的形成具有重要的作用,"德行既非处于本性而生成,也非反乎本性而生成;自然给了我们接受德行的能力,而这种能力的成熟则通过习惯而得以完成","一切德行都是从这里生成,并且通过这里毁灭,正如技术一样,好的琴师和坏的琴师都出于操练"①。当然,人是理性的存在物,人类的发展还需要实践帮助人去过一种适宜的理性生活、善的生活,要在实践中通过实际的训练获得,所以,美德既需要实践也需要理性的指导,是离不开实践智慧的作用的。可以说亚里士多德这种"身体力行、知行统一"的体验思想在现在对我们仍然具有重要的启发意义。

二、夸美纽斯的体验教育思想渊源

(一)中世纪的教会教育

中世纪的欧洲是教会地位独尊的时期,教会倡导的是性恶论的儿童观及禁欲主义的教育,鼓吹盲信,禁止儿童的游乐嬉戏,教育中的体罚盛行,甚至完全取消了体育,否定了古希腊建立起来的和谐教育的理论。儿童不是作为儿童存在的,儿童是作为成人降生的,儿童与成人的区别只是身体上及知识上的不同,儿童被看成小大人,儿童与成人没有被分化开来区别对待,他们在社会中做同样的活动和游戏,儿童的身心特点和需要被忽略掉,儿童的教育方法也是简单粗暴的。在文艺复兴时期,以人文主义为指导,在教育中重新重视身心和谐发展,注重儿童兴趣的激发,例如威尼斯在《儿童教育论》中主张对待儿童应人道化和个性化。伊拉斯莫斯相信所有人都是可以教育的,在儿童的教育中,"自然、教导和练习"是三个重要的因素,而且后两个因素起主导作用;他还在《幼儿教育论》中提出"儿童会通过对教师的爱达到对学习的爱",重视教师的言传身教的作用。蒙旦认为教育的目的就是培养思想健全、有判断力、能充分理解人生意义的人,而儿童不能盲从权威,在学习中更应将知识消化为己有,教育就是帮助儿童增长这种知识的消化力,培养儿童的思考力、判断力和理解力。

---

① 〔古希腊〕亚里士多德:《亚里士多德全集》,苗力田主编,北京,中国人民大学出版社,1992年,第27~28页。

(二)夸美纽斯的体验教育思想

夸美纽斯是人类教育史上里程碑式的人物,其著作《大教学论》全面论述了人的价值、教育的目的及教育改革的思想,奠定了西方教育史的世界地位。其撰写的《母育学校》被誉为历史上第一本学前教育专著,而《世界图解》则成为历史上第一部幼儿启蒙教材,其教育贡献之大可窥见一斑。但就体验教育的思想渊源来讲,则是在其对"教育适应自然"原则的阐述及相关思想中表现出的对儿童的尊重上体现出来的。

夸美纽斯受培根的感觉论的影响,认为感觉是认识的起点和源泉,母育学校在智育方面的中心任务就是训练儿童的"体外感觉",培养他们分辨外界事物的能力。旧学校最大的弊病是违背自然,用一些无用的知识填满学生的头脑,死记硬背的方法造成了儿童学习时间与精力的极大浪费。改变这种局面就需要进行改革,遵循自然的原则。第一是遵循"秩序",这是自然界中起支配作用的普遍法则,正如鸟儿在春天繁殖、园丁在春天种植一样,人也是自然的一部分,人都有相同的自然性,人生的春天应遵循儿童时期的教育需要,"任何人在幼年时代播下什么样的种子,那他老年就要收获那样的果实"①。第二,还应根据人的自然本性和身心发展的规律进行教育,应遵循人的自然发展的原则,尊重人的自由发展,因为"自然遵循适当的时机","自然的作为不是杂乱无章的,它在前进的时候,是界限分明地一步一步进行的","自然并不跃进,它只一步一步地前进","自然并不性急,它只慢慢前进","自然不强迫任何事物去进行非它自己的成熟了的力量所驱使的事"。② 第三,他还主张把一切知识教给一切人,把广泛的自然知识传授给普通的人,所有人都应受教育,教育可以划分为四个阶段,每个阶段的受教育场所和要求都不一样。而在认识事物时,还要有实际的行动,儿童应"能知、能言和能行",不仅在教学场所中学习,更应认识社会生活的各种现象,因为对于人类来讲,整个世界就是学校。儿童的发展是内发的,他"反对一切形式的催逼、强制和灌输",他说"在自然的一切作为里面,发展都是内发的"③,因为就像"树木得到天上的雨水和地下的水分作养料,它吸收养料也不是经由外层的树皮,而是经由最内层的微孔。由于这个缘故,园丁并不灌溉树枝,而只灌溉树根。动物也不把它们的食物送给外部的肢体,而把食物

---

① 任钟印:《夸美纽斯教育论著选》,北京,人民教育出版社,1990 年,第 22 页。
② 〔捷〕夸美纽斯:《大教学论》,傅任敢译,北京,教育科学出版社,1999 年,第 75～99 页。
③ 刘晓东:《夸美纽斯论儿童生活与儿童教育》,《幼儿教育》2004 年第 Z1 期。

送给胃,由胃去消化,并供养整个身体"①。夸美纽斯的教育思想虽然因其处的时代背景而存在诸多的局限性,但其有关儿童教育的思想以及尊重儿童自然发展的理念是值得今天的人们敬畏和研磨的。

三、卢梭的体验教育思想渊源

18 世纪被称为发现儿童的时代,建立新的儿童观的集大成者就是卢梭。他在《爱弥儿》中以饱含深情的笔墨描述出一个崭新的儿童观,把儿童从"小大人"中解放出来,让他们真正以儿童的身份出现在世界中。"在万物中人类有人类的地位,在人生中儿童期有儿童期的地位,所以必须把人当人看待,把儿童当儿童看待。"②自然主义的哲学立场和性善论的人性观的结合,使卢梭拥有了自己的自然主义儿童观。

教育要适应自然,因为自然是善的,"出自造物主之手的东西,都是好的","在人们心灵中根本没有什么生来就有的邪恶"③,教育应考虑儿童的真实存在,并尊重儿童的天性,教育也应顺性而为。教育适应自然的必要性在于人的成长是受三种因素制约的,"或是受之于自然,或是受之于人,或是受之于事物。我们的才能和器官的内在发展,是自然的教育;别人教我们如何利用这种教育,是人为的教育;我们对影响我们的事物获得良好的经验,是事物的教育"④。这就是说将遗传、环境、教育与儿童身心发展规律相结合的教育,才能促进儿童的和谐发展,因为"自然的教育"是我们不可控制的,只有将"事物的""人为的"教育与"自然的"教育配合起来,遵循儿童天性的自然发展要求和顺序,才能促进儿童的发展。不仅要遵循儿童的自然天性,还应尊重儿童,认识儿童,把儿童看作是不同于成人的独立存在,研究儿童不同于成人的特殊需要,因为"儿童是有他特有的看法、想法和感情的;如果想用我们的看法、想法和感情去代替他们的看法、想法和感情,那简直是最愚蠢的事情"。不能把儿童看成成人、小大人,绝不能以成人的偏见剥夺了儿童应有的权利。卢梭认为传统教育恰恰犯了这样的错误:"为了不定的将来而牺牲现在,为了给儿童准备他也许永远不能享受的若干年后的幸福,而把种种约束加在他的身上,开始就使他感受苦恼,我们对于这种残酷的教育做何感想呢?"由此呼吁要爱护儿童,珍惜儿童短暂的童年生活,留住儿童

① 〔捷〕夸美纽斯:《大教学论》,傅任敢译,北京,教育科学出版社,1999 年,第 81~83 页。
② 〔法〕卢梭:《爱弥儿——论教育》,李平沤译,北京,人民教育出版社,2001 年,第 44 页。
③ 〔法〕卢梭:《爱弥儿——论教育》,李平沤译,北京,人民教育出版社,2001 年,第 5、94 页。
④ 〔法〕卢梭:《爱弥儿——论教育》,李平沤译,北京,人民教育出版社,2001 年,第 7 页。

的幸福,保护儿童的天真和烂漫,应"让他尽情地去享受他的游戏、他的嬉笑和愉快的本能"①。

教育的目的是培养"自然人"。自然人应是这样的人②:(1)他是不受传统束缚而率性发展的,当然,率性意味着顺应自然的天性,却并不是要回归到"森林"中的生活,人仍然应生活在社会之中,是社会生活中的自然人,正如卢梭所言:"虽然是我想把他培养成一个自然的人,但不能因此就一定要使他成为一个野蛮人,一定要把他赶到森林中去。我的目的是,只要他处于社会生活的漩流中,不至于被种种欲念或人的偏见拖进旋涡里去就行了;只要他能够用自己的眼睛去看,用他自己的心去想,而且,除了他自己的理智以外,不为任何其他的权威所控制就行了。"③在这种情况下,他必然会对一些事物动心,对一些感受动情,获得一些处事的手段和方法,从而能得到自然心灵的加速发展。(2)他是具有自身价值的独立实体,是非等级、非阶级、非固定职业的人。自然人既不是官员也不是武将,而是具有自身价值的、能独立生活的人,他并不是从事某种固定职业的人,因为只从事一种职业会束缚人的天性的发展。这种人也不是戴着假面具的人,而是随时以真实面目面对世人的人,是真实的自然人。(3)他是体脑发达,身心两健的人。自然人不仅有着强健的身体,而且拥有丰富的感情,还是智力发达的人,从一开始,他就被训练成尽可能自食其力的人,具备分辨和预判的能力,对于与自己有关的事物能够务实地考虑,而不是凭空想象,他正是在身心合力发展中,去实行自己的观点而不是盲目跟风。

教育的原则就是自由。这是自然教育的原则,是人最重要的自然权利。自然是世界上最为可贵的东西,也是上天赐予人类的第一条人权,"真正自由的人只想他能够得到的东西,只做他喜欢做的事情,这就是我们第一个基本原理,只要把这个原理应用于儿童,就可源源得出各种教育原则"。自然的教育就是自由的教育,而不受到摧残和压制,对待儿童不应只有严格的纪律和令人生气的体罚,教育者应放手让儿童发挥出本身的积极性,为儿童提供自由活动的环境,让儿童在生活中充分地体验、感觉、发展。

教育的方法就是体验。体验包括两个方面,一个是感官体验,另一个是生活体验。卢梭认为婴儿的记忆力和想象力尚未发展起来,只能注意眼前对他感觉起影响的事物,感官是儿童知识的原料,应当按照适当的次序让他

①　〔法〕卢梭:《爱弥儿——论教育》,李平沤译,北京,人民教育出版社,2001年,第91页。
②　杨汉麟、周采:《外国幼儿教育史》,南宁,广西教育出版社,1993年,第85页。
③　〔法〕卢梭:《爱弥儿——论教育》,李平沤译,北京,人民教育出版社,2001年,第360页。

产生感觉,从而培养其分辨事物的能力。触觉的培养,应让儿童有较多的机会去接触事物,但触觉只能在一个人的周围发生作用,而视觉则能把它的作用延伸到很远的地方,因此也要让儿童有足够的时间学习视觉判断。当然还应发展听觉,因为听觉是与说话紧密相连的,味觉对人类的生存和品尝食物重要且有意义。嗅觉则近乎为一种"想象的感觉",健康的儿童应善用感觉并从感觉中获得发展。而要培养起这样的能力,就应多让儿童实地接触各种物品,在触摸中了解物品,在走动中感受位置的变换并学会距离判断。但是只获得感觉不是目的,在感觉中形成观念才是方向,爱弥儿以前只有感觉,只能感知事物,而现在他拥有了观念,因为他能进行推理,"由于把许多连续发生的和同时发生的感觉加以比较得出关于那些感觉的判断,这就产生出一种混合的或复合的感觉,这就是我所说的观念"①。纯粹的感觉是被动的,它只确认我所感觉的,而联系、比较并分析那些为感官所觉察不到的各种关系的感官体验是主动的,这就是知觉的或观念中的判断,这样的判断也是建立在丰富的经验的基础上的,就如一个儿童被冰激凌冰着时喊"烫坏了",是对冻伤与烫伤的混淆,但发生错误的不是感觉,而是对感觉所做的判断。

这就需要另一种体验,来自儿童生活的体验,也就是通过被大家称作"自然后果"的方法获得的体验。在儿童的理性还没得到发展的时候,所有口头教训都是无效的。对于理性休眠期的儿童(12 岁前)犯了错误的处理方法只有一个,那就是"使他们从经验中去吸取教训",也就是让"自然后果"去教育儿童,让儿童在生活中,亲身体验自己错误行为所产生的不良后果,从中受到启发并改正过来。不仅犯了错误需要生活体验,而且在学习中也是需要积累生活经验的,只有体验过生活,才会形成对生活的理解和感悟,"如果他从来没有在干燥的原野上跑过,如果他的脚没有被灼热的沙砾烫过,如果他从来没受过太阳照射的岩石所反射的闷人的热气,他怎能领略那美丽的早晨的清新空气呢? 花儿的香、叶儿的美、露珠的湿润,在草地上软绵绵地行走,所有这些,怎能使他的感官感到畅快呢"②? 另外,还应引导儿童在独立活动中获得体验。体验得越丰富,儿童获得的生命感受就越多,生命也就越具有意义,在衣食住行等方面都会形成良好的生活方式。卢梭还要求在教育中应多提供让儿童发现的机会,运用直观教学或引导儿童亲

① 张焕庭:《西方资产阶级教育论著选》,北京,人民教育出版社,1979 年,第 125 页。
② 〔法〕卢梭:《爱弥儿——论教育》,李平沤译,北京,人民教育出版社,2001 年,第 218 页。

身体验并从中获得发展。他还曾举例说理论联系实际的方法是非常有效的，因为他有一次将爱弥儿带到森林中并故意迷失方向，引导了爱弥儿的直接体验，使爱弥儿获得了一些天文学方面的知识。这些方法都是以儿童为本的，也由此奠定了卢梭在儿童教育中的地位。

四、杜威的体验教育思想渊源

杜威是近现代教育的领军人，其教育思想在世界各地都有较大的影响，对我国今天的教育影响仍然非常大，"言必称杜威"并不是一句戏言。就本节的需要，特从儿童观、活动课程和体验学习等三个方面的内容进行阐述。

（一）杜威的儿童观

如果说是卢梭发现了儿童，那么则是杜威发扬了儿童，让世人进一步重视儿童，让教育更为儿童着想，虽然至今为止关于儿童的讨论仍然没有答案，但也正是这样的讨论在指引教育的走向。

儿童是具有"能量"和"潜力"的。"可以把能量理解为一种能力；把潜力理解为势力"，儿童并不是无知无能的，而是存在着内在的发展的能力的。人的本能冲动就是潜藏在身体内部的一种生来就有的能力，它表现为一种兴趣的趋向。在学校教育中常见的能力或兴趣主要有四个类别，分别是"在儿童的谈话、亲身交往和交流中表现的社交本能""探究的本能""制作的本能（建造的冲动）"和"艺术本能"，同时，也可概括为四类兴趣，即"交谈或交流方面的兴趣""探究的或发现的兴趣""制作或建造的兴趣"和"艺术表现的兴趣"①，这些都是儿童成长的自然资源，儿童的生长有赖于对它们的运用。儿童是处于未成熟的状态，而这种状态就意味着生长的可能性，具有发展的潜力，初生婴儿的无能、无知并不代表着儿童弱，因为越是高等的动物其幼稚期越长，也因此人类才具有学习各种事物的容量和可能。传统教育之所以容易让人对儿童产生误解或偏见，就在于我们将儿童的未成熟状态与成人的成熟进行比较，用成年期作为固定的标准来衡量儿童期，这是一种外观的立场。如果从儿童内在的生长角度来看待儿童，则"未成熟状态就是指一种积极的势力或能力——向前生长的力量"②，这种力量是较动物的本能高明很多的，因为一般的动物仅能被环境制约，而人类则不仅能适应环境，还

---

① 〔美〕杜威：《学校与社会·明日之学校》，赵祥麟、任钟印、吴志宏译，北京，人民教育出版社，2005 年，第 45～48 页。
② 〔美〕杜威：《民主主义与教育》，王承绪译，北京，人民教育出版社，2001 年。

能改造环境。

儿童具有可塑性和发展性。未成熟的儿童并不弱而是正在成长的路上,未成熟中显现的是儿童对成人和社会的依赖性以及儿童生长的可塑性,正是在依赖性的社会交往活动中,儿童的可塑性表现得更加明显。但是,儿童的可塑性是不同于油灰或蜡的形态变化的,儿童的可塑性并不是受到外来压力就发生形式改变的,而是意味着儿童能主动地从经验中学习,并从中保存可以用来对付以后情境中的困难的力量,因此儿童的可塑性就是以从前经验的结果为基础改变自己行为的力量,也就是发展各种倾向的力量。①儿童的发展过程就是经验被不断改造的过程,儿童也在改造中不断地改变自己、更新自身的力量。儿童的发展既有身体上的更有心理素质上的,是一个连续性和阶段性相联结的过程。人的心理上的成长可以是无止境的,但是儿童天性和能力的发展则是有一定程序的,正如物的成熟要经过一定的时间、阶段一样。儿童的生长需要时机,也应得到尊重,不同的阶段应提供不同的学习内容,提出适宜的教育要求,拔苗助长必然会导致不良的后果。

(二)儿童教育目的观

杜威的教育目的观对我们今天的教育仍然有较大的启发借鉴意义,因为教育的目的直接决定了教育过程的走向。在杜威看来,所谓目的,只是我们在特定的情境下的行动,并能够预见不同行动所产生的不同结果,再利用预料的事情去指导观察和实验,但就教育本身来说,并无目的,只有儿童的家长和教师等人才有目的。民主教育的目的应该是建立在学生活动和需要的基础上的,应该是有助于学生的相互合作的,应该是具体的、直接的,所以,从外部强加的目的都不是民主主义教育的目的,"教育过程在它自身以外无目的,它是它自己的目的"②。因此,教育是无外在目的的,但教育过程与教育活动中应寓有利于儿童生长的意向,也就是说,教育的真实目的应是根据儿童的活动和需要而设定的,不能忽视儿童的特殊能力和需要,尤其不能忘记"一切知识都是一个人在特定时间和特定地点获得的",能使儿童获取学习的能力和方式,并使个体获得发展。教育的目的必须能激发儿童的兴趣、能转换成与受教育的活动进行合作的方法,能提出一种解放和组织他们的能力所需要的环境,有助于制订具体的进程,还能依此来检验、校正和扩充这个目的。教育目的应该是动态发展的,是在不断继承甚至是在不断

---

① 〔美〕杜威:《民主主义与教育》,王承绪译,北京,人民教育出版社,2001年,第52页。
② 〔美〕杜威:《民主主义与教育》,王承绪译,北京,人民教育出版社,2001年,第58页。

否定前一阶段教育目的的基础上形成的,尤其要反对僵化的教育目的。教育的目的还应使个人发展与社会发展的需要融合起来,把社会目的或外在目的凌驾于儿童发展之上是错误的。教育目的应该是实际的,必须关注当前各种具体的活动,反对抽象、遥远而不切合实际的目的,"儿童对于现在的生活兴趣正浓正厚,而教育者偏要用这种预悬将来目的的教育方法,实在是一件最不合自然、最反乎常事的事"①。总而言之,教育并不是没有目的,只是外在于教育的目的不是真正的目的,教育过程本身才是目的所在。教育也不是只偏向于儿童或者只偏向于社会的单一方面,而应是多方面的结合。教育也不是只关注当下而完全无视未来的,"把现在的生活看得重要,使儿童养成种种兴趣,后来一步一步地过去,自然就是预备将来。倘先悬一个很远的目的,与现在的生活截然没有关系,这种预备将来,结果一定反而不能预备将来"②。

(三)儿童课程观

杜威的课程观内涵是非常丰富的,就儿童教育而言,"经验""兴趣""活动""游戏""作业"等核心词汇集中体现了其经验自然主义课程的思想概要。从课程设计的角度来看,杜威始终将儿童、知识、经验、活动和社会性等相统一,既从儿童的活动和需要出发,又在不断阐述儿童与知识、儿童与社会、经验与社会等的关系中展现其课程思想。儿童的中心地位是不容置疑的,因为"儿童是起点,是中心,而且是目的,儿童的发展、儿童的生长,就是理想所在","决定学习的质与量的是儿童,而不是教材"③。

经验之于课程的意义是重要的,因为教育就在经验的获取过程中。但经验包含着一个主动的因素和一个被动的因素,在主动的方面,经验就是尝试,而在被动的方面,经验则是承受的结果,只有在这两个方面的联结中,经验才具有效果和价值。也就是说,经验"不仅包括人们做些什么和遭遇些什么,他们追求些什么、爱些什么、相信和坚持些什么,也包括人们是怎样活动和怎样受到反响的,他们怎样渴望和享受,以及他们观看、信仰和想象的方式等能经验的过程"④。经验也不只是与认识有关的事情,而是涵盖了认识的、情感的、意志的等理性和非理性的因素,是一种活的生命现象,而不是死

---

① 刘晓东:《为杜威"儿童中心论"辩护》,《学前教育研究》,2002 年第 2 期。
② 刘晓东:《为杜威"儿童中心论"辩护》,《学前教育研究》,2002 年第 2 期。
③ 〔美〕杜威:《学校与社会·明日之学校》,赵祥麟、任钟印、吴志宏译,北京,人民教育出版社,2005 年,第 118 页。
④ 〔美〕杜威:《经验与自然》,傅统先译,南京,江苏教育出版社,2005 年,第 8 页。

的认识现象。经验是在有机体与环境的相互交流中产生的。经验是在主体主动的行动中获得的,是一种内在的体会,而不是外在的告诉,"教育并不是一件'告诉'和被告知的事情,而是一个主动的和建设性的过程"。尝试的过程与承受的结果之间的联结需要通过反思来完成,因此在教学活动中重视"暗示、问题、假设、推理和检验"的反思思维的培养是非常重要的。

从经验的角度来看,课程内容应来源于儿童的生活和经验,但也只有那些能促进儿童生长和具有连续性的经验才是课程的来源,必须把对儿童成长起阻碍或歪曲作用的经验排除在课程之外。由于儿童经验中已经包含了学科科目同类的事实和真理,包含了课程学习中的态度、动机和兴趣,将课程与儿童经验进行联结成为课程规划的必然方向,要从儿童现有的经验和生活出发,把"各门学科的教材或知识各部分恢复到它被抽象出来的原来的经验。依照儿童经验生长的实际情况,还原为直接的和个人的经验"。同时,这种经验绝不是绝对的,它不是终极的,不是完成了的东西,而是需要转化的。儿童的经验只是某些生长倾向的一种信号或标志,课程的实施过程就应是对经验的不断改组或改造。"单纯活动并不构成经验。这样的活动只是分散的、有离心作用的、消耗性的活动。作为尝试的经验包含变化,但是,除非变化是有意识地与变化所产生的一系列结果联系起来,否则它不过是无意义的转变。"①所以,进入课程的经验是具有反思性的,是多种关系的有效联结。

(四)做中学

儿童体验的过程就是从做事中学习的过程,这也是教育的过程。从做中学就是通过做来获得经验,学到知识。传统教育的弊病就在于填鸭式的灌输,只让儿童被动地听,忽视学生的个性、个人经验以及他的自由的直接的和生动的活动,而真正的学习应该是在各种活动中,从做事情中、从主动作业中获得知识与技能。"做中学"的重要性就在于,它既能满足儿童喜好交往、制作、探究和探索的兴趣与本能,又能激发起儿童学习的内在动机,满足儿童发展的多种需要,还能促进儿童智力的发展。因为儿童不仅能从做中学里获得感性的认识,还能获得理性的认识。因为它不仅强调"一两经验胜过一吨理论"的感性认识的重要,还强调"在经验中理论才有亲切的与可以证实的意义","最简单的经验都能发生一定的理论","经验不加思考是不可能的事。有意义的经验都是含有思考的某种要求"。因而经验中也是包

---

① 〔美〕杜威:《民主主义与教育》,王承绪译,北京,人民教育出版社,2001年,第148页。

含理性认识的,体验的过程就是把这两类认识有机地融合起来,使儿童获得直接经验的同时也收获间接经验。落实做中学的方法就是提供一个可供体验的情境,并且在情境内部激发出需要解决的真实问题,儿童能从已占有的资料的基础出发,去观察和把握情境中的问题,并寻求解决问题的办法,最后再进行检验。这既是一个体验的过程,也是一个思考的过程。也正是在这样的过程中,儿童要经历大量的实践性活动和运动性活动,体验丰富的情境,从而培养起观察力、想象力、创造力、解决问题和实际操作的能力,使知与行相统一,手和脑并用,学校与儿童的生活紧密联系,儿童也就能获得发展。

基于这种思考,杜威还非常重视游戏与作业活动,认为儿童天生就有游戏的欲望,游戏可以表现为作业的形式,游戏是能长时间吸引儿童注意的活动,作业可通过游戏来完成。游戏与作业对儿童的发展是有好处的,既有利于儿童调动多种感官、运用多种动作和活动来提升儿童身体与心理的技能发展,还能帮助他们养成共同工作的技能和习惯,发展社会意识,提升社会技能。可以说,儿童游戏得越多,计划和用具也会越精密,生活的内容也会越丰富,从中学到的东西也会越多,因此学校应采用游戏和主动作业的方法进行教学,并在课程中给予其一定的明确地位。

五、蒙台梭利的体验教育思想渊源

蒙台梭利的儿童教育思想至今仍然风靡全球,尤其是其教学法今天仍然在许多幼儿园和小学教育中使用,可见其影响之大。她是在借鉴卢梭、裴斯泰洛齐、福禄贝尔等人的自然教育和自由教育观点的基础上,结合自己的实际观察、实验研究,综合多种理论研究成果后形成自己的教育观念和方法的,因此在其理论中含有许多生物学、遗传学、生理学、心理学和生命哲学的思想。

(一)蒙台梭利的儿童观

儿童是独立的精神实体。儿童拥有天生的"内在生命力",这种生命力使儿童具有无限的能量,既能积极地追求发展,又能按自己的需要不断追求自我完善。儿童既不是成人灌注的容器,不是可任意塑造的蜡或泥,不是可任意雕刻的木块,也不是父母或教师培植的花木或饲养的动物。儿童就是儿童自己,是一个个活生生的、能动的、发展着的人。儿童并不是一个凡事都依赖成人的"呆滞的生命",而是"人类的创造者"。"我们过去常说母亲塑造了儿童,因为是母亲教他走路、说话,等等。但这些实际上都非母亲所教,这是儿童的成就。母亲所带来的只是婴儿,是婴儿创造了成人。如果母亲去世,婴儿依然会长大并完成其创造人的工作。"①当然,这也不是要削弱成人的价值,而是要表明在儿童的成长中,成人本身不是儿童发展的建设者,而只是一个帮助者。

儿童的心智有吸收力。正是在"内在生命力"的精神驱动中激发了儿童特有的吸收性心智能力的发展,这是一种儿童"所特有的无意识记忆力、吸收环境并加以适应的能力"②。儿童正是因为具有这样的特殊能力,而能在不同的环境中习得不同的文化,比如说,一个被带到美国抚养的婴儿,他学会的是英语而不是印度语,就在于他像吸收当地人的风俗习惯一样地吸收了语言,这并不是遗传得来的。儿童正是利用"吸收性心智"获得了周围世界的各种信息,并融合到自己的心理之中而形成自己的独特个性和行动方法的。虽然儿童初生时的大脑可能是空无一物的,但也并不是所有的环境都能被统统吸收,儿童的心智能力对环境表现出选择性。就如在声音的选择中儿童更喜欢对人的语言进行模仿一样,儿童更愿意积极、能动地吸收周围环境中适合自己的东西,又如在语言的模仿中儿童能自觉地吸收自己所处的地方语言。因此,教育所需要努力的就是为儿童提供"一种适合儿童内在需要和兴趣的、能够诱发儿童自发学习、自动作业的环境"③。

儿童的发展具有阶段性。儿童天生自带了两套发展的胚胎,一套是"生理胚胎",它在母体内就已经形成,并在脱离母亲后能吸收营养而发展;另一套是"心理胚胎",它是在婴儿出生时才开始发育的,它经历了类似于生理胚胎一样从无到有的发展路线。这两套胚胎都是在儿童与外界环境不断交互作用中发展的。初生的婴儿不能随意地进行身体运动,并不是因为身体孱弱,而在于感觉器官与脑及肌肉的神经联结尚未发育完善,大脑还不能支配身体,但在生长发育后,儿童能逐步改变这种局面,能在意志支配下形成身体目的性活动和运动自如的行为。这不仅是身体的进步,也是儿童精神的发展,是儿童个性和人格形成的重要表现。这也是儿童自发地与外界环境交互作用并获得生理和心理发展的过程,这样的过程是一个连续的不断前进的过程,前一个阶段的充分发展为后一个阶段发展打下了基础,而后一个

---

① 〔意〕蒙台梭利:《蒙台梭利幼儿教育科学方法》,任代文译,北京,人民教育出版社,2001年,第347~348页。

② 霍力岩:《试论蒙台梭利的儿童观》,《比较教育研究》2000年第6期。

③ 〔意〕蒙台梭利:《蒙台梭利幼儿教育科学方法》,任代文译,北京,人民教育出版社,2001年,第13页。

阶段的发展是以前各个阶段充分发展的积累和延续。"发展是一系列的再生",一个阶段结束,另一个阶段便开始。蒙台梭利由此把儿童发展划分出三个阶段,每个阶段内又划分了更具体的阶段,例如,0～6岁的幼儿期是儿童适应环境形成个性的重要时期,这一时期又分为0～3岁的心理胚胎的生活适应期和3～6岁的个性形成期。这个时期儿童能有意识地利用环境,并将吸收到的信息进行有意识的加工和内化,在活动中形成对社会和文化学习的兴趣。6～12岁是儿童增长知识与才能的有意识的学习时期,这个时期儿童已经具备扩大生活圈子的要求,具备抽象思维的能力,还能产生社会感和道德意识,教育重点应适时地从感觉练习转向抽象的思维活动练习。12～18岁是进入青春期的儿童社会交往关系非常敏感的时期,儿童身心有了较大的变化,能主动探索自己感兴趣的事物,儿童能强烈地意识到社会成员的属性并形成社会性情感。教育的社会性目的应增强,在社会训练中引导儿童成为一个合格的社会公民。

儿童的发展存在敏感期。受生物学有关敏感性的思想的影响,蒙台梭利认为儿童的发展也是具有敏感期的。敏感期通过某些生长的现象表现出来并能和一定的生长阶段相适应。初生的毛毛虫对光具有敏感性,因向往强光而爬上枝头,事实上是枝头的嫩叶更适合它进食,而在毛毛虫长大后它失去了这种敏感性,事实上是它具备了进食其他叶子的能力也就不再需要这种有利于寻食的敏感性了。儿童天生也具有这样的敏感性,当相应的能力成熟起来后,这种敏感性就会消失。错过这个敏感期可能会失去一次借自然之力发展的良机,因此敏感期对于教育来说是非常重要的。从年龄的角度来看,0～6岁是儿童的感官敏感期,应多提供感觉环境帮助儿童发展感觉,2～4岁是秩序的敏感期,0～6岁是语言的敏感期,动作的敏感期在0～6岁。每个特定的时期,儿童都有一种特别敏感的感受能力,并对环境中的某些事物和活动表现出极大的兴趣,能投入注意力、耐心和毅力到事物上或活动中,从而获得某些方面的较快发展。敏感期是在特定的环境中出现的,当环境能满足儿童这些内在的需要时,需要满足的过程就是儿童自然发展的过程,而当缺乏这样的环境时,儿童可能会永远失去这个自然取胜的机会。所以说,儿童的敏感期是既有时间性、阶段性,又会转瞬即逝的,教育应对儿童的敏感期发展保持敏感。

蒙台梭利认为儿童的发展由儿童的生理与心理的需要而激发,并在个体与环境交互作用中实现,重视外在环境对儿童发展的重要作用,这些观点都是具有借鉴意义的,但其给予"生命内在力量"和"人类的潜能"过多的神秘主义色彩,具有一定的局限性。

(二)蒙台梭利的教学法

蒙台梭利的教育思想集中在儿童之家的教育工作实践中,主要体现在工作的方法和原则以及实施的内容上。她以观察教育法为切入点,制订了一些可供观察记录的表格,并对教室的设备环境提出了要求,探讨了纪律、自由与工作方法等。

就其在教育目的的倾向上来看,蒙台梭利希望通过教育帮助个人获得自然发展,并使个人具有适应与利用环境的能力,要达到的是生理性的生长与社会性的发展的双重目的,尤其是在社会性发展中,她一再强调应为儿童提供有准备的环境,使儿童发挥其内在的力量获得好的发展。概括来说,蒙台梭利所讲的"有准备的环境"就是指儿童真实的生活环境,这样的环境美观、实用,有适于儿童使用的设备和用具,还能丰富儿童的生活印象。有规律,有秩序,有能提供感官训练的教材或教具,既可让儿童独立自由地活动,又能引导儿童形成一定的社会规范,这样的环境是一个充满爱、自由、营养、快乐与便利的环境。在"儿童之家",活动材料的数量适宜,儿童能自由活动不受教师的干涉;教室中是混龄的,儿童之间可以互相帮助,还可生发出爱等情感。

而在此环境中开展的活动,应是自由与纪律并存的,两者集中呈现于儿童工作活动中。自由就是活动,应让儿童在自由的活动中形成独立性、秩序感和意志力。只有在自由的活动中,儿童才能体验到自己的能量,而这也正好可以促进他们进一步的发展。但是纪律也是需要的,纪律是在自由中获得的,"当一个人是自己的主人,在需要遵从某些生活准则的时候,他能够节制自己的行为"[①]。这与高压下的"不许动"式的命令是不同的,应用积极的引导的方法而不是堵塞、防范的方法来获得纪律和秩序,真正的纪律应是在这样的主动的自由活动中建立的,而这样的活动就是蒙台梭利非常强调的"工作"——一种手脑并用、身心协商的活动。让儿童自由地工作,是促进儿童发展的有效方法,工作能够锻炼儿童的肌肉力量和协调控制能力,还能培养儿童的独立性,因为任何有效的方法都应是帮助儿童在独立的道路上前进。工作还能锻炼儿童的意志力、促进儿童专注力的发展。在自由的工作中,严格监督也是必不可少的,当儿童出现一些损害集体利益或超出良好教

---

① 〔意〕蒙台梭利:《蒙台梭利幼儿教育科学方法》,任代文译,北京,人民教育出版社,2001年,第112页。

养范围的行为时,教师应予以制止。而维持纪律的最有效的方法是让儿童工作,在工作中,儿童是处于有秩序的行动的状态,他们学着自己思考自己的行为,因而会越来越协调完美。儿童也是在这样的练习中逐步明确自我的发展方向的,因此,这样的方法,就是"采用以自由为基础的教育方法去帮助儿童赢得自由",教育的作用就在于引导孩子向独立自主的方向发展。

在明确了自由与纪律的原则之后,蒙台梭利认为必须废除奖励和外在惩罚,因为"享有自由和守纪律的人,他所追求的不是使他受到轻蔑而感到沮丧的奖励,而是从他的内在生命中产生的人类的力量、自由的源泉和更大的积极性"①。外的或物质的奖励是有损儿童精神的,错误的奖惩会把儿童引向错误的道德之路。但当儿童打破应有的秩序时,我们是需要用一定的方法来帮助儿童的,蒙台梭利采用的是"孤立"的方法,比如遇到多次干扰别人又根本不注意纠正错误的孩子,就让他坐在教室角落的一张小桌旁,让他既享受舒服的座椅又能看到其他伙伴的活动,还给他玩具玩,这样很快就能让他安静下来。这种孤立的方法其实是一种引导儿童从内心获得体验的方法。

蒙台梭利的教学方法核心体现在其所主张的感官训练与智育上,包含了视觉、听觉、嗅觉、味觉及触觉的训练,而训练的手段主要是借助一系列的教具,今天在教育实践领域使用得较广泛的也是这些教具的运用。蒙台梭利教具具有不同的种类,每种教具对应一种感官的训练,教具有内在的使用秩序,使用中如果违反了秩序就要推倒重来。儿童可从中受到自我教育,也验证了她所主张的:儿童是通过工作来获得内在的发展的。

手脑并用、身心协调的发展还应落实于一系列的活动中,这些活动包括:日常生活活动、园艺活动、手工作业、体操活动、节奏动作等,涉及多个方面的内容,是有利于促进儿童动作技能发展、智力发展的活动,可以概括为蒙台梭利的儿童课程实施方法。

以上回顾了自古希腊以来的体验教育思想渊源,并没有直接的儿童体验主张,但这些思想中都体现了相同的特点。(1)对儿童的关注。或者是重视,或者是尊重,或者是推崇,都提出了促进儿童的成长与发展的主张,重视儿童在成长中的主体性角色和地位,强调了主动性、积极性和能动性,关注

---

① 〔意〕蒙台梭利:《蒙台梭利幼儿教育科学方法》,任代文译,北京,人民教育出版社,2001年,第123页。

儿童生命存在的价值以及儿童情感发展的重要性。(2)对身体生长与心理发展之间关系的关注。不管是古希腊时代强调身体与心理和谐发展的理论还是后来顺应自然需要,适时得法地促进儿童整体发展的建议,都多少强调了儿童内发性动力的重要性,而将教育作为外在的因素来帮助儿童获得内在发展。(3)对儿童发展方法的关注。身体力行、手脑并用、生活活动与实践操练等注重儿童亲身经历、主动参与、积极投入活动的过程。在体验中发展的观点也比较明显,不管是启发式的问答法,还是直观教学、亲身实践、做中学的方法,或是感官训练、动作技能发展的方法,都强调让儿童通过自己的亲身体验主动地获得经验、知识、技能和精神,而不是外在的强迫或灌输。

第三章　儿童体验的理念建构

儿童体验教育的基本理念包括指导理念和实践操作理念,本章主要从理念的角度形成儿童体验教育的基本主张,涵盖儿童体验教育的目的观、课程观和教学观,即从儿童生命完整性的价值取向角度确立教育目的观,从儿童热爱活动、喜欢游戏的角度确立游戏性体验课程观,从儿童知行合一的活动角度确立体验式学习的教学观。

第一节　确立生命完整性的教育目的观

人是教育的对象,教育是关于人的教育。教育是具体、现实的人的生命的存在形式,离开人的教育就不是教育,脱离生命关照的教育也不是真正意义上的教育。虽然教育也应具有社会的功能与作用,但这种功能与作用仍然需要通过培养的人参与社会实践活动而实现,因此,教育的本质就是"直面人的生命,通过人的生命、为了人的生命质量的提高而进行的社会活动,是以人为本的社会中最体现生命关怀的一种事业"[1]。教育因生命而存在,教育也因尊重生命、敬畏生命、遵循生命的逻辑、顺应生命的律动而精彩,以人为本的教育价值取向应建立在对生命的理解与尊重的基础之上,因为"生命是尊严",是人的最高价值,是"超越任何社会、国家和民族的具有普遍性和绝对性的事实"[2]。因此,教育就是为生命服务的活动,是为了提升生命的质量、生命的价值而努力的活动。考量教育的标准,其"基本尺度是看它有没有体现对生命的尊重和关爱,有没有使每个身处教育世界中的生命都焕发了生命活力,有没有使生命的能量通过这样的教育得到了增值、提升和扩展"[3]。

---

[1]　叶澜、郑金洲、卜玉华:《教育理论与学校实践》,北京,高等教育出版社,2000 年,第 136 页。

[2]　曾峥:《教育是对生命和谐的不懈追求——池田大作生命化教育思想初探》,《肇庆学院学报》2007 年第 1 期。

[3]　李政涛:《教育学的生命之维》,《教育研究》2004 年第 6 期。

人的生命是具有丰富性、复杂性和多样性的。人的生命不仅具有自然生命的属性,还具有超越自然的价值生命的属性,双重生命属性的统一是人的生命不同于其他生命的根本所在。从教育的角度来看,生命的"开放性、生成性、自主性和超越性"①是生命能动存在的表现,尊重生命是实施教育活动的前提,呵护和引导生命是教育的职责,教育的生命立场是确立教育目的的基点,儿童教育的发展就应明确"成全生命",或称为"确立生命完整性"的教育目的观。

儿童生命的完整性是指身体与精神的统一、自我与社会的和谐以及当下生活与未来生活的融通。儿童首先是作为自然生命的存在,需要维持身体的生长与精神的丰满;儿童还是作为精神生命的存在,不断地探寻生存的意义、生命的价值,突破生命周期的有限性,走向无限的意义域。儿童教育应是促进儿童生命完整性发展的教育,使儿童的生命在统一、和谐与融通中获得发展。

一、身体与精神的统一

教育的目的是使儿童生命不断地完善,完善的第一步应是保持儿童生命的完整性。完整的生命表现为身体与精神的统一。儿童是完整的存在,身体作为儿童自我存在的前提,也是自我的表现形式,一种与外界交流的实体符号,儿童总是以身体为首要的自我表征来实现与外界的交流和实现社会生活。人也因拥有精神而从一般动物中分离出来,拥有不同于其他动物的独特性。精神既寓于身体中又将身体指向诸多的目标及活动,身体配合着精神,才能实现精神的指令。因此,身体如果没有精神,只能是与一般动物无差别的肉身,而精神如果没有身体的承载也就无所依附,身体与精神的统一才是生命的彰显。

儿童教育应确立捍卫儿童身体与精神统一发展的目的,既要重视儿童身体的内在完整性,满足其营养需要与健康需要,又要重视儿童精神的内在完整性,促进其理性发展与非理性发展的和谐,还要让身体与精神的发展有机地协调起来。

(一)儿童拥有身体并拥有身体权

儿童亲自了解自己身体的秘密。儿童拥有自己的身体,身体的唯一主人是儿童自己。儿童应了解自己的身体信息、结构状况、生长需求和发展方

---

① 冯建军:《论教育学的生命立场》,《教育研究》2006 年第 3 期。

向。在教育中需要不断地引导儿童了解自己的身体，知道不同身体部位的不同功能，并引导儿童合理地运用身体去满足精神上的需求。任何人不得以任何理由伤害儿童的身体，侵犯身体自由，侵害儿童的生命安全。

儿童亲自占有身体并拥有身体本能。儿童了解自己身体的需求，知道身体需要的感觉，亲自体会过饥饿、疲乏、劳累、寒冷、潮热、疼痛等身体内外的感觉，并从身体需求与感觉体验中获得保全身体的经验。例如在进食这项与身体需求相关的活动中，儿童应该自己体会身体需求的状态，自己从身体感受中了解自己身体对食物和营养的需求。吃饭的需求是由儿童自身来决定的，儿童至少要参与决定进餐时间与进食数量。现实的情况是成人往往会以成人的视角来强迫儿童进食，并以吃得多为好的标准。儿童也应有机会参与到身体标准制订之中，对于食物的认知、对于营养的搭配，成人需要演示或讲解，儿童需要理解和选择是否接受。引导儿童形成正确的身体认知，是成人或教育应负的责任。但是现实的情况是，儿童时常处于变化的甚至是矛盾的标准体系之中，使得儿童对身体的认识存在矛盾性。例如在进餐这件事上，成人往往尽到了告知健康食品与垃圾食物之别的义务，却又会在一些时段给儿童吃垃圾食物的机会，甚至以奖赏的方式来鼓励儿童吃不健康的食物。今天带儿童去进食"洋快餐"，明天却告诉儿童那是垃圾食品不能吃，后天又拿"洋快餐"作为奖品来奖励儿童的某个良好行为表现。又如在身体的安全防护当中，儿童是通过身体活动来感受身体的状态的，身体运动有时会为儿童带来危险，但也为儿童提供练习身体保护的机会。幼小的儿童在关注到有物品倒向自己时会做出身体回避的动作或者尽快离开现场，但是在许多专门的教育场所却将地面软化、将墙角包裹起来，完全消除了身体可能遇到的任何考验，这是对儿童身体安全防护本能的消解，不是促进而是伤害了儿童的身体安全防护能力的发展。

儿童能支配身体并运用于游戏与活动中。健康的身体还应是活动中的身体与休息中的身体和谐统一的身体。儿童具有好动的天性，热爱身体活动，喜欢释放身体能量，成人所能做的是提醒儿童进行身体能量的恢复，而不是阻止身体能量的释放。身体应有活动的自由，只有通过活动，才会获得能量，才能够在释放中生出精神的愉悦和快感。身体的健康还表现在动作的灵活性与技能的协调性上，而这是有目的的教育需要完成的重要内容，儿童的身体需要教育的导引才会具有活动的方向。

（二）儿童的精神对身体活动具有指导和规范的作用

精神的获得，一方面来自身体的成长与对以身体为载体的物质世界的认知,另一方面来自身体处于时间、空间、情境中的活动感受。精神既是主体独立、自主的行为感受,也是在社会生活中处理关系与内省而获得的觉知。除了儿童自身的精神性成长外,外在的环境,尤其是有序的教育,成为儿童精神发展的重要支持。儿童的精神是从感性的、直觉的、即时性的理解不断地成长为理性的、反思性的、持续性的认知。

儿童通过获得知识经验而具有保存生命的力量,为了获得情感与精神上的需要与满足而去追求高于生命、超越有限生命的意义,因此,教育一方面应帮助儿童提升知识、丰富经验,增强儿童的生存能力,另一方面,教育还应促进儿童非智力因素的发展,从培养意志力、提升道德修养、确立独立自信自强等良好的心理品质出发,充分考虑儿童的兴趣、需要,激发儿童的活动动机,锻炼儿童的意志,培养儿童积极开朗的性格,让儿童形成积极、丰富的情感。

儿童的精神性发展也是感性与理性、智力因素与非智力因素的融合发展,这样的发展才能让儿童获得完整的精神生命,也就是说,趋向生命完整的教育目的不仅要促进儿童知识的学习,还要启发儿童的良知,注重完善人格的培养,启迪智慧,启发心灵丰富情感,提升精神追求。儿童身体的发展与精神的成长相统一,才是完整的儿童。所以,儿童体验的教育立场应确立促进儿童身体与精神统一的教育目的观。

二、自我与社会的和谐

和谐指的是存在明显差别的不同部分可以协调地组成一个有机的整体。和谐不是指本来就一致或者完全一致,而是指相对矛盾的双方具有的辩证的统一性、共处性、平衡性。教育的生命立场以尊重生命为前提,教育以实现呵护和引导生命为己任,并在实现个体生命的增值的过程中实现教育的社会价值。教育价值实现的过程,就是促进儿童自我生命与社会生命和谐统一的过程。

教育呵护个体生命,就是尊重个体的人格,顺应儿童的天性,以儿童身心的发展特点与现有水平为教育活动的出发点,尊重不同个体的共性与个性,提供丰富多样的教育活动供儿童自主选择,激发出儿童生命中的巨大潜能,促进儿童发挥出生命中的创造力量,引导儿童生命中蕴含的本能冲动,提升儿童存在的独立性、自主性,推动儿童自我意识水平、行动能力和活动能量的发展。

（一）儿童具有自我发展的能力

儿童的自我发展是不同于社会发展的，但人的本质是一切社会关系的总和，儿童只有身处社会生活中才能确定自己的存在，也只有在社会关系中儿童才能从自我与他人的对比中表现自我的存在、表现自我的独特性，也正是在社会生活的交往中，儿童吸收了社会生活中的能量而内化为自我的能力，使自我得到拓展和升华，并通过新的社会生活而遭遇新的情境，焕发新的生机，使自我与社会处于一种流变对立与协调统一的轮回中。这是一种螺旋上升式的发展，每一次都有新的事物加入，并有新的情况产生，儿童不断地产生新的自我，获得个体的不断发展，也因此增添社会的色彩，而使社会不断变化。儿童身体与精神的统一性表现的是儿童内在系统的和谐，儿童作为社会成员，其自我发展是社会发展的一部分，可以与社会发展保持协调，因此，儿童是个体性与社会性和谐统一的存在。儿童既是个体的自己，又是社会的一员，他们生活于社会中并通过社会生活中的活动、交往而表现出来这种双面性。

"现代教育陷入了功利主义，这是可悲的事情。这种风气带来了两个弊病，一是学问成了政治和经济的工具，失掉了它本来应有的主动性，因而也失去了尊严性。另一个是认为唯有实利的知识和技术才有价值，所以做这种学问的人都成了知识和技术的奴隶。"[1]教育是培养人的活动，但应是培养个人与社会人和谐统一体的活动，当前的教育目的在具体实践中，过于突出地表现出社会本位的传统，突出强调了社会价值的目的而忽视了儿童的个性培养；突出强调了个人对社会规则的服务和遵守，而忽视了个体的特殊需要；过于强调共性的要求而忽视个性的差异。教育的价值应是促进个人价值与社会价值的和谐统一，并且通过提升个人的地位、素养、品质来实现教育的社会功能。

（二）自我与社会的和谐应统一于实践中，并经由教育实践来引导完成

教育应从尊重生命的立场出发，关注人的发展需要，关注人的身心整体性发展，实现促进儿童自我成长与个体发展的推动功能，并在这个过程中实现教育的社会服务功能，通过知识的学习、能力的培养而促进儿童的社会化。因此儿童自我的成长与社会的发展具有同等重要性，是同一个过程的两个方面，一方面内在于儿童，是向内的，另一方面外在于儿童并围绕儿童

---

[1] 曾峥：《教育是对生命和谐的不懈追求——池田大作生命化教育思想初探》，《肇庆学院学报》2007年第1期。

而展开，是向外的。儿童的自我发展价值取向与社会的发展需求具有统一性，个体的生命价值是社会整体的价值来源并从更高的角度引导每个个体的价值取向。儿童是在生活中实践着自我、实践着自我与他人的和谐发展的，个体生活与社会生活具有统一性。

走向生命完整性的教育目的观就是培育"生命自觉"之人，走向"生命自觉"就是走向觉知自我、觉知社会他人和觉知生活的世界，李政涛将之概括为"明自我、明他人、明环境"①的三种特征或境界。生命具有自然属性和超越自然的规定性，同时，人类生命是社会化的生命，在社会群体中展现的是个体生命与类生命的矛盾与融合，儿童教育确立生命完整性的教育目的必然会促进儿童个体成长与社会发展的和谐。

三、当下生活与未来生活的融通

生命以时间为其自然的尺度，完整的生命既在自然尺度中伸展，表现出有限性，同时，完整的生命又是对有限的时间生命的无限拓展。无止境的精神生命，向往从当下的现实生活走向未来的可能生活。

传统的教育将其使命定位为对理性的追求，将教育目标定位为外在于现实世界的教化，过分注重体系的建构，忽视历史由当下延展、生成。以人为本的教育既应放眼过去，更应把目光聚集于当下，关注人在现实生活中的交往、生存。儿童的生命是当下的生命与未来的生命的统一，儿童只有过好当下的生活，才能为未来的生活做好准备、打好基础。儿童不能为了未来的生活而放弃当下的生活，没有当下生活的展现，生命能量的收与放，也不可能发展出理想的生活。范梅南认为体验是生活世界的本质特征，教育应在具体的、真实的生活情境中展开，确立生命的完整性教育目的就应以走向未来可能生活为把握当下的现实生活的动力，应力求使当下生活与未来生活走向融通，使生命不仅在时间上进行自然的持续过程，还在精神上实现阶段性的无缝对接，实现对生命的超越。

（一）重视当下不是否定未来

重视当下的生活，就要尊重儿童的现实需要，着眼于儿童当下生活的满足。儿童因身体未成熟，不能过分施展超出身体承受范围的能量，否则只会伤害身体，不管是过分地使用身体、过度地消费身体，还是过度地满足身体的营养，都是超出承受范围的，都是潜在的伤害。儿童心理发展水平不高，

---

① 李政涛：《教育呼唤"生命自觉"》，《人民教育》2010 年第 23 期。

不应赋予其超出承受范围的压力,使儿童过早承担起成人的负担。可以说,任何超出儿童承受范围的教育,都是一种生命的负担。人总要走向未来,无疑教育也希望推动人走向完善,但未来必须以当下为基石,否则只能是空中楼阁无处生根而无法长久。正如卢梭所批判的,一些教育总是打着为美好的未来生活做准备的幌子而残害儿童。一味地追求未来生活可能使当下的生活成为被动的、强迫的生活,没有人性的生活,那样的教育不是儿童的教育。因此,教育不是从一个点变为另一个点,不是使儿童变为成人,不是这样的两类人的转变,教育的过程应是生命增值的过程,是生命生长的过程,在生长中,当下成为未来的基础,当下的脚印组成了未来的形象,在生长中,生命不断地走向未来。

重视当下生活并不是要否定未来生活,更不是要割裂现实生活与理想生活的联系,反而是为了更好地走向未来生活,是为了建构可能的生活。可能的生活不是儿童生命中的自然而至,不是被动的等待,而是一种理想的生活,一种力所能及可以实现的有意义生活,一种创造性的生活,与当下的生活相比,是一种新的生活。杜威在其"教育即生活"中包含着教育创造新生活的意蕴,他认为教育应当成为达到并延续美好生活的手段,而这种美好生活的手段应该是充分的、优雅的和丰富的,是以现实生活为起点,在广度与深度的累积中实现理想的生活。

(二)立足当下,才能走向未来

只有当下生活与未来生活相融通才是完整的生活,才能保持生命的完整性。生活是生命的表现形式,当下生活与未来生活是生命的不同阶段的表现形式,"一个人在一个阶段的生活和在另一个阶段的生活,是同样真实,同样积极的,这两个阶段的生活,内部同样丰富,地位同样重要"①,这样的两种生活不仅很重要,而且是无法分割的,当下生活会在不知不觉中进入未来,而未来生活也在当下被照顾到。因此当下生活与未来生活之间是紧密相连且融通的,儿童教育应重视儿童未来生活,但更应重视儿童的当下生活,引导儿童在体验当下生活中获得对未来生活的理想建构,由儿童来确定儿童的可能生活,而不是现实中的从成人的视角设计儿童未来的生活。

总而言之,以儿童为本,关照儿童完整生命并呵护儿童全面和谐发展的教育应是平衡儿童身体与精神发展,协调自我与社会发展,关注儿童的当下生活与未来生活的融通的教育,确立促进生活完整性的教育目的观,形成体

---

① 〔美〕杜威:《民主主义与教育》,王承绪译,北京,人民教育出版社,2001年,第148页。

验学习过程的教学价值取向,倡导体验型的师生关系,构建重视过程的体验课程观,从儿童整体发展的角度完善儿童教育的理念。

第二节　建构过程体验式的课程本质观

课程是教育的蓝图,更是实现教育目的的途径。学校教育改革皆由课程起,也回归到课程之中。在体验教育中进行课程观的建构能为儿童体验实践提供理论指导。

一、作为体验过程的课程本质观

(一)有关课程本质的讨论

关于"课程是什么"的问题,一直以来没有一个明确的答案,在教育学术讨论中可能存在数百种有关课程的定义,但每种定义都各有自己的取向并不能简单地被其他定义所涵盖。有人称课程的数百种定义表现出课程内涵的丰富性,但也有人反对这种定义的丰富说,他们认为定义如此之多,在于人们还没找到真正的课程本质,还只是停留于课程的表层而未深入其内核之中。

虽然定义有数百种之多,但还是可以从定义出发找到其共性并进行适当分类。概括来说,对课程的本质理解主要有三种取向。

第一种是从课程目标的角度来界定的,博比特、泰勒、加涅等人都持这种课程观,认为课程是学校所有预期的学习结果,"他们重视预测、控制和效率,甚至把目标看成是至高无上的"[1]。

第二种是从课程内容的角度来界定的,持这种观点的人物非常多。从斯宾塞的"什么知识最有价值"的提问开始,一大批教育者都推崇知识为课程的本质,但就哪些知识是课程的本质,或者什么知识最能体现课程的本质,是没有定论的。有的学者认为课程是学科知识体系的呈现,不管是中国古代的六艺还是欧洲的七艺,都是学科类的知识,都各有其内在系统性,今天的德、智、体、美、劳等也是按不同内容领域进行划分,并以相应的学科进行呈现的。由于课程的知识本质观在实践中存在了只见知识不见人的误区,因此在对知识课程、学科课程进行批判的基础上,产生了经验课程本质

---

① 　郑三元、庞丽娟:《论课程的本质》,《教育研究与实验》1999 年第 4 期。

观。以杜威为代表的经验主义学派认为以儿童为中心的经验才是课程的中心和本质,单就课程的经验性内容这一个角度来看,仍然是从课程内容的角度来讨论课程本质的问题。

第三种是从课程的组织实施来界定的,认为课程是计划,或者认为课程是活动。从计划来讲,就如塔巴所认为的,课程是一种系统的计划,包括了课程的目标、内容、组织以及课程实施结果的评价等整个体系的整体规划,而不是单个部分的实施;麦克唐纳、斯坦豪斯等也认为,“课程是为了教学而计划的行为系统”。从课程是活动的角度来看课程的本质,显示的是课程是一种动态的过程,而不是一种静态的结果。作为活动过程的课程既不否定课程的目的性,也不否定课程的知识性,而把侧重点放在了课程实施的效益上,如奥利弗所言,课程是各种活动的总和,既包括学习活动,也包括交往活动。可以说在课程的本质理解上,从知识向经验的转变是影响最大的,今天我们仍然在努力实现课程的经验转化,但就完善课程的经验来说,体验是课程的未来走向,从经验向体验的转变是新时期课程思想研究中的重点。

从这些课程本质的讨论来看,都存在其合理的一面,都抓住了课程本质表现中的重要部分并进行了阐述,但各种立场也存在不全面的地方,正是这样,才会有不断涌现的新的界定与解读。

(二)课程的实施是儿童体验的过程

在理解这些有关课程的本质讨论的基础上,笔者进一步从儿童生长发展的角度来看待课程,认为课程是一种过程,是动态的,而不是纯粹的知识载体或活动方式。课程是以知识承载的实体形式在儿童的活动过程中呈现实体中的思想、含义的过程,而这一过程只有在作为课程主体的人的思想与行为活动中才能实现。单一的实体载体不是课程,儿童的课程是在儿童的体验活动中参考课程的规划展开并不断调整课程规划而进行的过程。因此,从这种理解上看,课程的本质就是儿童体验的过程。

在这种理解中,课程既具有有关知识经验的并以儿童的知识经验增值为内容的特点,也包含了儿童在课程中进行经历、体验、理解、感悟、实践等活动的观点,还包含了课程是儿童的课程,是围绕儿童的成长并与儿童的需要共同变化发展的体验过程的含义。课程是外在于儿童的,只有在儿童的体验中才具有价值,才有其存在的意义。课程是来自儿童、为了儿童并走向儿童未来生活的过程,课程是伴随儿童的生长而不断变化的,课程也是未完成的,需要在儿童的主持下不断生成。因此,儿童体验教育的课程立场认为“课程就是儿童的体验过程”。

二、儿童体验课程的特征

课程就是儿童的体验过程,强调的是儿童在课程中的主体性,体验本身就是一种过程,因此,笔者将儿童体验过程的课程简称为儿童体验课程。儿童体验课程强调的是以儿童为本并彰显儿童在课程中的主体地位,儿童是课程的设计者、组织者、参与者、实施者和评价者,课程不是外在于儿童或凌驾于儿童之上的具有强迫性质的内容,而是内在于儿童的体验中,并因儿童的体验而拥有了课程的内涵,课程正是在这种与儿童建立起的内在的关系中实现其存在的价值。

儿童体验课程具有以儿童为中心向四面辐射的特征,儿童的生命具有完整性,儿童的生活具有趣味性,儿童是课程的主体,课程应以儿童的兴趣、需要、能力和经验为实施的依据,因此体验课程具有儿童的、整体的、过程的、游戏的等特征。

(一)体验课程是儿童的课程

儿童的需要决定课程的设计,儿童的身心发展特点决定课程的组织与实施方式,儿童的能力决定课程的内容选择与适宜度,儿童的内化程度决定课程的实施效果。儿童是课程的参与者,直接或间接地参与课程的规划之中;儿童是课程的组织实施者,没有儿童的课程不是儿童的课程;儿童的生活、经历、兴趣和需要都是课程的内容来源,不考虑儿童的这些方面,也不存在儿童的课程;儿童是课程的真实评价者,没有儿童的积极参与,课程就不能实现其育人的价值;儿童没有在体验活动中获得内省性的知识和实践性的技能,课程也就无法对儿童的需要产生意义,不能实现其价值。因此,儿童的课程才是儿童课程,体验课程强调的是儿童作为体验主体在课程活动中的认识过程、情感与技能交融的过程,是儿童在课程活动中将课程纳入自己的认知需要中融为自己内在部分的过程,是儿童作为认识主体与课程作为知识经验客体的主客交融的过程。

(二)体验课程是整体的课程

整体性的观点不仅认为世界原本就是一个整体,还认为人在活动中总是身心整体性地参与并进行整体性的认识和理解的。也就是说,活动本身是一个整体,同时为"另一整体一部分"①的存在。课程活动既是一个个独

---

① 吴扬:《关于整体课程的思考》,《南昌教育学院学报》2010年第2期。

立的整体又同时是其他整体的一个部分,都应统一于儿童这个中心。课程是以完整儿童为活动主体的,片面地割裂儿童的完整的课程不是儿童的课程,应为儿童提供整体性的活动,而不是片面的从知识角度出发的学科课程或割裂性的活动片段。另一方面,人总是从整体出发来认知世界的。儿童是一种整体的存在,是身体与心灵的整体、情感与技能的整体、现实与未来的整体、知识经验与行为实践的整体。儿童具有完整的生命并将逐步走向完善,教育应如罗杰斯所倡导的"以人为中心",为着"完整的人"的培养目标而努力。儿童课程体验的过程就是一种身心整体投入,并融合知识、经验、情感、态度、注意、意志和审美等因素于活动中的过程;是在课程的交往、理解、交流和审美等活动中实现课程的意义,联结、转化和超越课程经验的过程;更是以儿童为本,注重儿童个体的主动性、积极性、独立性和情感性发展的过程;是倡导尊重儿童的生活经验、尊重儿童的内心体验的过程。因此在课程编制中应注重遵循整体性原则,促进儿童获得情感、智力、技能、精神与审美品质等方面整体的发展。

(三)体验课程是过程的课程

过程是事物存在的方式,可以说,世界是存在于过程中的,任何事物都是过程性的存在,只有在过程中,事物才是变化和发展的。课程具有过程性的属性,课程是在儿童体验的过程中发生变化并获得发展的,离开了儿童活动的过程就不会产生课程的价值,就无法实现课程目标,也不会有课程的效益。体验课程是过程性的课程,就在于课程总是以过程的方式存在,过程性表现在体验活动中。体验是儿童的体验,因此课程的体验过程就是儿童生长的过程[①]。

体验课程是在活动过程中展开的,过程性首先表现为活动性,具体的活动、活动的环节以及活动的进程等都是过程的具体表现形式和实体。过程性还表现为交往性,活动是人的活动,教师与学生构成课程活动的主要人员,师生间的交流、沟通与交往即课程中的主要活动。他们作为课程活动的主体,总是在互动式的交往活动中展开课程的过程,儿童也正是在与教师的交往中,围绕着具体的活动而投入兴趣、情感、注意,并从中获得知识、理解、经验和实践技能的。过程还表现出生成性。课程过程是一个动态的、变化的,不断有许多新因素参与的过程,虽然课程主要以预设的形式表现出来,

---

① 　郭元祥:《论教育的过程属性和过程价值——生成性思维视域中的教育过程观》,《教育研究》
　　2005 年第 9 期。

总是带有计划性和规范性的具体蓝本,但是作为活动主体的儿童和教师也总是带有一些先前的经验、情感和需要进入课程活动中去的。课程过程的既定内容和活动方式是可以预设的,但是涉及人投入活动中的主观性以及在活动中生发的能动性是无法预设的,因此在预设的与不可确定的要素融合的活动中必然会生发出新的因素,这既是生成的过程,也是发展的过程。儿童不是被动地接受课程预设的所有内容,而是需要通过内心的体悟、理解,把握了课程内容与自己的需要之间的关系时,才会内化课程内容并生成各种实际的意义,才会获得发展。体验课程的过程性正是因其在过程中,才更显儿童的主体性、活动性和生命力,也正是在过程中,课程才不断生成新的意义,不断完善。

(四)体验课程是游戏的课程

儿童天生热爱游戏,游戏就是儿童存在的实体和生活的表现形式,游戏是儿童天然的生命需要,是儿童存在的表征。儿童的课程就是游戏的课程,儿童体验课程是以游戏的形式在游戏中获得愉悦的过程。游戏性表明体验课程首先是儿童的课程,是具有趣味性和吸引力的课程,也就意味着课程的预设应尊重儿童的兴趣、需要和特点并将课程以游戏的方法实施。游戏性还表明儿童体验课程是在情境中展开的,既来自儿童的日常生活,以现实为基础,又指向儿童的可能生活,具有导向性,情境既是对现实生活的游戏性重现,又是对理想生活的模拟,这都通过儿童在情境中的游戏体验活动来实现。儿童的整个生活都是在游戏中的,课程活动是儿童整个生活的一个部分,因此课程活动也是游戏活动,儿童在游戏性的课程或课程游戏中历经观察、发现、提问、分析和研究的整个过程,并在活动中激发兴趣、产生情感并获得体验。因此,儿童体验课程具有游戏性,"游戏可以生成、整合课程内容,课程本身也可以是游戏活动"①,儿童体验课程就是游戏课程。

儿童课程是体验课程,儿童体验课程的过程就是课程的本质,儿童课程具有整体性、过程性、生成性和游戏性,儿童正是在有目的有计划的动态课程活动中成长、完善。

第三节　构建体验学习型的教学价值观

教学是课程组织与实施的具体途径,也是体现学习方式与教学方式的

---

① 王春燕、陈倩巧:《游戏整合幼儿园课程的可能性与策略》,《学前教育研究》2008 年第 7 期。

载体。在体验教育中，儿童采取体验式学习的方式来参与教学活动过程，教师也更倾向在利用或创设情境中引发儿童的浸润式实践探索、直接感受与内省反思来开展教学活动。

一、价值观教学向教学价值观的转向

教学价值观是关于教学价值系统内部关系、教学价值与人的价值之间关系等的观点和立场。关于人的价值取向，在前面几章中已经有所涉及，讨论了童年的危机，儿童的特性，儿童体验的本质、过程、类型和价值等有关儿童发展价值的问题。在教育目的的实现上，需要进一步讨论儿童教育教学的价值问题。

"价值"最初是一个经济学术语，本意是表达"功用"或"使用价值"。哲学中更喜欢对其本质进行讨论，并表现出两种倾向，一种认为价值是客体满足主体需要的属性或关系，是一种需要论；另一种认为价值是主体与客体之间的意义关系，是一种关系论。马克思主义哲学中有关"价值"的思想可以看作是对这两种倾向进行了融合，认为人们既在与外界事物的关系认识中产生了价值需要，又是在满足需要的过程中认识了外界事物的意义，因此外界事物是否有价值就在于其与人及其满足需要之间的关系，这种关系既影响人的价值取向，也因关系的走向而影响人的价值追求。价值既表现出事物依赖背景的客观性，又表现出在主体与客体之间关系的主观性，正是主体的需要内在地促成了事物价值的显现并在主体的实践活动中将显现的价值转化成实用的功能。所以，马克思指出"价值"这个普遍的概念，是从人们对待满足他需要的外界事物的关系中产生的。只有在主体需要的内在激发与外在实践行动中，客体具有满足主体需要并能在实践中转化成满足需要的价值时，客体才具有了主体性的价值，主体与客体之间的关系才能形成。当然，在这里需要明确的是，价值关系中的主体与客体是有涵盖对象的，主体不仅指单个的个体，也包括由个体所组成的团体或者社会群体，而主体的需要则不仅有物质层面的需要，还有安全、责任、爱、合作等多方面的精神层面的需要。而满足主体需要的客体范围更为广泛，关系到主体需要的诸多方面，既可以是物、事、活动，也可以是人，当它被主体纳入满足需要的价值体系中时，客体就成为价值物，是主客体关系联结的产物。由此也可以看出，价值既可以是个人的或个体的价值，但同时，个体又是社会中的一员，必然含有社会价值，个人与社会的交互关系也体现在满足个体生存与发展需要的个体价值与满足社会进步与革新的社会价值的关系上。广泛意义上的价

值包括的类型涵盖了人类生活的各个方面,既有通常所讲的经济价值和使用价值,也有人在发展中的道德价值、审美价值,还有生命价值和人生价值等。

价值观就是对某种价值关系进行评断时表现出来的一种态度和立场,表现为趋向稳定的信念和理想。所以,"价值观是对行为提供普遍指导和作为制定决策,或是对信念、行动进行评价……的参照点,是使人据此而采取行为的一些原则、基本信念、理想、标准或生活态度"①。教学是一种培养人的活动,教学的价值就体现在教学主体与教学对象之间的关系的建构上,需要注意的是教学主体必然是具有需要和能动性的人,作为一种特殊的活动,教学主体不是单一的个体,也不是某一个群体,而是教的主体与学的主体的合成,一个是教师,另一个是学生;而教学对象则包括了教学活动及活动中能满足教学需要的各种方式、材料与手段。教学价值观就是作为教学行为的参照点而需要在教学实践中执行的原则、信念或态度、立场。②

在理解教学价值观之前需要进行价值观教学的理解。这是因为,教学是社会性的活动,在实现育人目标的过程中,既要体现促进"文化化人"的社会价值,也要体现促进个人发展的个体价值,这两种价值又因价值观的不同,而在教学实践活动中有不同的表现。个人价值与社会价值或集体价值之间并不是矛盾的关系,反而是相互促成的关系。个人价值也体现着社会价值,它的形成与实现能促进社会价值的实现;而社会价值既需要汇集无数个个体价值,又在整体上促进个体价值的实现。

在我国集体利益优先的社会价值观倡导下,教学的社会性价值被放在了首要地位,因此在教育活动中主体表现出一种注重社会价值的倾向,可以用"价值观的教学"或"价值观式的教学"来予以概括,这种立场直接产生了教学的社会功能优先的原则,是教学在教育范围内对社会变化、发展与进步的需要与要求的应急反应。根据社会的需要来设置教学目标、筛选教学内容和教学的进程及评价,从人类的传承来看是具有效益的,在成年人的教育体系中具有较为明显的作用,但在儿童教育中则表现出鲜明的局限性。这是因为对作为教学中学习主体的儿童来说,学习应该是内部需要得到满足,需要由儿童内在的动机来把握儿童与教学活动之间的价值关系,而价值观

---

① 〔英〕莫尼卡·泰勒:《价值观教育与教育中的价值观(上)》,杨韶刚、万明编译,《教育研究》2003年第5期。

② 沈小碚、宋秀红:《对现代教学价值观的哲学思考》,《西南师范大学学报(人文社会科学版)》2004年第3期。

的教学是将一种外在的、强调式的需要赋予儿童身上,囿于儿童的生活经验与兴趣取向而难以获得儿童内在的认同,在教育实践中表现为说教式德育活动成效较差。笔者想进一步表达的是,如果是先有了社会的价值取向和成人的价值意向,然后才开始对儿童施行教学以期实现这些价值在儿童身上的转化,则这种教学就是一种传递性的、知性的教学,对于儿童来说就是一种外在激发的活动,是需要儿童识记和练习的。这把儿童仅当作了教学的客体,作为接受这种价值观念的受体,而容易走入"不把儿童当人看,而只当作物"的误区,可以把它称作"价值观的教学",这是不适合儿童的。

在倡导以儿童为本的现代教育理念背景下,将教学价值凝聚于儿童发展过程中是现代教学的应有追求。因此在此处,笔者希望阐述教学价值观与价值观教学在儿童教育中的差异并尝试进行儿童体验的教学价值观的建构。

体验的教学价值观是一种激发儿童参与教学的情感并促进儿童在活动中形成自我、提升自我和完善自我,获得独立、自主、自觉的力量的价值观,它是基于学习方式变革、学习内容更新、师生关系重构和教学评价新立等的教学价值观的建构,这是一种彰显儿童主体性、生命的独特性、教学的意义等的教学价值观,让儿童在教学中充分享有其主体地位,并能主动地发挥主观能动性,获得教学的最大发展价值。

二、基于学习方式变革的教学价值观

在知识优先的教学传统中,智力的发展成为教学的核心,因而在教学中更易于偏向教学的结果,而较少关注教学中的主体及其活动过程。教学价值观强调的是在教学过程中的价值生成,而这个过程不是一个教控的过程,而是一个学控的过程,学习的主体是儿童,儿童与教学的过程发生交互作用,从中产生了个体发展的价值,因此教学价值观的形成是基于儿童的需要和儿童与教学交互作用的过程的。因此教学的过程不是传递的过程,而是体验的过程,是一种儿童学习的过程(也包括教师学习的过程),而学习本身,就是"一种体验转换并创造知识的过程"[①]。从这个意义上讲,体验与学习是紧密相连且意义相近的,在教育中可以说两者不可分割地融合成一体,"……脱离体验谈论学习没有任何意义。体验不能被忽略;它是所有学习的核心思考点。学习的建立源自体验;不论刺激学习的外部因素是什么——

---

① 〔美〕D. A. 库伯:《体验学习:让体验成为学习和发展的源泉》,王灿明、朱水萍等译,上海,华东师范大学出版社,2008 年,第 33 页。

教师、材料、有趣的机会——只有当学习者进行了体验,至少某种程度上进行了体验,学习才会发生。只有通过转化学习者的体验,这些外部影响因素才能起作用"①。体验学习成为实现教学过程价值的核心的学习方式。

被称作"当代杰出的体验学习专家"的库伯潜心研究体验学习并形成了较为系统的研究成果,他是在对比分析杜威、勒温和皮亚杰等人的教育思想的基础上,综合了哲学、心理学和生理学等多学科的思想与技术成果后形成了他对体验学习的系统观点,比较具有代表性。因此本节对其思想进行概括介绍,以期有所借鉴。

(一)确立"体验学习"的立场

库伯认为行为主义的学习是建立在经验认识论的基础之上而偏重于传统的理性主义教育方法,将"抽象符号的习得、加工与回忆"当作学习的核心,而看不到学习活动中的过程意识与主观体验的重要作用,因此他提出体验学习是有一些创新性的。虽然它并不是区别于行为主义和认知主义的第三种学习,但它的确有不同于前面两种学习的地方,它整合了"体验、感知、认知与行为"等四个方面,它不仅适用于"教育实施、学习、工作、其他生命活动间的真正关系",也适用于"知识本身的创造"。

(二)研究"体验学习"的特征

勒温的"行动研究与实验室训练模式"是一种协调观察与行为之间不平衡的反馈性学习模式,是在活动中具体体验经由观察与反思后形成概念与结论并在新的情境中检验概念的过程;杜威的经验中心学习模式则主要阐述"刺激、感受和具体体验的动机如何能转变到更高目标行为";皮亚杰的学习与认知发展模式指出"学习过程得以发生和发展,是个体与环境之间周而复始相互作用的过程",是"融合了内部概念或经验图式的顺应过程和外部事件与经验同化到已有观念或图式的过程"。

基于对这三种体验学习模式的分析,库伯提出了体验学习具有六个比较明显的基本特征②:

第一,体验学习是一种学习的过程,而不是结果。认识是一个过程,不是一个结果。观念也不是一成不变的,而是通过体验来构成和重构的,因此

---

① 〔英〕柯林·比尔德、〔英〕约翰·威尔逊:《体验式学习的力量》,黄荣华译,中山,中山大学出版社,2003 年,第 20 页。

② 〔美〕D. A. 库伯:《体验学习:让体验成为学习和发展的源泉》,王灿明、朱水萍等译,上海,华东师范大学出版社,2008 年,第 22～33 页。

学习是一个起源于体验并在体验中不断修正并获得观念的连续过程。教育不是银行，教学也不是只关注正式教材的知识存放。只有通过不断操作运用，儿童才能在质疑与实践中达成与他人及世界的共同追求。

第二，体验学习是以体验为基础的持续过程。每一种体验既开始于过去经历的一些事情，也包括修正将来的一些方法。当情境发生变化或变换时，个人并没有发生质的变化而只是存在的角色有所不同或存在于同一世界的不同方面，他仍然是他自己，但在学习中，每个人都是带着或多或少的态度倾向进入每一个学习情境中。教育过程中应先引导和检测学习者原有的体验，然后再使新的观念与其原有体验系统相结合，才能有较好的效果。

第三，体验学习是在辩证对立方式中解决冲突的过程。学习本身充满了紧张与冲突，既有直觉体验与抽象观念的冲突，也有观念刺激的动力与期望指导的动机间的冲突，还有同化与顺应到已有观念结构的冲突。正是在解决冲突的过程中，学习者实现了从行为者到观察者，从特定参与者到一般结论分析者的转变。

第四，体验学习是一个适应世界的完整过程。在体验学习中包含着思维、感受、理解与行为等个体全部功能的整合，它既发生在所有的人类环境中，又包含着所有的生命阶段，还涵盖了时间与空间中改变学习外延的适应活动。

第五，体验学习是个体与环境之间连续不断的交互作用过程，"学习者通过每一种意图的转换而影响或支配事件的发展，以满足个体需要，个人学习的程度显示出他们的需要、价值观以及行为方式，因而观察和反应能够得到改变，行为也能得到转换和迁移"。

第六，体验学习是一个创造知识的过程。知识包括由先前人类文化经验客观积累的社会知识与个人生命经验累积的个人知识，体验学习就是实现这两种知识之间的转换并产生新知识的过程。

(三)形成体验学习的过程

"学习是凭借知识活动的过程，知识又是通过经验转换创造得来的"，基于这样的立场，体验学习的过程就是不同类型知识的形成、应用与创新的过程，也是体验学习的结构不断发生转换的螺旋上升的过程。库伯创新性地提出具有整体性、转换性与自我调节性的"体验学习圈"，这个圈由具体体验、反思观察、抽象概括和行动应用等四个环节组成，经由这四个环节的感知和领悟，就可以获得发散性知识、同化性知识、辐合性知识和顺应性知识。体验学习的过程不是一个平面的循环圈，而是一个建立在新知识更新基础

上的螺旋上升级的立体结构,在这个过程中,感知与领悟是最重要的手段。库伯引用威廉·詹姆斯的研究来进行论证:

> "对我熟悉的许多人和事,除了知道在哪儿见过之外,我对他们真的了解很少。当我看见蓝色的时候我知道了这种颜色;当我品尝了梨之后我知道了梨的味道;当我凭借英尺移动我的手指时我知道了一英寸的长度;当我感受着时间的流逝时我知道了一秒的概念;当我尝试努力时我知道了该如何努力;当我注意两件事时我知道了它们之间的不同,但是关于这些事实的内部特质或者说究竟是什么使它们成为现在这样,我竟毫无所知。我不能把这些自以为熟悉的事情传授给任何一个没有亲身经历过的人,因为我不能描述它们,比如让一个盲人猜猜蓝色是什么样子的;让一个小孩定义一下汉字演绎推理;或者告诉一个哲学家什么是尊敬的距离,以及其他更多的关系,等等。……世界上所有的基本物质,它的概念的最高属性,事实与思维的本质特性,与它们之间生存关系的种类一起,是难以认识清楚的,或者说,也只是在这种不能言表的方式中获得而不是以真正理解的方式获得。"①

需要说明的是,在学习活动中,不同的人是会侧重于四个环节中的不同方面的,可以理解为四个环节在每个学习者的身上的比重是不同的。例如,直觉型的人更倾向于具体体验式的学习,他会比较重视正在经历的情境中的感受,以一种直觉式的和艺术性的方式来处理事件,并喜欢与人交往,重视与他人的关系且在非结构式的情境中更能胜任一些任务。另有一些人则会注重观念的意义和情境,强调反思而不是行为,善于从不同角度观察事物、正确评价从而从内涵的角度把握事物,具有反思观察的倾向。而注重科学思维而不是感受的人更倾向于用抽象概括的方式来进行逻辑分析式的活动,但易走向死板和教条。还有一些人更偏爱实际的应用而不是反思和理解,表现出的是行为应用方面的倾向。由这些环节的倾向性可以概括出体验学习的不同表现方式,库伯将其概括为四种:(1)辐合式学习方式,善于抽象概括和行动应用;(2)发散式学习方式,强调具体体验与反思观察;(3)同化式学习方式,善于理性推理和建造理论模型;(4)顺应式学习方式,依靠实

---

① 〔美〕D. A. 库伯:《体验学习:让体验成为学习和发展的源泉》,王灿明、朱水萍等译,上海,华东师范大学出版社,2008年,第38~39页。

践、实施计划、完成任务和融入新体验。这四种方式各有优势也存在不足之处，只有将其融合起来才可使学习变得更有效。

(四)建构体验学习的教学价值观

从学习方式的角度建构体验学习的教学价值观重点在于明确教学中知识教学任务的同时，更要激发学生的求知欲望，确立学生的学习态度和学习目标，使其在树立正确的学习态度时还能提高学习的技巧，提高学习的效率。因为体验学习是一种自主、主动、交往和理解式的学习方式，是一种激活生命力量的学习方式。在课堂教学中应确立以育人为目标的价值立场，明确"为培养怎样的人服务的问题"，新的价值观应是"培养能在当代社会中实现主动、健康发展的一代新人"[①]。只关注知识传递的价值，只会培养出被动接受和适应性的人。儿童是具有主动精神和探索欲望的，应是学习的体验主体，教育者应该激发起儿童生命的内在能动性，激发起其学习、体验的热情。教学是促进人发展的，发展是一种开放的、生成性的动态过程，既不是由外实现的，也不是单一内发的，而应是人在与各种关系和活动的交互作用中实现的。教学价值观的确立应以儿童与教学环境的交互作用为依据，以儿童的体验学习为方法，在活动中实现教学的价值。

儿童在教学中获得的价值具有两种指向性，一种指向儿童生活的外部世界，是儿童需要进行的社会生活和实践性活动；一种指向儿童内在的自我世界，是儿童需要进行的自我内省、反思与自我重建性的活动，而这两种指向都是基于儿童为主体、基于儿童的主动学习来实现的。体验学习正是将外部世界与内部世界统合于儿童的能动性、主动性之中，在儿童形成行为的意愿后，才在选择性的行动中实践的。因此，教学的价值是在活动中通过儿童的主动体验而建构的，不是在课堂中传递的。教学的过程是体验的过程，也是儿童不断构建儿童的世界并形成儿童的生命意义的过程。

---

① 叶澜:《重建课堂教学价值观》,《教育研究》2002 年第 5 期。

第四章　儿童体验的类型

在教育领域中有关体验类型的讨论是比较多的,依据体验发生的方式、负载的内容以及教育属性等不同角度可以将其划分为不同的类别。对体验进行分类的目的无外乎是想进一步理解体验的内涵,便于从教育实践的角度借鉴更多的方法实现有效教学和高效课堂。

体验具有个体性,体验的内容遍及所有领域,体验的形式又是丰富多样的,为了阐述的便利,许多有关体验类别的表述都是成对或以关系序列的方式呈现的。例如,从成对的角度表述的有:成功体验与挫折体验,接受性体验与创新性体验,积极体验和消极体验,直接体验与间接体验,高峰体验与低谷体验,自体验与他体验;也有从内容关系的角度提出的:心理体验、社会体验和审美体验,科学体验、文学体验与禅学体验等。这些分类通常是从成人的角度来阐述体验的类别,因儿童具有不同于成人的身心发展水平和生活经验以及经历,其体验的类型表现出相对的独特性。在了解儿童的本质特性及体验的结构要素的基础上,笔者采用结合儿童特点和生活经历的独特性的角度把儿童的体验类型做了个性化的描述处理,希望能体现出儿童体验的特点。[①]

儿童的体验发生于儿童的生活中,与儿童的身心发展水平和生活经历紧密相关。儿童总体上是积极的、乐观的,对生活充满好奇和希望,但由于其身心发展水平处于一个上升期,因此其体验的类型会表现出较复杂的阶段性;又由于受到认知水平的制约,其体验的内隐性与外显性不稳定,因此在类型上不能绝对划分清楚,不同类别之间可能是既相互区别又相互交叉的。但就儿童成长的特点来看,其身心发展的心理阶段是可以把握的,其生活的社会情境是可以把握的,因此,从儿童年龄增长和社会生活经历不断丰富的角度,把儿童的体验划分为身体体验、游戏体验和审美体验三个大的类

[①]　笔者曾在硕士论文《论体验及其价值生成》(华中师范大学,2003年)中对体验类别进行了简要描述,在本书中就不再就一般的类别进行阐述,而着重从儿童体验的类别的角度来思考体验类别的问题。

别,这三种体验类型既有各自的特点和价值,同时又不可避免地具有局限性,因此我们在了解这三种类别的同时,应对体验的其他划分角度进行分析和理解。当然,这三种类型之间也不是界限清晰的,它们有各自不同的侧重点,但相互之间又是可以同时并存的。

第一节　身体体验

人首先是作为身体性存在的主体,身体体验是人的初始体验并贯穿于人的一生,只要有"活的身体",就存在"身体主体",就会产生身体体验。在《知觉现象学》一书中,法国哲学家莫里斯·梅洛-庞蒂对身体做出了定义式的论述:"身体始终和我们在一起,因为我们就是身体。应该用同样的方式唤起向我们呈现的世界的体验,因为我们通过我们的身体在世界上存在,因为我们用我们的身体感知世界。"[①]身体体验就是在对身体的能力和面貌进行认知与评价中探寻身体与自我、身体与其他身体以及身体与世界的关系及其意义的过程。儿童的身体体验是形成自我的重要基础,对儿童身体体验研究进行回顾与展望,探寻儿童身体体验的特征,从而探明儿童身体体验的认知价值,以期对儿童教育提供策略建议。

一、身体体验研究的回顾:活的身体

人首先是以一种身体的形式而表现其存在的,然而长久以来,以古希腊哲学家巴门尼德为代表的理性研究者们更相信经由理性获得的认识才是至高无上的真理,身体只是精神寄居的载体,心智甚至可以独立于身体工作,就如坚持"我思故我在"的笛卡尔所言:"是灵魂在看,而不是眼睛在看。"[②]灵魂极易被感官所欺骗,真理是不能依赖普通感官的。直到 19 世纪,一批非理性主义的哲学家们奋起抗争,为身体争取应有的地位,向意识发起了反攻,其主要代表有狄尔泰、胡塞尔、尼采、梅洛-庞蒂以及伊格尔顿、福柯等人,其中以梅洛-庞蒂研究身体的思想影响最为突出。胡塞尔和笛卡尔都是在讨论涉及他人的问题时才关注到身体,梅洛-庞蒂则是从身体知觉的角度来探讨身体行为,而福柯在前人研究的基础上转向对身体体验的存在现象

---

① 〔法〕莫里斯·梅洛-庞蒂:《知觉现象学》,姜志辉译,北京,商务印书馆,2001 年,第 265 页。
② 张尧均:《隐喻的身体:梅洛-庞蒂身体现象学研究》,杭州,中国美术学院出版社,2006 年,第 4 页。

进行研究,"致力于揭示身体经验是如何受到遮蔽的,并力图指出去蔽之途径"。①

哲学家们不只是从哲学思辨的角度,还结合心理学和生物学的思想来阐述身体的结构,捍卫自己的思想立场。身体的结构通常被描述为两种样式:第一种是物质结构,是自然的存在物,表现出物的属性,既包括外显的身躯、样貌,也包括内在的脏器及其运行系统,物质结构的身体本身不具有意识,只是客观的知觉对象;第二种是精神结构,是知觉的存在物,既包括本能冲动、生命需求的内在动力,又包括知、情、意等心理过程的要素及由此产生的情绪、情感等心理活动和行为特征,还是精神存在的表现。在身心二元论的研究传统中,只有生物科学才会研究身体的物质结构,而其他大部分领域都把研究重点放在寓于身体中的知觉、意识或精神。身体成为被遗忘的存在,身体被限定在物理的范围之内,而与意识或知觉割裂;或者身体被贬低成为与意识无关的"肉体",不具有意识与能量,完全受控于意识,是受意识指挥的工具。

但在后现代哲学尤其是现象学的研究中,身体哲学的兴起让身体成为哲学研究的重要主题。胡塞尔晚年提出了"主体间性"来强调主体性的价值,梅洛-庞蒂则在此基础上,提出了"身体间性",将"纯粹意识"从现象学研究中剔除,认为"我与他之间的关系首先是一种原始的知觉关系,我在身体知觉中见证了他人的存在,他人也在身体知觉中见证了我的存在"②。意识退隐后台,必须寓于身体之中才能"出场",身体不只是肉体,而是"活的身体",是知觉的身体主体,正是在"意识的肉身化"和"身体的灵性化"中摒弃了身心二元论,而建立起身心交融的身体。

这是一种整体的身体,身体的各个部分之间能够和谐地进行分工和协作,从而形成"身体图式"。"身体图式"具有重要的作用,儿童在形成自己的身体图式的同时,也产生了对他人的知觉。在梅洛-庞蒂所举的双手的例子中,可以更清楚地理解身体间性的关系。当左手主动去握右手的时候,左手触摸到右手,左手是主体,右手是客体,但这其实不是事实,事实上,右手也触摸到了左手,从这个角度说,右手也是触摸的主体,左手则似乎是客体,可就左手握着右手时,对于触摸来说,左手和右手都是主体,这是因为它们同

---

① 杨大春:《身体经验与自我关怀——米歇尔·福柯的生存哲学研究》,《浙江大学学报(人文社会科学版)》2000 年第 4 期。

② 杨大春:《意识哲学解体的身体间性之维——梅洛-庞蒂对胡塞尔他人意识问题的创造性解读与展开》,《哲学研究》2003 年第 11 期。

属于身体的两个部分,所以身体才能同时感觉到双重主体。同样地,自己的手与他人的手相握时,也可以按"触摸与被触摸"的模式把他人的手与自己的手理解为身体间的器官交流。

新现象学家们认为"身体是一种动态感觉结构","人的感知本质上是身体的交流"①。身体与物体的不同,就在于身体具备知觉的能力,就如桌子并不能够"触摸"紧贴着它的那面墙壁,但是身体却可以感觉到靠近它的一切客体,不管是客体的颜色、形状、大小,还是客体的软硬度、声音或味道。②因此,身体不是一种惰性的物质存在,而是活的,具有生命力和富于生机的,是富于体验与感知的。

二、儿童身体体验的特殊性

身体是活的身体,是具有知觉的整体。儿童的身体更是其发生知觉、获得语言和形成意识的源头。儿童自出生时开始,首先是通过身体来知觉、认识这个不同于母腹的世界,这个世界复杂而混沌,儿童在最初的生命阶段并不能明白,更无法将自我与世界相分离,是完全混在一起的,儿童与世界融为一体。身体不断成长,身体活动范围不断拓展,经历各种生存活动之后,儿童的身体逐步体验到自身与他身的差异,自我逐渐澄明,并在不断厘清的关系判断中形成独立的自我意识。因此,梅洛-庞蒂认为儿童的知觉与行为是一体化的,"知觉是儿童体验的结构,是儿童表达世界的一种方式",儿童最初是"把自己放在身体图式中并开始感知他人,知觉自己的身体先于知觉他人的身体"③。儿童的身体体验相较成人而言,更具有特殊性,这在于成人的身体是经过了训化的身体,是受成人意识调控并隐藏于成人意识之下的身体,借用福柯在《规训与惩罚》中的观点,权力话语规训着身体,成人的身体被社会训化成为顺从而有用的工具。儿童的身体是天然的、没有雕饰的,其身体行为大多是自发的,较少受到社会规则的制约,尚未被训化,这与饱受社会权力话语熏陶的成人身体是不同的,因此儿童的身体体验也表现出特殊性,即"冲动性""受限性"和"放纵性"等。

---

① 王卓斐:《新现象学的"身体"概念——立足于自然审美视域的考察》,《哲学动态》2014 年第 6 期。
② 杨大春:《肉身化主体与主观的身体——米歇尔·亨利与身体现象学》,《江海学刊》2006 年第 2 期。
③ 朱姝:《基于梅洛-庞蒂具身现象学的儿童心理发生研究》,吉林大学博士学位论文,2015 年。

(一)冲动性

身体体验是身体知觉与身体行为一体化的结果。儿童的身体体验以身体接触、觉察为先,以身体的需要、反应为主要形式,在身体行为活动中呈现身体的知觉状态和感受,因此,当儿童由于身体接触或身体需要发出身体行为时,会同时激发身体知觉,身体知觉又会即时给出新的身体行为指令,进而产生新的身体行为。由于儿童的身体知觉与身体行为是一体化的,所以儿童常常会在发出身体动作之后才会思考为什么会产生这种身体行为,呈现出动作先于思维的特殊性。同时,又由于缺乏社会经验和必要的意识判断,儿童容易优先受身体本能需要而发出冲动的身体行为,从而使得儿童的身体体验呈现出冲动性的特点。

冲动的结果有两种,一种是积极有效的应激保护,一种是消极过度的反应攻击。前一种表现在当身体触摸到不舒服的东西或处于不安全的环境中时,会立即发生躲避、逃离、甩开等行为,如听到石头扔过来的声音,立即把头偏向另一边;赤脚踩到硬物会立即抬离;手被刺痛会立即叫起来并寻找刺痛的源头;等等,这些都是属于身体保护性的冲动反应。而作为消极应激反应的则是行为冲动,在日常规范中作为预防的比较多。例如,当几个儿童一起玩耍时,儿童甲的身体无意中碰到了儿童乙,儿童乙立即踢对方一脚,以示防御,这就是过度反应。梅洛-庞蒂说:"我的身体是一个系统,是在身体所处的环境中携带着某种关系表达了身体姿势的一个图式。"[1]儿童是在联系身体的知觉行为与社会生活行为的过程中建立起与世界的关系的。这种过度冲动反应容易破坏产生身体体验的"身体场",从而不利于身体体验的发生。身体体验是"身体意向、身体活动和身体图式"有效融合的身体场整体发生协调作用时才产生的,"身体场是身体各要素和各体系在相互作用的过程中因传递和交换各自的物质、能量、信息、意义而产生和形成并所凭借的一种中间载体、时空处所和聚合体"[2]。而冲动则会在身体的即刻反应中破坏身体场,表现出单一的反应,而消解协调性、统合性和身体的整体反应能力。这也就是儿童之间更容易发生身体接触性的矛盾冲突的原因。

(二)受限性

儿童的身体体验受儿童身体发育水平和社会活动经验不足的影响表现

---

[1] Maurice Merleau-Ponty,2001;"Child Psychology and Pedagogy: The Sorbonne Lectures 1949—1952",translated by Talia Welsh,Evanston, Northwestern University Press,247.

[2] 唐涛:《身体思维论》,南京师范大学博士学位论文,2008 年。

出两种局限性。

一是成长水平局限。儿童的身体处于自然成长的过程中,身体各个部分的发育从不成熟逐步迈向成熟,身体行为由低级逐步向协调统合的高级水平发展,相对成人世界的要求和儿童不断产生的身体需求而言,身体知觉与身体行为的水平是有局限性的。例如,成人希望儿童站着不动,儿童却做不到站着全身都不动或者坚持不了几分钟就会没有"站相";又如,刚走得稳当的年幼儿童也想像大人一样跳跃时,往往抬动身体却跳不起来,这都是受到身体的发育水平限制,儿童常感受到身体的局限从而产生受限性体验。

二是社会经验局限。在自然状态下,身体行为首先是由身体需要而发出的,是自由的,身体知觉是在身体触碰和感受中自主产生的,因此在自然状态下的身体体验是自由自主的。但在社会生活中,身体的自然属性要受到社会规则的制约,身体活动需要遵循社会要求,顺从社会化管理的身体更能适应社会生活的需要,因此在社会生活中常常需要对身体进行"训化",使其成为有用的身体。在自然状态下,儿童的身体活动是自由而舒服的,身体知觉是自主的,可以自行确定身体行为的范围和幅度。然而,在社会生活情境中,儿童主要生活在成人主导的世界里,成人世界的规则与制度不仅限制了儿童生长的环境,也制约了儿童的行为。又由于儿童的身体行为常常表现出冲动性,在社会生活中往往需要采用限制身体活动的方式约束身体行为。这种制约主要由自我和他人来共同完成,带有强制性,因此身体体验到的是受限制、受压抑、不自由和不自主。儿童在社会生活中对自身身体的调控是需要对他人的身体行为进行观察的,但这种观察和学习不是简单的模仿,而是在身体知觉与身体行为整合为身体体验中完成的。正如梅洛-庞蒂所言,"儿童不需要通过复制(可观察到的他人姿势)来定位自己的面部肌肉。……如果我们的身体要将看到的行动转变成自己的行动,那么我们所需要的不仅仅是个体知觉,还需要我们所说的'姿势'或'肉身'图式"[1]。

儿童若顺从于这两种局限性所带来的身体体验,能够约束自己不做危害身体的行为,就能积极地盼望身体快快成长并能变得更有力量,正如古语所讲"天将降大任于斯人也,必先苦其心志,劳其筋骨,饿其体肤,空乏其身,行拂乱其所为,所以动心忍性,曾益其所不能"[2]。身体会从受限中获得一种期望性理解,形成积极的身体意向。而若反对这种约束,儿童则会使身体

---

[1] Maurice Merleau-Ponty,1968:"The Visible and the Invisible",translated by Alphonso Lingis, Evanston, Northwestern University Press,116~117.

[2] 《四书五经》,陈戍国点校,长沙,岳麓书社,1991年。

表现得不安分、叛逆,这种叛逆主要是对身体动作和活动方式的违反,使身体行为超出身体的承受能力,放纵身体行为,甚至危害身体安全。

(三)放纵性

正是在自我的调控和社会规约下,儿童才能有效地运用自己的身体并发出恰当的身体行为。但由于受到本能冲动的影响和社会经验不足而带来的认知局限,儿童的身体知觉常常由儿童自身的本能需要出发,不按社会规则发出身体行为,甚至是故意违反社会要求而做出超越身体能量的活动,即表现出放纵性。例如幼儿的排泄反应就是本能冲动的需要,不考虑外在对身体的约束,而任由身体需要随时随地地发生,完成排泄就体验到舒服,否则就体验到受限制的痛苦。在社会生活中,儿童的身体活动受到的引导和制约越来越多,儿童变得更符合社会大众的要求,身体的本能冲动越来越受到调控而退出身体的显性行为表现,但身体冲动并没有因此而消逝,只是仍然存在于身体中而不显现,一旦冲动占据上风,或者对受限反抗成功,都可使身体处于一种放纵的状态。越是将身体的享受与未来的成功对立起来,让身体处于极端的受限状态,在解除受限后,越易走向放纵,因为在极端受限中暗含的追求就是有朝一日能放纵身体,使受限的身体充分活动起来。

游戏活动是儿童放纵身体的主要表现。儿童喜欢在游戏中施展身体的本领,在身体运动中体验到自己的存在,在活动中观察世界和认识他人。儿童热爱在游戏活动中愉快地奔跑、跳跃,做出各种各样的身体动作,仿佛有使不完的精力。儿童在这样自由的活动中,任由身体舒展开来,让身体处于自由的活动状态中,可以体验到放松感,有助于释放身体内多余的精力,因此,适度的放纵更有助于获得新的身体能量。但是,过度放纵身体的行为,使身体让位于其他目的,被自我随意支配,或任由他人随意处置,则易使完整的身体受到伤害。儿童极易受环境的影响而做出过度放纵身体的行为,例如在电子媒介面前,儿童宁愿放弃户外自由奔跑的身体运动,而选择长时间静坐、看或听的身体行为,沉迷于游戏的氛围中而使得身体的部分感官因过度使用而丧失本来的功能。无论是近视、听力受损还是身体肥胖等官能性变化,还是不爱运动、懒惰等身体知觉倦怠,都是儿童在社会生活中放纵身体的结果。

三、儿童身体体验的特征

(一)自生－原发性

儿童的身体体验以身体现象学为理论基础，又在儿童的身体行为中表现出鲜明的特殊性。它与儿童的本能冲动紧密联系，具有人类群体共同拥有特殊性，是整个人类的生命初期都需要且必要的体验。某种程度上讲，身体结构具有天生性，身体的生长具有内在的规律性，具有类的特性，因此身体体验也具有不同于通常意义上体验的个体性的共性，这种共性在所有的人类身体上都有类似的反应，并受成熟水平的制约，不可逆转，因此具有原发性的特点。人们已经习惯于将体验归结为心理的、思维的和情感的活动，将体验与代表物化的身体相分离，或者只是将身体作为心理、思维和情感活动的物质基础和条件，而不是体验活动本身。然而在儿童的体验系统中，身体体验占据了半壁江山，这与儿童的先天素质和后天经验水平是紧密相关的。在意识水平不高，思维能力尚不健全的儿童时期，其感知和理解世界的主要途径就是身体活动，因此可以说，儿童是身体先于思维，是用身体来思维的。

儿童生来就有探索世界的内在动力，用布鲁纳的话说叫"好奇的内驱力"，或者用巴甫洛夫的话说叫"不学而能的探究力"，蒙台梭利称之为"吸收性心智"[1]，在这种内在自生力量的驱动下，儿童运用有限的身体运动来感知世界，他们用身体触摸物品，用眼睛追寻物品、区分熟悉或陌生的人脸，用耳朵判断是安全还是危险，在"视觉悬崖"实验中通过心率变化表现身体的体验，并用哭声大小表现自己身体的舒适程度，甚至运用身体来表达自己的情绪和需要，诸如此类。因此，可以说，儿童是在不断用身体来探索世界，确认自身的可能性的过程中逐步学习控制自己身体的。也就是说，儿童主要是用身体来感知世界，用身体来思考，用身体的舒适程度来指挥身体的动作。儿童还用身体来交往，用身体表达自己的情感和需要，身体就是儿童存在的实体和形式。正如梅洛-庞蒂在阐述儿童心理发生的过程时所说的："身体对于儿童来说就是我，我就是身体，通过身体去感知世界并与世界进行联系。"[2]身体是时间的载体，又是空间拓展的媒介，还是情境中交际的

---

[1] 〔意〕蒙台梭利：《蒙台梭利幼儿教育科学方法》，任代文译，北京，人民教育出版社，2001年，第347～348页。

[2] 朱姝：《基于梅洛-庞蒂具身现象学的儿童心理发生研究》，吉林大学博士学位论文，2015年。

手段。

身体体验是由儿童身体发动并回归于身体知觉的体验类型,身体在本能冲动的支持下,在拓展空间位置与时间延展中实现对自身与对其他身体的理解。身体体验的自生——原发性就是依此概括出来的,描述这样特点主要是想表明两点:一是这种体验类型受到儿童天性的因素影响较大,受儿童身体主体的直接指挥,是内生的、原发性的;二是这种体验对于儿童来说非常重要,儿童自我的发展必须与儿童的身体能量相协调,身体直接影响到儿童的自我意识形象与发展的方向,没有身体带来的力量、活力和美感,儿童的自我也难以完善。这既是儿童认识自我的条件,也是儿童对他人或事与物的体验基础,但这种体验因含有一些尚未查明的原因,现在的研究只是对一些现象进行概括,因此只能归结到"人"这种特殊的认识对象自身所特有的品质上。由这两点理解可推出一个结论,那就是这种类型的体验因受到可观察却不一定可控制的先天和后天因素的影响,而使儿童表现出主体对体验的部分自控性和部分的无力无为。

(二)直接—亲历性

儿童的身体体验是身体在场,身体活动直接引导身体方向,并且由身体的意向来引导行为的过程,表现出直接性。

第一,儿童通过直接利用自己的感官体验到自己的存在。儿童在很小的时候就是通过身体活动来感知世界的,孩子们在触摸物品中获得对世界的认识,又在摸、爬、翻、滚、跃、攀、跳等身体活动中来体验身体的可能性,实现了"从行动不自由到认识活动自由"的延展,还通过对身体的感觉(疼痛、寒冷等)来关注和区分自己的身体与其他物品。儿童正是在认识身体的各个部分、身体在空间中的变化关系以及身体运动的力量等方面获得身体经验,在身体活动中认识和发现"自我"的。这时的儿童还不能完全将身体与自我区分开来,自我寓于身体中。身体的感觉成为儿童区分自我和环境的标准,成为儿童内心与外部世界沟通的桥梁。儿童在联结个体与环境的身体运动过程中,形成自我意识,并走向自我概念的建构,儿童的自我概念得到发展,身体感觉体验与心理感受体验逐步融合。自我效能得到发展,儿童逐步能够在不同的生活情境中体验主观控制、感觉自己的能力。[①] 例如,儿童利用视觉来反观身体的存在,探索自我的在场:幼小的儿童只能以躺着的

---

① 〔德〕雷娜特·齐默尔:《幼儿精神运动学手册》,蒋丽等译,南京,南京师范大学出版社,2008 年,第 41 页。

方式仰望天花板,他会用眼光追寻上方移动的物品;当学会蹒跚行走后,他又喜欢低头寻找地面的细小物品;而当可以自由移动身体时,他就不再满足于仰视、平视和俯视,他可以通过任何角度来观察这个世界,他就是这样在身体角度的变换中体验着自己与世界的关系,从中领会自我的含义。

第二,儿童运用身体的动作来实现人际交往。在新生儿行为反应研究中,不难发现,清醒的新生儿在成人讲话时会做出身体的动作反应,例如他们会扭动臀部、抬起手指,甚至会皱起眉头,这些动作与成人的讲话是呼应的,因为这些身体动作与正常言语的声音节奏相联系。面部表情是重要的身体知觉信号,儿童常常用表情来表达身体的感受或实现人际关系交往,例如通过微笑表达身体需要得到了满足,或者通过微笑来向熟人打招呼。较小的儿童喜欢直接用自己的身体去表达交友的思想,他会用手去摸一摸别的小朋友,或者直接去拥抱一下,表示想要与他一起玩;而年龄大一些的儿童,常常通过观察对方的面部表情和态度来判断是否可以成为玩伴。在语言还未成为有效的交流工具时,儿童更善于运用身体动作来表达自己的人际交往愿望,即便是可以在日常交际中较好地运用语言了,身体动作仍然是一种比较好的交流手段,一个温暖的拥抱胜过千言万语。

第三,儿童运用身体体验促进身体自我的发展,提升自我认知水平。威廉·詹姆斯把自我发展划分为身体的、社会的、精神的等几种类别,其中身体自我就是通过身体能力和面貌等相关活动而获得的[1]。儿童一方面通过对自己身体的认知,获得自己关于身体结构、体格和体验等方面的经验,区分自己身体与其他物品的不同;另一方面儿童还通过身体活动获得他人对自己的反馈,从而获得社会认同或评价。弗洛伊德从精神分析的角度来探讨身体与人格发展的关系时,提出身体的本能和精力可概括为"力比多","力比多"所在的身体部位就是机体获得快感的地方。[2] 儿童身体的不同部位获得快感的时间不一样,所体现的人格力量也不同,但都对会人格的形成造成影响。按儿童的生长时间及"力比多"呈现部位的变化,将儿童发展划分为"口唇期""肛门期""生殖器期""潜伏期"和"生殖期"等几个阶段,各个阶段的快乐满足状况会影响以后人格的形成。这也表明身体体验直接影响自我发展,儿童正是在亲历身体活动的身体意向中形成自我的。

(三)自我中心—认知迁移性

身体体验体现了儿童以自己的身体为中心,以身体成长的历程为时间

---

[1] 〔美〕威廉·詹姆斯:《心理学原理》,唐钺译,北京,商务印书馆,1963 年。
[2] 赵云龙、赵建新:《论弗洛伊德的力比多理论》,《社会心理科学》2013 年第 1 期。

轴,以身体活动范围为空间轴,来拓展自我中心的发展。皮亚杰认为"儿童最初的世界是完全以他自己的身体和动作为中心的'自我中心主义',他完全是无意识的(因为还不能意识到自己)"①。儿童正是将自己处于宇宙的中心,以身体为轴心,向外观去,形成"上下、前后、高低、远近和左右"等空间概念,最终形成自己的视角,因此身体体验体现了儿童以自我为中心的发展特点。

儿童是通过自己的身体来感知其他事物的特征的。年幼的儿童在绘画中关注的不是事物的外在形象,而是该事物与自己的关系;关注的不是自己画得像不像,而是在绘画过程中的自己的手和腕是如何运动的,感受到的是绘画过程中"绘"和"画"带来的身体快感,关注的是自己身体的动作而不是绘画的结果。所绘的作品与客观事物是否相像并不重要,重要的是儿童对它能直接觉察到并能用身体活动表达出来。

儿童在运用身体收获对世界的体验时,虽然以自身为中心来环视世界,但不是与世界割裂的,而是不自觉地"以他自己的身体和行动为中心,去同化周围的世界"②,在身体各部分的活动中,由己及彼地将对象身体化,来实现认知迁移,从而实现对世界的把握。例如在认识身体各部分之间的结构关系中形成了空间概念后,就能在对身体之外的他物进行认知时,将身体经验进行迁移,把对自己的头、腰、脚等带有方位的身体认知经验迁移到对山的认识中,从而将山描述成"山由山头、山腰和山脚等不同部分组成",实现身体体验的认知迁移。

四、儿童身体体验的认知价值

对儿童身体体验的特殊性进行探讨,概括归纳出儿童身体体验的特征,其价值就在于可以为儿童教育提供方法选择和价值认知判断。一方面,儿童教育应顺应儿童身体体验活动的能量需要,拓展儿童身体知觉能力,利用好身体的记忆与学习功能发展心智;另一方面儿童教育还应提供给儿童的身体适宜的时间与空间平台,延展身体运动,展现儿童身体的力量感与灵活性。身体体验的认知价值就是既要认识到身体对于教育的价值,重视在教育中维护身体的健康发展;又要认识到身体不只是指肉身,身体发展与自我

① 〔瑞士〕J. 皮亚杰、〔瑞士〕B. 英海尔德:《儿童心理学》,吴福元译,北京,商务印书馆,1980 年,第 12 页。
② 钱伟量:《皮亚杰"儿童自我中心主义"概念评析》,《北京工业大学学报(社会科学版)》2001 年第 2 期。

的发展紧密相关,要转变观念,积极发展身体教育。

(一)维护身体健康发展,丰富儿童的身体体验

身体触摸有利于婴幼儿知觉的发展。对幼小的身体进行按摩可以刺激其淋巴系统发展,增强消化力,提高身体内在系统的活力,还可拓展身体主体由内向外的认知范围,帮助婴儿建立起对他人身体的亲近认知。例如婴儿可以在母亲的抚摸中感受到舒服,形成安全感,并能放松身体,快速入睡;新生儿在水中会唤醒皮肤对水的记忆,以类似于在羊水中的状态进行游泳。心理学中著名的母猴异质实验也证明身体接触的重要价值,由钢丝母亲和线绒母亲分别陪护的幼猴的发展情况完全不一样。

有目的有计划的教育应顺应身体体验的需要,为儿童身体体验提供活动平台和机会,让儿童在身体活动中获得丰富的身体知、情和意的发展。在婴幼儿养护中可主要开展促进身体知觉发展的活动,增强身体的舒服度,进而生发出愉快的情绪情感体验。例如成人可以触摸幼儿的身体,给予多种类型的皮肤刺激;播放不同的音乐,让儿童感受不同的声音,增强听觉辨识能力;为幼儿提供以红色为主、多种颜色相结合的图片观赏,促进其视觉的发展;等等。在入园幼儿的身体活动中,则需要提供大量大动作训练和精细动作练习的机会,让幼儿在身体动作发展中体会身体的能量,从发现身体的可能性中感受活动的快乐。在小学至中学的义务教育阶段,则应为不同年龄段的儿童提供充足的身体运动的时间与空间,松弛有度。既要防止运动不足,束缚身体活动,限制身体运动;又要预防过度疲劳,身体超负荷量运动。

(二)转变对身体的偏见,重视身体教育的价值

在教育活动中,身体运动的幅度、力度等都需要针对儿童的身体条件进行设计,对不同儿童进行分层。在对身体活动的认识上需要转变观念,越是到正规学习的阶段,越应转变,虽然学习活动越来越抽离于身体之外,越来越需要思维活动,但要认识到,思维是寓于身体中的,就如洛克所言"健康的心灵寓于健康的身体"。身体不仅是思维的支撑者,还是自我内在精神力量的重要来源,身体活动是自我认识的基点和起点,儿童教育应该以身体活动为基础而不应远离甚至抛弃身体教育。当前以学习为目的的教育活动显然把目光只盯在书本文化中,一味地关起门来教育的做法本身就是违背生物生长的环境要求的,是非生态的儿童教育。儿童期应该强调将身体教育安置到最重要的地位,"体、智、德、美、劳"不应只是幼儿教育的内容顺序,更应

该贯穿整个儿童教育。

身体教育，才是适合儿童的教育。陈鹤琴在其课程思想中阐述幼儿园课程目的时强调"应有怎样的身体"是幼儿园教育的四大目的之一，健康的体格和运动的技能是幼儿应该拥有的，同时，良好的卫生习惯才可能让身体更健康，所以这些都是幼儿应该拥有的，是需要身体教育来实现的。但是身体教育却不只是体格教育，体能训练因需要花费智育的时间而被放置于教育点缀的地位，不仅在课时上让位于智育，而且在内容上和目的上受制于智育，体育所达成的强壮的体格也只是为了便于培育智慧所用。应进一步重视身体教育，不仅合理地安置体育活动的时间、优化体育活动的内容，还应从课程中确立体育的应有地位。重视身体教育不只是在体育中提高身体的速度、力量和灵活性，还应拓展到身体各个部分的协调发展，应重视手工劳动教育，重视身体作为人际沟通的肢体语言和情意载体的发展，使身体教育不只是培养出强壮的肉体，而是培养出集力量、情感和智慧于一体的有机整体。心灵才会手巧，手巧才能心灵。自由的身体，才能培养出自由的精神，才能形成独立的个性，才可能在教育中积极投入体育、手工、劳动教育和艺术审美体验活动中，才能延续儿童天生的好奇心和探索欲，才能保持艺术创想的灵感和冲动。因此，重视身体教育，也是中国培养出理想"新人"的重要途径。[①]

总而言之，儿童具有与成人不同的身体体验，儿童身体的局限使其身体体验具有特殊性。从儿童身体的活动范围与能量来讲，不管是物质形态的身体对营养与休息的需要，还是精神层面的身体对审美和生命价值的追求，儿童身体体验的有限性和特殊性都是可以通过选择合适的教育模式和生活方式得以调整的。适宜的儿童教育模式和合适的生活方式既是对儿童身体进行自然生长的物质关怀，对身体力量感、美感和能量发展的人文关怀，还是对生命生存与延续的敬畏。在适当的时间里放松身体，在合适的空间中进行身体活动，在适量的营养中滋养身体，在追求生活品位中保全身体，既是对身体自然需要的满足，又能保持健康，展示身体的能量与美感，呈现出生命的活力与生机。

---

① 刘良华:《人的素质与身体教育学》,《教育发展研究》2007 年第 9A 期。

第二节　游戏体验

儿童天生热爱娱乐，喜好游戏，并以游戏的方式感知世界、与人交流，从游戏中感受生活，从生活中获得游戏的愉悦感。游戏既激发儿童的情感又推动儿童在愉快的情感体验中发展。

一、游戏体验的本质

游戏既是活动，也是行为，还是儿童生活的方式。从活动的角度讲，游戏活动贯穿于一个人的一生和人类的历史发展长河，可以说，人类是在游戏中成长的，个体在游戏复演中延续着人类的特性并在游戏的想象中创新人类的活动和行为。从行为的角度来看游戏是对某类行为的总称，这类行为范围较广且表现复杂，但由于其表现出使人愉快和满足的特性而可概括成一类。而就儿童来讲，游戏就是其生活的重要方式，也是其获得发展的重要手段。

游戏是儿童的本能活动。儿童的天性使其无比热爱游戏，儿童的内心也有极大的游戏热情，因此游戏是童年时期的重要活动。在满足基本的生存和安全需要的基础上，婴儿就已具有游戏的需要和能力。这些需要既是满足身体生长的需要，也是满足认知发展探究的需要，更是儿童进行人际交往和表达的社会生活的需要，而这些需要本身都带有本能的自发性。就如福禄贝尔所理解的，游戏是儿童内在活动本能的自发表现，是儿童内部需要和冲动的表现，是儿童内心世界的反映，也是儿童精神、情绪和身体能量发展的重要途径。游戏作为儿童最独特的自发活动，能为其未来创新性成长奠定基础，应顺应儿童的本性，满足儿童游戏的需要，因此游戏和类似于游戏的手工作业应是幼儿时期最主要的活动，成人应提供便利让儿童充分游戏。就如福禄贝尔倡导的："母亲啊，鼓励和支持儿童的游戏！父亲啊，保护和指导儿童的游戏！"[①]也有人认为游戏作为儿童的本能活动，是儿童内在剩余精力的发泄，因此有了剩余精力说，儿童是在游戏中通过消耗或运用剩余精力而获得快乐和满足的。霍尔则从心理学的角度来分析游戏，认为游戏是儿童对人类祖先的种族习惯的复演，"个体的成长历程也许要浓缩地经

---

① 〔德〕福禄贝尔：《人的教育》，孙祖复译，北京，人民教育出版社，1991年，第67页。

历人类的发展历程"①,所以游戏是"种族的过去活动习惯的延续和再现"②,是儿童以人类本能的方式,采用概括和简化的游戏排练祖先的习惯和精神。另外,也有学者认为,游戏是儿童自发的活动,是为儿童未来成长和生活提供准备的活动,如德国心理学家格鲁斯所说,游戏是"本能的练习或训练"。不管游戏本能说本身是否存在不足,但其主要表达的立场是游戏对于儿童是一种天性的需要,对儿童的生活与发展具有与生俱来的重要性,这一点是毋庸置疑的。

游戏是儿童的主体性行为。学术界对游戏本能说持质疑态度,或者说因为对儿童本能的研究至今也还没有明确的证据,所以不能完全肯定本能说。而游戏是儿童的主体性行为和活动这种观点逐渐获得广泛的认同。对这种观点的基本理解是,游戏具有主动性、社会性、非生产性和愉悦性的特点。可以说,主体性的游戏观认为,游戏就是儿童的生活方式,儿童是在游戏中探索和成长的,游戏是儿童生活的重要组成部分,正如杜威说的"生活即游戏,游戏即生活"。儿童是与游戏融于一体且能驾驭游戏的,刘焱在阐述游戏的主体性本质时说:"主体性活动是活动主体能动地驾驭活动对象的活动,是人的主体性得到充分表现与确证的活动,这种活动现实直观地表现为人的主动性、独立性和创造性的活动,是人的主体性在对象性活动上的反映与投射。"③"能动驾驭"或称作"自主控制"就是儿童游戏的本质体现。儿童是游戏行为的完全主体,儿童进行游戏本身就是游戏的目的,如果还需要表明外在的目的的话,那就是为了让儿童在游戏中获得纯粹的快乐和满足。儿童不仅能主动投入游戏中,而且能驾驭游戏的进程与方向,包括游戏的玩法和处理游戏中问题,儿童在游戏中表现出身心合一的和谐状态,身体呈现出蓬勃的生机,情绪积极而高亢,愉悦体验贯穿游戏的过程。

游戏还是儿童的创造性的生活方式。儿童在游戏中可以跳出现实的条条框框进行自由想象,或在游戏中跨越时间的界限进行古今联想,或者剔除生活中的诸多复杂现象影响,进行单纯的模仿,所以,儿童完全可以在游戏中不按"成人的规矩出牌",完全凭自己的想法自主地联结不同的材料、现象和经验,在模拟游戏中进行重组和再创造,产生新的玩法,对生活提出新的想法和生活方式。创造性还表现在,儿童在游戏中尽情发挥着对事实材料的想象和联想,作为"游戏者",儿童可以重新"安排自己周围的世界,使它以

① 虞永平:《游戏、儿童与学前课程》,《山东教育》2001 年第 3 期。

② 丁海东:《学前游戏论》,济南,山东人民出版社,2001 年,第 9 页。

③ 丁海东:《学前游戏论》,济南,山东人民出版社,2001 年,第 15 页。

一种自己更喜欢的新的面貌呈现出来"①，儿童可以以竹为马驰骋沙场，可以以帽代物进行角色扮演和换位思考，能超越事物原来的属性，自由进行结合和重构，而赋予事物崭新的意义，能在材料使用上进行拓展和创新，能把即便是吃饭喝水这样的日常生活也变成十分有趣的游戏，使生活变得新奇而有趣味。

无论是弗洛伊德学派所认为的"游戏是受压抑的消极情感的宣泄渠道"，还是皮亚杰所强调的"游戏是情感发展和认知发展的必要过程"，抑或是埃里克森为儿童未来生活准备所设想的"游戏是儿童对未来生活中被规定要干事情的提前练习"，或是马斯洛从自我发展的角度提出的"游戏是自我实现的主要途径之一"，这些有关游戏的讨论都充分注意到了游戏对于儿童发展的意义。而游戏的教育价值和儿童发展的游戏研究价值就在于儿童在游戏中获得了愉快的体验，游戏体验在教育中的价值成为研究儿童发展的必要内容。

二、游戏体验

《中国大百科全书·教育卷》对游戏的描述是："儿童运用一定的知识、语言，借助各种物品，通过身体运动和心智活动，反映并探索周围世界的一种活动。"这只是描述出了游戏的一般属性，未表现游戏的特点，但该卷中对幼儿游戏的特点进行了明确的阐述，例如，该书将 3～6 岁幼儿游戏特点概括描述为五个方面，包括：(1)幼儿游戏具有社会性，是在假想情境中对社会生活和周围现实的反映；(2)幼儿游戏具有主动性，是幼儿自发、自愿从事的活动；(3)幼儿游戏具有创造性，幼儿在游戏中可以进行形象、语言和动作的多种组合；(4)幼儿游戏具有概括性，幼儿在游戏中的行为是象征性的行为；(5)幼儿游戏还具有趣味性，没有外在的目的，是非生产性的。这五个方面把幼儿游戏的特点概括得非常全面且具有很强的代表性。但就游戏体验来讲，该书的"心理学卷"对游戏的描述更接近于"游戏体验"的解读，其含义可概括为：游戏是儿童体验周围人们的劳动、生活和道德面貌并理解人们之间的相互关系，促进儿童与周围环境之间形成某种意义关系的特殊形式和特殊活动。这个表述的角度突出表现了儿童在游戏中的地位、关系及意义，体现了儿童游戏体验的内涵。胡伊青加对游戏的解读，涵盖了儿童游戏与成

---

① 〔奥〕弗洛伊德：《性爱与文明·诗人的白日梦》，滕守尧译，合肥，安徽文艺出版社，1987 年，第 166 页。

人游戏的共性特征,进一步突出了游戏的主观情感性本质特点。他认为:"游戏是一种自愿的活动或消遣,这种活动或消遣是在某一固定的时空范围内进行的;其规则是游戏者自由接受的,但又有绝对的约束力;它以自身为目的并伴有一种紧张、愉快的情感以及对它'不同于日常生活的意识'。"①

由此对游戏体验可概括理解为"儿童在游戏中体验社会生活中人与人、人与环境、人与未来之间的关系并获得主体感、愉悦感和满足感的活动过程及结果"。游戏体验使儿童在游戏中发现自我,建构起自己的经验世界,并体验到自己的意愿、情感、智慧和能量,从而在快乐的活动中提升自我的水平。

游戏的类别很多,划分的方法也不尽相同,在不同的游戏类别中获得的体验是不一样的。既包括体现儿童身体、思维、语言、想象等能力的游戏,也包括凭借不同材料进行的游戏(如积木游戏、电子游戏),还包括从游戏表现的内容角度来划分的游戏。例如,皮亚杰以认知发展为依据将游戏划分为"练习性游戏、象征性游戏和规则游戏"等三类。练习性游戏有助于儿童获得动作技能方面的发展,是伴随儿童终生的游戏类型;象征性游戏有助于儿童利用有限的经验对无限的社会生活进行"想象"和"改造",虽然是"假装"的,但对儿童来说是非常重要的游戏类型,儿童从游戏中获得的认知经验可以向社会现实生活进行经验迁移;规则游戏突出表现为"竞争"性,是儿童比较热爱且经常在学习和日常生活中开展的游戏,正是"竞争"的游戏特性让儿童从中体验"竞"和"争"的紧张与快乐。而埃里克森则从自我发展的角度将幼儿期的游戏划分为与自我概念发展相关的三个部分"自我宇宙游戏""微观宇宙游戏"和"宏观宇宙游戏"等,这三种游戏的水平是递进的关系,有助于儿童自我的形成与自我概念水平的提升。陈鹤琴是从游戏对儿童的发展价值的角度将游戏分为五类:(1)关于身体发展的游戏,包括感官游戏——如听、看、触、嗅。(2)关于儿童社会性发展的游戏,包括各种团体游戏,如捉迷藏和各种比赛等。(3)关于语言发展的游戏,讲故事、读童谣、歌唱可归为此类。(4)关于手部灵巧动作发展的游戏,如搭积木、画画、折纸、玩皮球等游戏。(5)关于人生观等教化功能的游戏,以化妆游戏、小表演之类最为典型。② 儿童在游戏中获得对材料使用的力量感,对人际互动的协调感,对参与过程的投入感,对竞争的紧张感,等等。这些都是儿童的游戏

---

① 〔荷〕胡伊青加:《人:游戏者——对文化中游戏因素的研究》,成穷译,贵阳,贵州人民出版社,1998年,第28页。

② 北京市教育科学研究所编:《陈鹤琴教育文集》,北京,北京出版社,1983年,第689页。

体验,既表现了儿童对自我的认识与理解,也表现了儿童对社会关系的认识与理解,还表现了儿童对生存感受与生活意义的理解,但这样的理解都呈现出内隐性、延迟性,儿童在游戏中获得的体验是会影响儿童一生的,不一定会马上表现出来。

三、游戏体验的特点

游戏体验具有人类活动的一般特点,但由于儿童在游戏中的活动方式、行为表现和游戏目的的特殊性,而使得游戏体验具有较为复杂的两面性或双重性,为表述便利,本文特将其概括为主体－对象性、自由－纪律性和虚拟－真实性等特点。

(一)主体－对象性

游戏是儿童的主体性活动,同时也是儿童的对象性活动。"'主体'这一概念最重要的含义,首先就是对自己生命的支配活动来说的。从支配自己的生命活动,进而支配人的活动对象、人的生存环境,等等。"①儿童是游戏的主体,因为儿童在游戏中都是在一定的游戏规则之下自主地支配自身活动过程的。游戏的原因与动力是儿童的各种类型和层次的需要,儿童启动游戏就是有满足这些需要的目的。游戏的过程是在儿童自身的意识调控下有目的地开展的,虽然游戏并无外在目的,游戏自身就是活动的过程和目的,但儿童在游戏中表现出的自主性、自觉性和能动性正是儿童作为游戏主体体验的目的所在。儿童投入游戏中,拥有游戏发生、发展、走向和评判等多种权力,还可根据需要及时调整游戏的进程和重复的次数,儿童在游戏中充分体验到自我掌握的能量,体验到作为活动主体的满足感。

在主体性活动中,儿童有意识地对游戏活动进行调节控制,并不是盲目或冲动的行为,其目的是有效地实现游戏的过程。而一般来说,"主体的意识作用包括两种形式,即对象意识和自我意识,前者是指人对活动的对象、手段和环境等客体因素的意识,后者是指人对自身与活动中所涉及的客体对象的关系的意识"②。儿童在游戏中的意识作用也有对象性的表现,因为儿童受自身的年龄和身心发展水平的制约,游戏的素材和玩法必然会受到周围环境和成人的影响,因此,儿童进行的游戏活动既是一种主体性的活

---

① 钟启泉、崔允漷、张华:《为了中华民族的复兴,为了每位学生的发展——〈基础教育课程改革纲要(试行)〉解读》,上海,华东师范大学出版社,2001年,第72页。
② 陈佑清:《人作为活动主体的素质结构》,《教育研究》2002年第6期。

动,也是一种对象性的活动。儿童在活动中需要借助一定的知识经验,尤其是复杂的游戏更需要儿童具备一定的心理智力水平才能进行思考和挑战。儿童在游戏中需要对某些物品进行收集、使用,需要对某类人的活动进行理解和关注,这些物和人都是儿童游戏的对象,在游戏中如何对待他们成为游戏的内容,而成功体验到这个过程就达到了游戏的快乐目的。

正是在主体—对象性融合的游戏中,儿童才充分地认识自我的能力,提升自我的认知水平,锻炼自我协调和调控的能力。同时,儿童又在不同的对象性游戏活动中,通过直接接触的各种物质材料认识事物之间的关系、理解事物发生变化的原因。由于这些物质材料在游戏中已经不是一般的物质材料,它们被赋予了游戏的意义,是被统称作"玩具"(包括未加工的原物和已加工的纯玩具)的物品,其中蕴藏着社会历史经验,儿童可以从中获知一种社会化的过程或文化。同样,在接触或扮演不同的人的游戏活动中,儿童通过对不同人的社会角色的理解,获得了对自身以外的他人的认识,并对社会上相关的角色及其职责进行了体味,获得了人际交往的经验。当然,在与人接触的游戏中,儿童不仅是交往的主体,也是交往对象的客体,儿童的行为会影响交往对象的反应,因而具有复杂性。单就游戏中的儿童这个角度来看儿童在游戏中的体验,儿童既体验到作为游戏主体的自主感,又感觉到游戏中的他人、他物皆为我所用的调控感,同时,又因自身经验与能力的有限,而需要得到外在的帮助。因此儿童既担当着游戏的主体,体验着主体性,又在游戏这类乐意投入的对象性活动中受到材料属性与成人的影响。游戏也影响着儿童的认知水平和经验习得,例如,不同时代的玩具影响儿童游戏的类别,今天的城市儿童已经无法体验到橡皮泥的前身——天然泥巴的各种玩法。

(二)自由—纪律性

儿童在游戏中享受充分的自由,这是因为游戏是儿童自愿参与并乐意全身心投入的,游戏不是被迫的,正如洛克所言:"为什么许多孩子自暴自弃于愚蠢的游戏,毫无意义地浪费掉自己的全部时间,我怀疑很大的原因就是,他们发现自己的好奇心受到阻碍,自己的探询受到忽视。"①寻找自主和自由才是儿童为什么如此热爱游戏并且愿意花费全部的时间和精力投入其中的原因,而当成人剥夺了儿童的自主和自由时,儿童也会对游戏产生厌倦的,洛克示范的方法建议是"你的孩子不是爱抽陀螺吗? 强迫他每天多去抽

① David Cohen,1987;"The Development of Play",North Ryde,Croom Helm Ltd,21.

几个小时,监视着他,要使他抽,你就可以发现,他很快就会厌倦抽陀螺,心甘情愿不再抽了"①。强迫的抽陀螺已经失去了游戏的本质内涵,而变成了任务,真正的游戏是儿童从中能够体验到自由自主的快乐,因为游戏是以内部控制为主要表现的。儿童可以自主发起游戏活动,不用考虑当时的时间、空间和任何理性的要素或条件,只要儿童感觉上具备了游戏的时机,就可以随时启动游戏;而游戏中,游戏者是自愿投入游戏中并自觉遵守游戏的玩法和要求的;游戏的过程是刺激或者开心,都是游戏者能深切体会到的游戏感受。

游戏中的纪律是游戏者认为必须遵守的,在游戏中具有严肃的约束力,儿童在游戏中受纪律的约束,可以体验到纪律的约束性,但这是一种积极的约束,这种约束是儿童甘愿遵守并且乐于坚持的。这是因为游戏本身是具有规则要求的活动和行为,要实现游戏过程,游戏者就需要按照游戏的规则来进行游戏,否则就会玩不成,或者玩的不是原定的游戏。

但游戏中的纪律也不是绝对不变的,这是因为游戏中的规则不是外在强加的,而是沿袭下来的,或者是游戏者根据游戏的需要而制定并自愿执行的,儿童可以根据变化了的外在情况及时替换自己的游戏材料,并同步调整游戏的规则,只要游戏者都自愿执行,这样的新规则仍然能保持原游戏继续开展。例如在踢球游戏中,当因为风把塑料网吹走而缺少球网时,游戏者就把一根木棒放在地上当作球门,并及时地修改进球的规则:之前是要求把球踢进塑料网中才算进球,而现在只要球被踢进以木棒为直径的后边的半圆范围内即算进球。

(三)虚拟—真实性

游戏活动总带有儿童赋予的虚构或想象的成分,是对过去生活的复现,或是对现实的生活的模仿,或是对未来的生活的想象。儿童对游戏中的材料进行主观定义,普通的材料在游戏中可以具有非凡的能量。儿童对时间可以进行虚拟,可以变换四季的规律、昼夜的长度,让时间符合主观要求,一启动游戏活动程序,当下的时代就可变换为三国时期或者远古时代或遥远的未来。游戏中的伙伴也不再是生活中的伙伴,而可能是敌人、部下、随从或者是其他任何游戏开展所需要的角色,人可以不再以人的形式存在,而成为动物或物品。游戏活动中的模拟让儿童获得虚拟的快乐,儿童可以在虚拟的情境中体验到游戏的满足。

---

① 〔英〕约翰·洛克:《教育漫话》,傅任敢译,北京,教育科学出版社,1999年,第109页。

但这种虚拟是游戏的外观结果,是相对于儿童真实生活的第三方视角来看的,是儿童在特定的时空中的特殊活动形态的知觉表现,是游戏的表象。但就游戏的内容来源来看,游戏活动的内容无不与真实世界紧密相连,无不是对世界的经验的复演与重组,游戏的元素都是来自现实世界,游戏玩法也受现实生活的影响,是对生活方法与社会规则的模拟,都是真实生活的直接或间接的反映。而最为重要的是,在游戏着的儿童那里这一切都是真实的。纽曼的游戏"三内说"中明确表示,"真实性"是游戏的核心特性之一,因为不仅游戏活动呈现的"完全是现实生活中的真实的事情",而且在儿童那里还是"内部真实"的。游戏都是模拟的,是扮演的、假想的、道具式的,但游戏中的儿童却将游戏理解为真实且具有严肃的约束的。例如,儿童用游戏材料代替餐具来假装吃饭,态度非常严肃和认真,扮演教师的儿童尽管奶声奶气,但其形态俨然就是教师,要模仿教师的行为,而不能做学生做的事,同样,扮演学生的儿童也不能逾越这个规则,这样的游戏约定具有规定性。在游戏活动中,儿童忠于自己担当的角色并认真地履行本角色被赋予的责任,行使被赋予的权力,甘愿接受游戏规则的约束。这种游戏规则的约束力在儿童看来是真实的,在游戏中的人都应遵守而不能违反,否则游戏就不存在。

虚拟一真实性的游戏体验特点不仅体现了从旁观者观看游戏和从游戏者内观游戏的不同角度和态度,还体现了儿童作为游戏的真实主体的主体性价值。儿童是游戏的发起人和主持人,是儿童对游戏的开展进行了材料筛选、规则制定和进程控制,且儿童从游戏中获得的愉快感和满足感是真实的,儿童在游戏中情绪高涨、精力充沛、思维活跃、动作敏捷等都表现出儿童的满足。而且儿童并不"沉溺于想象或虚构的世界,他们可以在想象和现实之间自如地腾挪转换"①,不仅如此,他们还能在严肃地遵守游戏规则、受缚于游戏的约束力的同时,保留着"这不是真的"的清醒意识,因为他们仍然热衷于追求"真实",他们还可将游戏中的经验迁移到真实的生活中增强生活的便利。

(四)紧张—愉悦性

加维认为游戏行为有五个特征,前两个特征就是"游戏是令人愉快、有趣的活动,即便有时并不一定表示出快乐,但游戏者仍然做出积极的评价;游戏没有外在目标,游戏的动机是内在的,游戏更多的是一种获得愉快体验

---

① 刘焱:《儿童游戏通论》,北京,北京师范大学出版社,2004年,第149页。

的手段，而不是为了某种特别的目的而努力"①。这里所说的"愉快和有趣"正是吸引儿童的地方，儿童开始游戏时可能并没有明确的目的，只是为了满足自身想要游戏的需要，也就是加维所说的"游戏的动机是内在的"，游戏让儿童获得总体上是积极的、愉快的体验。在游戏中，游戏者也不是要从中获得什么物质或利益，就像我们口头常说的"既不赢钱也不输地"，游戏过程中的智慧、动作与力量的体验才是游戏者快乐的根本。

　　但是在游戏的过程中，儿童因为要玩好游戏，按照游戏的评判原则，儿童是具有强烈的游戏倾向性的，这种内部倾向越强烈，产生的紧张感就越强，因此，在游戏中，儿童的愉悦感和积极的评价是以紧张感为前提。可以说，没有适度的紧张感，就难以真正投入游戏中，难以体验到深入游戏的愉悦。在儿童独自游戏时，紧张感弱化为儿童的坚持和耐心，而在合作的或者竞争性的游戏中，儿童内在的倾向性会直接投射在儿童的游戏行为中。例如在比赛跑步的游戏中，儿童跑的游戏的行为是受到"跑在前面""跑赢不要输"这样的心理倾向支配的，为了实现这样的意向，儿童必须注意力集中地跑且关注同伴的表现，尽力展现自己的能量，最大可能地指挥身体协调运动。而在"蚂蚁搬豆"这样的合作游戏中，儿童需要集中注意力关注伙伴的动作，并能根据伙伴的动作调整自己的动作才能合力把豆子搬到指定的地方且在规定的时间内搬得更多。"击鼓传花"游戏中"既想快点接到花又要快点把花传递出去"的心理倾向让儿童既紧张又兴奋，儿童正是在这样的紧张与兴奋中体验到快乐。

　　儿童在游戏中体验的复杂性还在于儿童全身心地投入游戏的过程中，在过程中就是游戏预期的结果。儿童体验到自己在游戏中的真实表现和游戏的能力，既是对社会生活游戏化的理解，也能将游戏化的结果迁移、运用于真实生活中，儿童在游戏的过程中体验到现实生活的美好和未来生活的吸引力，所以儿童体验游戏的过程就是儿童自我发现的过程与自我力量的论证，是心理、社会与文化的探索旅程。

四、游戏体验的价值

　　游戏的价值在前面已经阐述过，游戏体验的价值就在于儿童从游戏中获得的益处。罗素认为"若要孩子幸福、健康，就必须为他提供玩耍和装扮

---

① 刘焱:《儿童游戏通论》，北京，北京师范大学出版社，2004年，第145页。

的机会"①,要让游戏体验的价值发挥出来,就应给儿童提供充分的游戏时间、空间和材料,使儿童享有游戏的机会和自由。

(一)活动价值

游戏体验的价值就在于儿童在游戏中能充分感受到"兴趣"并尽情发挥,体验到自主性和成就感,有利于促进儿童积极正面地认识自我与评价自我,还有利于增强儿童的自信心,从而形成积极乐观开朗的性格。在教育中研究游戏是让儿童对教育感兴趣、被教育所吸引,因为教育虽然是外在于儿童的活动却能引发儿童内在的学习动机;同时,对儿童日常生活中的游戏进行研究有利于挖掘出其中的教育价值,促进儿童的发展,总的来讲,"游戏的教育性与教育的游戏性"是游戏教育研究的追求。游戏体验的价值就在于在游戏与教育融为一体的过程中,儿童成为真实的主人和真正的受益者。

1.体验兴趣和努力

在游戏中,儿童体验到身心投入其中的兴趣,这是一种情不自禁地被吸引、被卷入的心理状态,这种状态让儿童积极地与游戏中的事物发生关系,让自己与事物融合为一个整体。在游戏中体验到兴趣的力量和投入的状态,会使儿童保持感兴趣和投入的状态进行努力。杜威在讨论"教育中的兴趣与努力"时认为,兴趣的根本意思"就是由于认清其价值而集中注意、全神贯注、专心致志于某种活动","兴趣标志着个人与他的行动的材料和结果之间没有距离"②。游戏是儿童自发的具有冲动性的活动,天然的兴趣是自然附于其中的,儿童是在游戏中才体验到这种兴趣的吸引力并对它进一步感兴趣的。在游戏中,儿童最能体会到活动的兴趣,因为儿童在活动过程中与游戏涉及的对象和技巧是融为一体的,不管时间的长或短。游戏的兴趣"存在于行动者自己生长的同一个方向,因而是生长所迫切需要的,如果行动者要自主地行动的话",能维持行动者主动的持续性的活动。但在生活中并不是所有的事都能让人感兴趣,教育需要使这些纳入教育中却无趣的事物为儿童所接受,就需要使事物变得有趣,"使它以人为的刺激和对注意的虚构诱惑力装饰起来",或者"求助于单纯的意志力"。这其实是不可取的,努力的真正方向应是使"所要学习的事实或所建议的行动和正在成长的自我之间"具有公认的一致性,在教育中,也就是要参照儿童现在的经验、能力和需

---

① 〔英〕罗素:《教育与美好生活》,杨汉林译,石家庄,河北人民出版社,1998 年,第 73 页。

② 〔美〕杜威:《学校与社会·明日之学校》,赵祥麟、任钟印、吴志宏译,北京,人民教育出版社,2005 年,第 167~172 页。

要选择这些事物,而不是在选择了要学习的事物之后再来考虑儿童的兴趣,因为事物本身并不会变得更令人感兴趣,只有它的感染力被"附加在儿童对某种事物的爱好上面",才可能使儿童在这种附加的过程中对其感兴趣并愿意投入。这就是在游戏活动中获得趣味性体验的教育启示。

同时,儿童在游戏中体验到趣味,不仅是对游戏本身感兴趣,还包括对游戏中的各种材料或各种人际关系以及其中的社会现象产生兴趣,是由一种参与游戏的直接兴趣逐步转换到对游戏涵盖的相关情境、材料和关系的间接兴趣,在儿童的成长过程中表现较为明显,也可为教育所借鉴。

2.体验自由和自主

儿童在游戏中的自主性体验是游戏教育价值的核心启示,游戏之于儿童的意义区别于其他活动的价值就在于此。儿童虽然在知识水平与社会经验上较成人不足,但儿童仍然可以享受这种不利条件下的、在游戏中的自主性。这是因为在游戏中,儿童可以根据游戏的需要和自己的理解自主地决定选择什么材料、确定如何游戏以及与谁游戏,可以自主决定何时开始游戏、何时结束游戏,可以自主协调游戏中的各种关系或者处理其中突然出现的问题,可以选择独自游戏也可以选择合作游戏,可以平等地协商如何进行角色分配,等等。再也没有比游戏活动更能让儿童体验自主性的活动了,因为游戏是属于儿童自己的,游戏中的材料与场景也是由儿童选择的,平等与自由的游戏情境让儿童充分体验到"当家做主"的自由。

儿童在游戏中体验到"选择的自由"和"决策的自主",还负有落实游戏决策的责任。因为自由和自主本身就意味着责任,雅斯贝尔斯指出个体在行使其自由意志并做出选择时,应对自己将会承担的后果具有清醒的意识[1]。当儿童启动游戏并投入游戏的过程中时,儿童就清醒地知道游戏的方向,坚持按照游戏的方向游戏也是游戏者的责任。正规学习也应是儿童的学习,是应以儿童为主体的,在合理和适度的引导与帮助下,儿童应能体验到学习中的自主性,才可能使学习变得更有与儿童关联的意义,而不只是知识和经验的习得。

3.体验成功和幸福

儿童可以掌控游戏的内容与方式,可自主地在游戏中尝试各种自己想要尝试的形式来进行游戏活动,而不必考虑活动的成败,即便是在游戏中输了,也仍然是快乐的,因为有输有赢就有游戏伙伴,活动中和伙伴合作与竞

---

[1] 〔德〕雅斯贝尔斯:《什么是教育》,邹进译,北京,生活・读书・新知三联书店,1991年。

争的过程就是自我满足的过程,也是快乐的过程。儿童在游戏中体验到的乐趣既来自儿童游戏需要的满足,也来自在满足中获得的自主感、胜任感和成就感,这样的体验让儿童直接感受到愉悦的情绪并激发出想要再玩一玩的情感,由此驱动儿童继续从事儿童喜欢的、有趣的、创新性的活动,激发起儿童钻研、探索和追求成功的欲望。

因为体验是带有主观性的,所以在游戏中,儿童体验到的乐趣也是有差异的。不同的儿童对游戏的类型具有不同的倾向性就在于儿童从不同的游戏中体验到的乐趣不同。男童可能更向往与身体运动有关的游戏,不管是追逐游戏还是打仗类的躲避游戏,他们从中获得关于勇敢、智慧、力量方面的成就和乐趣,而女孩则可能更喜欢过家家、拼图类的游戏,她们从中获得扮演或智慧方面的乐趣。可以说,儿童是以在游戏中获得愉快的情感作为直接的活动目的,但愉快情感是建立在儿童在游戏中获得的成就之上的。成功地开展了游戏,成功地扮演了游戏中的一个角色,成功地进行了追逐,成功地配合了游戏进程,成功地运用了游戏中的材料,等等。体验乐趣给教育的启示意义也是十分明显的,一方面教育应为儿童创设能体验乐趣的游戏情境,让儿童自主地游戏;另一方面教育应考虑儿童的喜好和特点,提供不同的材料供儿童自由地选择,并能在游戏活动中体验到运用材料的成就感和乐趣。

成功的快乐更易让儿童感受到幸福,幸福也是一种积极的主观感受,更是一种能力得到肯定、自我得到超越时的完满感觉①。儿童在游戏中体验到一种"全神贯注""物我两忘"的幸福,体验到在游戏中不受成人和现实生活控制的放松。儿童还能在游戏中改善自身诸多在现实中被认为是不足的地方,能够拥有现实中无法拥有的神奇力量,儿童忘我地投入并从中体验到自我的非凡力量,能获得这种感受的过程就是幸福,儿童正是在享受游戏的过程中理解着幸福并表现着幸福的。

(二)教育价值

游戏的教育价值就在于游戏对儿童发展起促进作用,而与促进儿童发展直接相关的就是儿童的学习。游戏与学习之间的关系处理成为游戏的教育价值是否能发挥、发挥到何种程度的关键。就目前的研究可以将游戏与学习之间的关系概括为三种。

---

① 刘次林:《幸福教育论》,南京,南京师范大学出版社,1999 年,第 50 页。

1. 游戏与学习是同一个过程

游戏和学习对儿童同样重要就在于游戏就是学习，学习就是游戏。就儿童的游戏与儿童的学习来看，游戏与学习是同一个过程的两种不同表述。游戏对儿童的益处在于让儿童从游戏中获得快乐并且增长一些新的认识，收获学习的能量，而学习中含有游戏的乐趣，可以让学习活动变得更有吸引力，让儿童学习得更快乐和主动，成为儿童愿意积极投入的重要行为。游戏与学习是同一个过程在较小的儿童身上是有道理的，但在复杂分化的游戏发展与学习发展理论与实践中，显然有模糊游戏与学习之间界限的嫌疑，毕竟，游戏与学习是各自独立的存在，它们之间既有联系，又存在区别，游戏的过程与学习的过程也不相同，所以这种观点具有一定的合理性但不全面。

2. 游戏与学习是一种冲突关系

这是由主张儿童纯粹学习的人提出的观点，他们认为，游戏消耗儿童大量时间，损耗儿童的精力，从而挤占了学习的机会，会阻碍儿童的发展。例如，古语有云"业精于勤，荒于嬉"，这里的"嬉"可理解为游戏，嬉则会荒废学业，要想学业精良就要勤奋，不玩或少玩游戏。从儿童的角度来看，时间和精力花在学习上就挤占了游戏的时间，从教育者的角度来看，把时间花在游戏上就会挤占学习的时间。同时，儿童投入游戏是由内部需要发起的，具有个体性内部动机，这与社会对学习（尤其是集体学习）的外部要求是相互矛盾的。游戏是为了满足儿童内部的需要，而学习更多的时候是要满足社会进步的需要，不同的需要代表着不同方的利益，个人利益与集体利益在这种观点中也被当作对立的双方。这实际上片面夸大学习与游戏的独立性，而将游戏与学习对立起来，忽视了游戏与学习的主体都是儿童，不管儿童是代表着自己还是代表着社会集体，都必然需要儿童来投入游戏或学习的过程中。没有儿童的游戏和学习都是不可能的，因此忽视两者间联系的观点也是值得推敲的。

3. 游戏与学习是相对独立并可以相互转化的

一般认为，游戏要实现的是由内在动机引发的内在目的，学习要实现的主要是由外在动机引发的外在目的；游戏以追求快乐为目的，学习以获得知识、技能为目的；游戏活动中收获的是相对零散的直接经验，而正规学习主要是获得间接经验和系统知识，因此两者是相对独立的，两者发生的时间、目的和表现的形式各不相同，具有各自的特点。但两者是可以相互转化的，当学习成为儿童内在的需要，而且当学习是以游戏的方式让儿童带有愉快的情感投入的活动时，学习就成为儿童积极主动参与且可以从中感受到快乐并能收获知识的过程,学习与游戏就实现了转化,在学习中游戏,在游戏中学习,使儿童教育变得积极、主动且快乐起来。卢梭在其著作《爱弥儿》中认为,游戏是大自然要求儿童在一切活动中舒展自如的办法,是游戏让儿童在学习中感觉不到有丝毫的勉强,也不至于把学习当成苦役。在他看来,教育应该让游戏成为有趣的学习,但即便在游戏中不能获得进步也没有关系,因为儿童在游戏中玩得高兴、不出什么毛病还消磨了时间,这些才是最重要的。① 正因为游戏与学习对儿童来说都是非常重要的,而且两者相对独立还能进行相互转化,而教育在促进游戏与学习之间的转化上起着非常重要的作用,所以才需要研究游戏教学及其方法和教学游戏及其玩法,游戏的教育价值也自然蕴含其中。

五、游戏体验的有限性

游戏对于儿童无异于营养之于身体,没有营养的身体会枯萎,没有游戏的儿童也会消逝。儿童不仅从游戏中收获快乐和成功,还体验到平等、自由、公平、合作、认真的游戏精神,树立积极、开朗、乐观、上进的人生态度。游戏让儿童不仅在当下快乐着,而且能保障儿童未来生活的幸福和和谐;儿童经历了游戏和拥有了游戏的经验,才能拥有轻松、快乐、自由自在的童年。正如席勒所言,体验是架起感性与理性的重要桥梁,可以弥补人性的缺陷,而使人成为一个真正意义上的整体,所以在游戏中人才能完全体验到最合乎人的内在本性的自由和审美需要。可以说游戏体验给儿童带来的好处不仅在当下,更在长远。

但儿童既生活在一个游戏的世界,还生活在一个非游戏的世界中,两个世界的运行法则虽然有许多相似之处,儿童也可以自由地在游戏的世界和现实的世界之间转换,然而受儿童身心发展水平和社会生活能力的限制,两个世界都对儿童具有卷入式的吸引力。在秩序井然的现实大转盘中,儿童越来越多的时间和精力不由自主地被抽取出来,投入儿童可能无法参与却又十分向往的现实生活中。当面对真真切切就在眼前的棒棒糖时,儿童愿意放下手中的替代物去品尝真实的美味;当一场游戏过后,游戏中所拥有的超能量顿时烟消云散,儿童不得不投身于知识的海洋希望通过系统的、严肃的学习重新拥有超人的能量。游戏从作为儿童的主要生活方式逐步退隐后台,成为闲暇时的消遣,成为非游戏生活中的片断或插曲,儿童大多数时间

---

① 〔法〕卢梭:《爱弥儿——论教育》,李平沤译,北京,人民教育出版社,2001年,第197~288页。

和精力都已经被外在的或具有外向性的目的所消耗,儿童原本忘我的游戏精神也被"醒来的自我"转换成对生活的追求。当儿童的自我觉醒之后,儿童越来越擅长从自己的特殊视角来观察生活、考察世界并进行内省。在这个过程中,儿童与世界和自我产生了距离,正是这距离让儿童重新审视生活的世俗意义,不得不从游戏中迈向现实的生活,使游戏中的体验显得既真实又遥远,既美好又残酷,既向往又无奈。因为只有以真实的自我体验为基础才能实现游戏体验的价值,自我体验追求的是现实的真实感受与反思,是既有主观性,又有个性的,但它来自对体验主体的生活和经历的统合结果,儿童需要更多的生活和经历来丰富游戏的体验。

游戏体验的有限性既源自游戏自身的自由、松散的独特性与现实生活的规则、秩序性的差异,又来自儿童在现实生活中的取舍抉择。抉择的过程是儿童与游戏进行主权博弈的过程。当游戏战胜儿童时,宣告儿童丧失了儿童游戏的主权,让出了儿童在游戏中的自由和自主权,儿童游戏走向了游戏儿童,丢失了主体性的游戏便疏离了游戏的本质,儿童完全失去自主的能力和自由的思想,儿童沉迷于游戏的情境中而无法自拔,儿童已经不再是儿童,而是游戏的奴仆,只听从游戏的使唤,不仅热衷于游戏更会情不自禁地为游戏奉献自己的全部,包括身体的健康和生命的延续。当 6 岁的儿童从四楼阳台跳下是想拥有喜羊羊的超级能量时,当 13 岁少年从 24 层楼顶纵身跃向游戏指向的大海去寻找游戏中的英雄伙伴时,当沉迷网络游戏 7 年的大学毕业生不玩游戏就会身体发抖时,当某个青年因沉迷游戏毙命时,游戏不再是供人娱乐、消遣和愉悦的玩物,而成为人命运的"主宰者",游戏着人。

当儿童战胜游戏时,在内部动机的牵引之下,儿童走向游戏、融入游戏,在游戏中生活和生长,儿童以游戏为生活的养料,儿童在游戏中享受充分的主权和自由,儿童既是游戏的制造者,也是游戏的参与者,一直保持这种游戏态度的儿童在生活中要么幽默感十足,要么充满孩子气。但当儿童的社会生活需要更多的第二营养时,儿童选择了从感性走向理性的道路。这既是自然的选择也是个体的选择,自然使人具备了发展理性力量的物质基础,个体则选择具体进入的时间和理性的水平层次。儿童从最初的反抗到反抗失败的无奈,再到最后的服从,儿童全身心投入社会生活中去过一种严肃的、秩序化的生活时,游戏成为儿童内心精心储存的宝藏,只要有机会就拿出来"秀秀"。儿童仍然是游戏的主体,只是从现实的生活来看,儿童要么是拥有得太多了,所以显出与年龄不相称的稚嫩,要么是离游戏太远,把游戏性隐藏得过深而显得过于成熟。

第三节　审美体验

儿童具有审美体验的需要和能力。"审"即辨别和领会；"美"不仅是事物的外在形象更是内在的内容，不仅是我们的视觉感受，也是我们内心所体悟到的心理理解，还是一种文化的浸润，所以，所有能够使人感到舒服、愉悦、和谐的事物都是"美"的。审美的过程就是认识美、发现美、追求美和创造美的过程，审美体验就是在审美的过程中获得美感。美感是一种愉快的情感，包括有关美的价值经验，人既在审美中愉悦自己，也在审美中完善自己。

一、灵动的美

对"何为美"与"审美何为"这两个问题的解答，即是对美的定义与对审美价值的把握。每个人都会在心中涌现许多有关美的图景式的答案，因为随着问题的思考，与内心相关的美的场景、情境和事物以及人都会涌现出来，对问题思考与解答的过程是理性思维展开的过程。美无处不在，却又离我不在，借用笛卡尔的"我思故我在"的话来仿写就是"思美故美在"，可以说美思与思美的主体同在，美不是可以直接触摸的物，但以物的属性表现出来，所以毕达哥拉斯学派认为美是和谐，尼采说"理解然后美"。① 美既是外物向主体内在认知投影中生出的情感愉悦，也是主体将自己的情感向外投射，使物富有人的意愿，审美的过程是向内与向外的过程融合，审美主体与事物之间的情感凝聚为美的体验。

美与美的事物既有区别又存在必然的联系。美是对美的事物的抽象概括和本质揭示，美的事物是美的物质载体；美的事物是客观的，而美却可以说是主观的反映，是一种非物质形态的客观存在。因为美是审美主体在认识事物过程中产生的一种主观发现，物本身自有其呈现的形态，但并不是"美"，只有人去感受它而获得了愉悦感、幸福感时才将它称作"美"，它才具有"美"的属性。无论是柏拉图所说的"美在于理念"，还是亚里士多德认为的"美在于事物的形式和比例"，或是康德的"美的无功利性"，或是黑格尔将柏拉图观念提升为"美是理论的感性显现"，或是狄德罗将"关系"作为美的

① 刘卉卓：《"悟"与"思"：中西审美体验之比较》，《武汉教育学院学报》1999 年第 4 期。

根源与本质,或是车尔尼雪夫斯基的"美在生活",不同的角度对美的理解是多样的。但就审美体验的发生基点来看,美在于现实的生活和生活中的人的自由感受。所以,美既不是纯主观的,也不是纯粹客观的,而是主观与客观在人的心灵中的契合,正如苏轼的《琴》中所写:"若言琴上有琴声,放在匣中何不鸣。若言声在指头上,何不于君指上听。"没有琴与指的配合就没有声音,没有心灵的知觉就无法知道这是自然声还是乐声,而感受到这乐声带给自己或喜悦或激动或忧伤的情感触动,则是心灵的统合。美不仅是外在的形象优美,还具有传递性和感染人的影响力,美不仅是个人情感的美还具有与社会生活相连的社会性,美不仅具有物质的表现形式美,还具有精神的享受与慰藉功能。客观的事物离开审美主体可以独立存在,不因审美主体的位移而发生本质变化,从普遍性来讲,它可能具备理论上的"美观",但离开审美主体是无法产生"美感"和"美"的,因为只有审美主体以内心之情带入对事物的认知中才会产生愉快和惊喜的感情,产生审美的体验,因此,美是情感性的反映。

儿童眼中的"美"涵盖的范围是十分广泛的,几乎包括了儿童生活的所有内容,因为在儿童的眼中,这个世界都是新奇而美丽的。不管是自然界的植物还是动物,都与儿童自己一样具有生命,都需要被轻柔地呵护。不管是蔚蓝的天空还是绿油油的草地,都是美丽的风景,儿童喜欢在蓝天下奔跑,在草地上打滚,不管是发现了一朵红花还是碰到了一只不知名的小虫,都让儿童觉得这世界很美妙,具有神秘的美丽。而在生活中一个拥抱、一首儿歌、一个玩具、一根棒棒糖,就可以让儿童美美地过上一整天。儿童还在涂鸦的探索中表达着自己的美感,一支笔一张纸可以呈现出许多儿童想要的东西,而涂画的过程,儿童自身就是美的,正如斯宾诺莎所言:能引起我们"舒适之感"的外物都是美的,美正是这种情感判断的产物。

美总是与善融合于一体,认识与发现美的过程也是一种追求真善美的过程,因此真与善是以美为表现并寓于美之中的,审美的过程也是把握美、追求真和向往善的过程。儿童对美的体验中总包括儿童对美好的事物、和谐的行为与真实的生活等的关注和投入。因此,儿童审美的事物远不止小范围的艺术作品而是涵盖儿童生活的各个方面。儿童对美的理解,也经历了逐步丰富和分化的过程,从最初儿童只能从身体的感受角度体会到愉快舒服的身体感觉,到认识优美的事物,再到发现美的行为,是一种从事物美提升到行为美、思想美的过程,是从一般事物的审美发展到道德审美的水平的变化过程,是从认识自己和理解世界走向完善自己和改造世界的过程。

二、审美体验

审美体验满足的是人完善自我的需要，是满足最高需要的体验。按马斯洛的需要层次理论来看，审美体验是满足人的精神完善与自由的需要，在审美体验中获得的不仅是美的享受，更是自我价值的升华，是对有限生活的无限充盈，是对有限生命的无限张扬。

审美体验是建立在审美认知的基础上的。要认识美，首先是以美的客观存在为前提的，没有美的事物也就无法获得美的体验；同时，客观存在的美本身并不会产生体验，体验是人的体验，因此只有人主动地去发现、去认识而且投入美的境界中才能体会到美。知之深才能感之切，画家能创作出形态万千、栩栩如生的作品，也并不是凭空臆想的，而是基于对创作对象的深入认识和理解，所以徐悲鸿说："我爱画动物，皆对实物做过深入的观察。即以马论，速写稿不下千幅，并学过马的解剖，熟悉马的骨架、肌肉、组织，夫然后详审其动态及神情，乃能有所得。"①认知美的过程不只是某一种感官独立作用的结果，而是多种感官综合协调的过程。

儿童的审美感知能力是从一般的感知能力中逐步分化出来的，初生的婴儿还没有形成有效的审美心理结构，但却具备审美的心理生物学基础，即可以通过视听觉和本能的活动欲望积累丰富的感知经验，这不是真正意义上的美的认知，但是从儿童获得愉快感受的角度来看，儿童这时对美好事物的感受主要是来自身体的快感，这为儿童追求美好感受、形成审美观打下了基础。而到3岁左右，儿童表现出对美的明显喜好，不仅能识别优美的物体，从感官上对美的与丑的进行区分，还具有体验优美感的能力并乐意投入优美的情境和活动中，产生了对优美事物的偏爱。这时的儿童不仅喜欢观看优美情景和事物，还积极尝试模仿优美的行为与动作，乐意参与优美的活动，对漂亮的服饰和优美的动作以及可以引发愉快情感的艺术活动都表现出极大的热情。儿童还逐步对情境的含义表现出独特的审美态度，儿童喜好具有喜剧成分的活动和故事，对于存在对立人物的故事，总偏向于好人战胜坏人的结局，无论灰太狼怎么表现出聪明可爱的一面，他想吃掉喜羊羊的立场定位了他是"坏人"，儿童在观看动画片时始终站在喜羊羊的一边并为他加油。儿童无法接受悲伤的结局，所以相对于"狼外婆"这类的故事而言，儿童更喜爱具有圆满结尾的故事，在儿童的心中有共同的梦想：王子与公主

① 全国中师美术教材编委会：《美术鉴赏》，北京，人民美术出版社，1983年，第107页。

结婚并过上了幸福快乐的生活。儿童的审美态度影响审美兴趣，儿童天生对某些鲜艳、明亮、愉悦和喜庆的事物具有热情和探索的兴趣，对美的兴趣表现出感性的特征，更偏重于一时的感觉，而囿于自身的经验水平的不足，较少偏向事物的功用。

儿童的审美能力经历了从审美态度形成、审美兴趣显现到审美标准清晰的过程，这个过程与儿童的认知能力发展进程是一致的，是从感性向理性发展的过程，也是审美标准从无到有，再到清晰、明确的过程。而推动儿童审美能力发展的动力来自童心，儿童拥有向往真善美的本能冲动，他们对自然世界的任何事物和社会生活中的各种人都具有想了解想认识的求知欲望，他们能满腔热情地观察他们所能看到听到的一切并天马行空地进行想象，他们可以无忧无虑地表达稚嫩、单一的感想，正是这样的特点使儿童拥有比成年人更多的审美情趣。

儿童的审美体验与艺术领域的审美体验既有相通之处，又存在角度和层次的差别。从相通性上来看，两者都是对美的情绪和情感的体验过程，都含有体验主体对美的整体性感知和个性化的理解，包含着人对美与自身关联意义的内在把握。但笔者在本书中所阐述的儿童体验类型，是从关乎儿童发展过程的典型体验类型的角度挑选出三种来进行阐述的，主要想表达的是因儿童生存需要、生活需要和生命需要而产生的身体体验、游戏体验和审美体验等三种。此处的审美体验主要是指儿童在实现生命价值的过程中产生的生命意义体验，即为了完善自我而进行的认识美的事物、发现美的行为、创造美的生活、追求美的境界等的过程，拓宽了狭义理解上的艺术审美的范围，而将与儿童生活和发展相关的一切美好的东西都划归到儿童审美的范围，这个过程其实是儿童追求真、善、美的过程。在这一点上，与一般研究中的"审美体验"概念有较大的不同，因为在成人的审美体验研究中经常从艺术领域的角度将体验划分为"审美体验"和"非审美体验"，而"非审美体验"中涵盖了"日常生活体验、科学体验、道德体验、宗教体验和人生体验"等。非审美体验位于金字塔的下部，审美体验处于金字塔的塔尖，[①]以此区别审美体验与非审美体验的层次；或者认为审美体验高于非审美体验的原因在于"审美体验以人生体验为底蕴，只有在对人生体验、宗教体验、生活体验的审美透视和转化中，艺术才显出生命的广度和力度"。有研究者认为提

---

① 胡经之、王岳川：《论审美体验》，《北京大学学报（哲学社会科学版）》1986 年第 4 期。

出审美体验的特性研究是基于审美体验与非审美体验的相对性而言的。① 这样的划分也是不尽合理的,因为审美仍然是基于日常生活和人生经历的,审美体验应该是贯穿于日常生活和人生经历并从中抽取出来的,而不能认为日常生活和人生经历中就没有审美体验。特别是在儿童的审美体验中,由于受儿童的身心发展水平和生活经历、人生经验的影响,儿童的日常生活、游戏活动和道德认知活动都是融于审美活动中的并为审美活动提供支撑。如果一定要区分出审美体验与一般体验的不同,则主要在于儿童从审美活动中体验到的是一种美感,在笔者看来,这是一种积极、乐观、向上的体验,是代表社会和谐发展的价值取向的求真、求实、向善和追求公平与正义的体验。

儿童的审美体验与生活体验既有相通之处,也存在差异。两者相通之处在于都是基于儿童的生活世界、以儿童为主体的活动过程,都是儿童内在与世界和他人建立关系形成意义关联的过程,审美体验是建立在生活体验的基础之上的。而两者的差异也是非常明显的,生活体验是直接与生活世界关联且在生活世界中可以直接感知、理解和体验的,表现的是亲在和直觉性;而审美体验是对生活中美好事物的抽象和概括,是对景物和活动中美的抽取与凝聚,从中形成一种美的体悟与对美的向往,是一种对生活体验的再体验,是一种由距离产生的当下与理想相结合的体验,所以可以说,生活体验直接来自当下,是对当下生活的感情与理解,而审美体验是指向未来的,是对完满人的终极追问、终极意义和终极价值的回答,指向的是对人的终极关怀。② 因此审美体验远不只是生活体验所感知的世界,更包括了经由人的回顾、想象和联想等心理作用所衍生的许多不期而遇的收获。

三、审美体验的特点

(一)审美体验具有情感性

其实关于体验的讨论都具有情感性,因为体验本身就是一种带有情感并生成意义的活动及其过程,即便是在"体验是一种图景思维活动"的解读中,体验仍然是有感情的图景思维活动。对美的理解与把握的过程本身就带有情感,因为美本身既是一种客观存在,也是一种主观感受,但并不是盲目的主观而是带情感的主观,审美活动就是以人的情感活动为基础的美感

---

① 王苏君:《论审美体验的特性》,《绍兴文理学院学报》2005 年第 3 期。
② 朱寿兴:《论审美体验的性质及其中介性意义》,《社会科学家》2005 年第 2 期。

活动。审美主体对审美对象的理解总带有对自身情感生活的自我意识,并将这种意识赋予到客观的人、事或物中,从而使自身与对象融合为一体,使审美对象的情感个人化和自己的情感对象化,生成一种物我两忘的情景交融的境界,实现对美的深刻理解。如果这类理解通过文字或图画等形式再现出来,又能成为他人的审美欣赏对象,当这个人的情感与这些形式产生共鸣时,这些形式中蕴含的情感就能得到传递,因为欣赏的过程就是一种情感对话与传递的过程。一般而言,审美情感与日常体验的情感是有区别的,因为日常情感带有本能性和普遍性,而审美情感的层次更高,表现的形式更复杂。但就儿童的日常情感与审美情感来说是很难区别的,儿童在生活中外显的喜怒哀乐的情绪是对其内心感受的真实表达,在审美活动中也是对美的感受的真实外露,因此两种情感在儿童身上的区分是需要经过时间的打磨并在儿童理性水平提升之后才能实现的。但正是因为日常情感与审美情感的混合,使得儿童在审美活动中表现出真性情,而彰显出儿童童真与童心的宝贵特质。

儿童的审美体验首先就是关于爱的体验,在审察"爱"这种事物时,儿童是通过社会中的人际关系和自己的情感需要来判断的。儿童首先感受的是父母亲情的爱,这种爱使儿童的安全需要得到满足并产生舒服的感觉,当儿童的自我意识增强时,儿童还会意识到这种爱的相互性,对父母的依恋成为最初的亲情反馈。儿童具有独立的活动能力之后,会开始主动地爱自然界和社会生活中的各种美好的事物,将父母之爱移情到小动物和花花草草的身上。平等的爱、尊重的爱是审美体验中有关爱的体验,而溺爱则不应属于这个范围,因为溺爱不是社会所趋的正向价值范围内的,所以,审美体验的情感性不仅受体验主体的心理需要影响,还受体验者所体验到社会价值导向的经验所影响。就儿童的情感性审美体验来说,儿童最初的爱的体验是享受父母之爱、亲子之情;随着儿童自主能力的增强,发展起自爱,以自我为中心,以满足自我需要为根本出发点;再随着年龄增长和社会经历丰富,儿童学会了爱人:爱父母、老师、朋友等相对于自己的其他人。在这里,学会爱父母成为儿童社会性情感发展的重要内容。只有学会爱亲人,才能超越自身、超越家庭,热爱整个社会。爱父母是为孝,爱兄长是为悌,《孝经·感应章》中说:"孝悌之至,通于神明,光于四海,无所不通。"意思是亲情之爱发挥到了极致,人就会天人一体,通天知地,无所不通。

(二)审美体验具有"悟"性

审美过程既是一种情感渗入的过程,也是一次又一次顿悟的连续,因此审美体验是具有"悟"性的。"悟"性使审美主体在审美活动中获得个性化的情感反应的同时进行向内的意义反省,是一种内省性的思维,使审美主体对美的认识由模糊、无序逐步转向有组织、有序。审美活动是对活动时间之前的知觉的重组,也是对下一个阶段的启示,因为审美主体总是带有先前的知觉经验和意识而投入新的审美活动过程中的。但"悟"性又超越知觉的秩序性而显现出直觉性,是非逻辑的灵光乍现、豁然开朗,是悟到美之所在、美之何为时的极度快乐。"悟"性是融合了感受、理解和体会之后一种触类旁通的直觉,悟的过程是将情感和知觉与审美对象进行整体"打包"思考的过程,是一种强烈的情思交融的过程,但在审美主体的身上却有较长的潜伏期,一旦外显则只表现为"蓦然回首"的一刹那、"柳暗花明"的片刻,正是在那样的瞬间里主体获得了美的享受,获得美的意义。

著名的盲聋女作家海伦·凯勒无法用视听觉来感知光鲜世界的美,但却可以在心灵的顿悟中,从阅读体验中理解美的内涵,在她的成长生涯中,她体会到沙利文老师的爱,并将老师的慈爱传向更多的人。在学习中她体验到一种顿悟的美,正如她所说:

> "我们走到井边,有人在吊水,我的老师把我的手放到水里。清凉的水涌到我的手上时,老师在我的手心中拼了'w—a—t—e—r'(水)这个字。开始她拼得慢,后来越拼越快,我的注意力全凝聚在她的手指上。突然,我努力去回想一些模糊的事情,一种朦胧的印象……就在灵光一闪的当儿,我领悟了 w—a—t—e—r 的手势,指的正是那种奇妙的、清凉的、从我手上流过的东西。就是这个字唤醒了我的心灵,并使我的心灵得到了自由,因为这个字是活生生的。"
>
> "我是通过生活本身开始我的学习生涯的。"①

(三)审美体验具有建构性

审美体验是对当下的反映,也是对未来的指引,审美的过程就是体验主体丰富情感、追寻美感、拓展视野和建构人生意义的过程。在审美活动中,主体总是以对审美对象的外在形象的认知为切入口,满怀情感地进入审美对象的内在意蕴中从而使自己的情感与审美对象的意蕴融合形成新的情感反应和意义,是一个迸发新情感、新思维的过程。主体要么以外显的行为表

---

① 〔美〕海伦·凯勒:《我生活的故事》,朱原译,广播出版社、北京盲文出版社,1981年。

现出这种生成的过程，创作出作品或采取较自己以前有变化的行动；或者以内隐的方式体会内心的变化或储存心灵的触动，而这样的建构过程不是虚无的，是真实有效的，因为它指向的是主体内在追求的可能世界或可能生活。"可能世界"是一个设想的世界，"这个世界可以是现实的，也可以是非现实的，甚至可以是永远不可能成为现实的世界"，而"可能生活"则是"每个人所意味着去实现的生活"①。审美主体正是在对"可能世界"与"可能生活"的追求中进行审美，也是在审美的过程中建构着自己的美的系统和自我。

（四）审美体验具有情境性

体验是在一定的情境中才能发生的，审美体验更需要情境的依托，没有情境也就可能无美，更无美感体验。审美活动中的情境既包括对自然界赋予情感的景境、社会行为中的事境，还包括审美主体投入情境中的情感，即心境。正是在景境、事境和心境中，才产生景美、人美和心灵美的体验。外在的景化为内心的境，赋予境以情的过程，就是由外在视听到内在建构的过程。审美体验的情境性还在于审美活动并不是一个完全受人自控的活动，而是受到情境影响的。顺应主体审美需要的情境更有益于产生审美体验，而在与审美需要相关但表现方式相背离的情境中也可以使主体在反省性内思中获得审美的体验。妈妈伸手抱婴儿是普通的常境，但在危难之际果断地伸出双手接住陌生女童的妈妈是最美的；护士为病人做人工呼吸是常境，不顾感染的危险而为路边休克的溺水陌生人做人工呼吸挽救了一条生命的护士，是最美的护士。本书将通常意义上的艺术审美拓展到社会生活中的泛化美，因为儿童的审美教育关系到儿童发展所需要的语言美、仪态美、行为美和心灵美等美感行为和审美能力。美育应贯穿儿童生活的各个方面而不只是在音乐或美术等艺术教育活动中，儿童应在生活中践行审美活动和追求美。

四、审美体验的价值与有限性

美由心生，美因心灵的感应而获得内心的共鸣，还因心灵的净化而升华，但也因心理发展水平而受限。儿童的认识、理解、想象等心理认知正处于不断发展的过程中，儿童的情绪正在逐步稳定，情感由感性向理性迈进，而且儿童的美感经验相对缺乏，社会化的美学标准还在进一步的学习中。

---

① 赵汀阳：《论可能生活》，北京，生活·读书·新知三联书社，1994年，第115～116页。

因对世界的好奇和热爱,儿童眼中的事物大多是具有美感的,儿童更具有审美的意愿;也因儿童的思维还处于由直觉形象思维占主导地位向理性逻辑思维占主导地位的转变过程中,儿童善于情景交融地有感而发,更易获得审美的体验。

但因儿童表达美的语言能力、文学能力和艺术能力的不足,而使儿童的审美体验主要是处于审美的初级阶段,不能与成人的领悟生命真谛的层次相比。年幼的儿童对自然美表现出较大的热情并保持愉快的情绪,但对艺术作品还缺乏敏感性,儿童偏爱用夸张或拟人的手法进行绘画活动,但在艺术作品的评价方面表现出经验的不足,3~6岁的儿童主要关注于自己的作品,对他人的作品的评价受成人的影响明显;7~9岁的儿童已经能根据一定美学标准进行欣赏和评价,但偏爱写实主义,处于一种求真、求实的审美阶段;而10~12岁的儿童已经能较好地运用审美感知来进行审美活动,并乐意在生活中践行自己的美感,乐于从衣着、说话方式或其他的交流方法展示自己的独特美悟,而12岁以上的儿童,理性水平提升较快,情感态度变化较大,知识面更广,技能更丰富,对生活与艺术作品表现出更强的思考力和分辨力,审美评价的水平较高,这些都与儿童道德判断的发展进程紧密联系,但还只能采用相对的标准进行审美评价,而未发展到一种稳定的水平。

儿童直接以言行来表现自己的审美体验,只是表达出了在他的能力水平范围内能够表达的部分,而内隐了那些不可言传的部分,使儿童的审美体验过程不易于从旁观者的角度进行全面把握。这样容易导致教育活动忽视儿童审美体验的过程,而只重视儿童体验的活动结果,甚至把艺术教育等同于审美教育,把审美教育狭隘地解读为诸如音乐、美术之类的艺术课程,忽视审美情感的培养与激发,割裂审美活动与人的精神追求的联系,片面追求对美的认知,忽视对美的体验,重视对美的事物的关注与分析,而忽视对美的事物与自我之间的价值关系的意义思考。

第五章 儿童体验的过程

体验的过程就是人成为人的过程,也是体验结构中的诸如时间、空间、情境、主体和场域共同作用并产生变化、发生影响的过程,是一种建构的过程。这种过程可以划分为人与人自身的关系(身体与心理上的自我意识)、人与他人的关系(社会交往中的关系)和人与精神文化的关系等三个基本却又是核心的、涵盖面甚广的维度。

儿童体验的发生及其过程都是在这个框架之中的,又是以这三个关系维度为载体的。它们既与体验本质和儿童体验的结构要素紧密相连,又具有各自的特殊性。因此要了解儿童体验的发生机制和发生的过程,就应从关乎儿童自身、生活、交往、精神性成长等的心理过程、社会过程和文化过程等三个角度来阐述,既可展示儿童体验的内在要素,也可呈现儿童体验的外在表现。因此本章将从这三种过程的内在发生要素及外部机制的角度分别进行阐述,最后再进行综合分析。

第一节 体验机制及过程概说

一、机制的含义

机制的本义指的是机器的内部构造和运行原理,引申义指的是结构中的各个组成部分之间的内在关系及变化发展中的相互关系。机制既是经受实践检验证明之后得出的相对固定的关系方法,又受制于隐含其中的制度或规则制约,是多种方式方法共同作用的结果,也是对这共同作用结果的提升和概括。儿童体验的发生机制主要需要说明的是儿童体验发生的各要素之间的关系以及由其呈现出来的关系变化原则、原理和方法。

二、对"过程"的解读

(一)"过程"的内涵

"过程"的含义主要有五种。第一种含义指的是事情进行或事物发展所经过的程序,常常用于生产过程中。第二种含义指的是状态间的变换,这是从科学角度阐述有关温度、压力、体积、物态、物质的量、相和各种能量等一定时,系统即处于一个状态,当系统从一个状态变换成另一个状态时,即发生了一个过程,其中前一个状态为"始态",后一个状态为"终态",始态与终态间的变换历程即过程,始态与终态间的关系表现为不同的关系过程。例如,"始态与终态的温度相等的过程叫'等温过程'"。第三种含义指输入转化为输出的系统。这种观点认为任何一个过程都包括输入和输出两种动态方向:输入是实施过程的前提、基础和条件;输出则是过程的完成状态。输入与输出之间是增值转换的关系,过程的目的就是增值,不增值的过程没有意义。为了实现增值转换就要投入必要的资源和活动,这些资源和活动是换取过程增值或结果有效的代价。第四种含义把过程当作一种手段,通过该手段可以把人、规程、方法、设备以及工具进行集成,以产生一种所期望的结果。第五种含义是从哲学的角度对过程进行整体把握,在哲学中把过程的特性表达得非常全面,教育中的过程概念受哲学的思想影响最大,因此本章将采用哲学的立场来阐述过程。

(二)理解"过程"

怀特海是过程哲学的典型代表人物,其哲学思想被认为是有机哲学,他认为"世界即是过程,过程就是实在"。现实世界是一个过程,在过程中形成实际存在物,实际存在物之间通过"摄入"和"联结"来保持各个事件自身特色,又能彼此融入其他事件之中而呈现出关联性。"自然、社会和思维乃至整个宇宙都是活生生的、有生命的机体,处于永恒的创造进化过程之中。"有机体的根本特征是活动,活动表现为过程,过程则是构成有机体的各元素之间具有内在联系的、持续的创造过程,机体之间可以不断转化,整个宇宙就是一个生生不息的活动过程。[①] 因此,过程是事物存在的方式,离开了过程,事物就不可能存在,也无法生成、变化和发展,"事物内部要素之间的相互联系、相互作用都是在鲜活的、客观的过程中发生的,事件的变化和发展

---

① 〔英〕阿尔弗雷德·诺思·怀特海:《过程与实在——宇宙论研究》,杨富斌译,北京,中国城市出版社,2003 年,第 30 页。

是在过程中实现的"①。从广泛意义上来说，这个过程就是一个实体存在的成为的过程。②"它是某种处于产生过程之中的未完成物。""它是从一种状态到另一种状态的过程，每一种状态都是其后继者向有关事物的完成继续前进的实在基础。每一实际存在物在其构成中都承载着其条件为何是这种条件的'根据'。"③因此事物在过程中表现出变化性、发展性、生成性、未完成性和活动性，正是在过程中和经由过程中的变化、价值延伸和价值拓展的增值过程，事物才能在变化中发展，在发展中走向目的。

（三）儿童体验的过程

儿童体验的过程即儿童从混沌一体的类生活中分化出来，从有意识产生，尤其是自我意识产生后，儿童就不断通过各种尝试、探索，对自己的生存做出主动反应并积极满足自己的需要，从而使单一的生理生命拓展到人类特有的二维生命的系统中来，即生理生命与精神生命。从属于环境的一部分、被动接受自然的安排，到有意识、主动地认识环境，并积极地改造和调控环境，使其满足自己的需要并成为自己生活的一部分，由生理生命的完全被控制、被给予的层面发展为主持掌控自己的命运，并创造性地满足自己的精神文化需要，实现了人的主动性，从自在的人走向自为的人。

儿童体验的过程即儿童的情绪情感状态的变化历程，是儿童经验积累、知识增长沉淀的过程，是技能增长和社会立场替换的过程，也是形成人生观与价值观并通过行为表现出来、通过内心判断稳定下来的精神成长过程。

儿童体验的过程以儿童的感觉和知觉为心理基础并受感知水平的影响。年幼的儿童感觉发展较快、知觉发展相对滞后，因此儿童直接的体验如身体体验、感官体验较为突出，感性体验特征较明显。而在儿童后期随着知觉的快速发展，感觉综合化水平提高，儿童的自我意识快速发展并逐步达到自我控制的水平时，儿童的理性体验特征逐步占优势，儿童就能主动地、有目的和自觉地去体验，并在社会化进程中提高体验的层次与水平，从心理体验上升到更为复杂的精神体验、文化体验。

---

① 郭元祥：《论教育的过程属性和过程价值——生成性思维视域中的教育过程观》，《教育研究》2005 年第 9 期。
② 〔美〕杰伊·麦克丹尼尔：《为什么选择过程哲学》，李斌玉译，《求是学刊》2007 年第 4 期。
③ 〔英〕阿尔弗雷德·诺思·怀特海：《过程与实在——宇宙论研究》，杨富斌译，北京，中国城市出版社，2003 年，第 392 页。

第二节　儿童体验发生的心理机制及其过程

心理是脑的机能,是客观现实的反映,是各种心理现象,比如感觉、知觉、情感、意志、注意、思维、记忆、想象、动机、兴趣、能力、气质、性格等的总称。心理过程是指当客观事物作用于人脑时,在人脑中形成对客观现实的心理反应的过程,是一种心理活动发生、发展的过程。心理过程包括认知过程、情绪情感过程以及意志过程。儿童体验发生的心理过程既是一般心理上的"知情意"的过程,又是儿童形成自我的过程。心理过程贯穿人的一生,并为社会过程和文化过程提供必要的支持和基础。

一、儿童心理体验的生理基础:无条件反射与条件反射

反射是心理活动的生理基础,是在中枢神经系统参与下,机体对内外环境刺激的规律性回应。反射通过反射弧进行反应,"反射弧由感受器、传入神经、反射中枢、传出神经和效应器等五个基本环节组成"[1],缺少任何一个环节反射就无法进行。反射的存在使得心理活动表现出鲜明的应激性,心理的产生和存在以及变化都是与人和事物之间的刺激与应激的关系相连的,心理体验的过程就是自我激发与应激形成的过程。

(一)无条件反射:突破人类生命的"非特定化"

人虽然是自然的生物体,但相对其他动物来说却表现出较鲜明的先天机能缺乏性,也就是说,其他动物天生具有特定化的生理构造和机体组织,"它一出自然之手就达到了完成",天生拥有皮毛足以防御寒冷,拥有羽翼翱翔天空或者拥有腮、蹼游行海洋。而人却是"非特定化"的,这使人在适应环境中虽然需要花费最长的时间却表现出最低的能力,这意味着自然把尚未完成的人放到了世界中,需要人自己去完善自己,但因为"特定化"的能力缺乏,却使人在生命的初期放大了生命存在的本能力量。那是在种族进化过程中,为了最低限度地适应环境,保存生命,人类生来就具有的一些不学自会的本能行为,无条件地对环境刺激做出反应是其中最为重要的,在心理学中被称为"无条件反射",也叫本能反应。

如果追寻儿童体验的历史来源,则本能体验是最原始的、单纯的自然体

---

[1]　景志国:《也谈"减负"》,《生物学教学》2001年第1期。

验。这种反应完全由刺激物和先天图式控制，儿童处于被动体验的状态，只能接受这种先天的固定反应模式而不能改变，也不能调控。在对新生儿的研究中发现，为了保存生命，婴儿拥有多达 73 种无条件反射。[①] 常见的有"无条件食物反射"，如觅食反射、吸吮反射；"无条件防御反射"，如眨眼反射、怀抱反射；"无条件定向反射"，如朝向反射；以及其他特殊的无条件反射，包括行走反射、游戏反射等。

这些无条件反射或是从机体需要的角度满足生命的食物需要，或是在适应环境中满足生命的安全需要，抑或是为了多方面保存生命而必然存在的举措。这与人类幼体的成熟状态紧密相关。随着机体的成熟，儿童活动的范围扩大，接触的环境越来越复杂且富于变化，有些无条件反射会因不能满足儿童的成熟与成长需要而逐步消退，有些也会被更为复杂的条件反射所替换。

（二）条件反射：为人的成长提供便利

前面说到人的非特定化使人相对于动物来说处于生命生存的弱势，使人缺乏动物所具有的特定性。但是正是人的非特定性，为人留下了非确定性的广阔的发展空间和创新的余地。人正是在后天不断的努力中逐渐完善自己并一直走在完善生命的道路上的，人生就是一个不断弥补自身天生不足、不断完善自我和创新生命的过程。在生命的初期，无条件反射为保存生命、突破人的自然非特定性的局限起着重要的作用，但是由于其受限于环境的刺激，只能做出恒定的行为反应，又受先天图式和刺激物的控制，反应的数量极其有限，无法保障儿童适应纷繁复杂且不断变化发展的世界，必然会产生一种更为复杂的反应模式来让人适应，那就是条件反射。

条件反射为完善生命的追求提供了重要的生理基础，它是建立在无条件反射的基础上经过学习而形成的。它的基本原理是在客观刺激物的作用下，尤其是言语，人的感受器接收到刺激后传递到大脑，引起大脑皮层神经细胞的活动，从而建立起各种暂时的神经联系，就产生了如感觉、知觉、表象和记忆等心理现象。因此可以说条件反射既是生理现象又是心理现象，它既可加深大脑皮层的印迹引起生理变化，又可发现条件刺激物的信号意义，产生心理活动。暂时的神经联系建立以后，当出现一定的刺激因素时就会发生相应的心理活动，参加大脑皮层的分析综合和改组重建，从而生成新的联系，也就产生了新的心理活动反应。当类似的刺激再次出现时，人就能快

① 张莉：《儿童发展心理学》，武汉，华中师范大学出版社，2006 年。

速地做出相关的反应。

"哺乳姿势条件反射"被称为儿童的第一个条件反射,表现的就是这样一个过程:新生儿在母亲怀抱里吃奶的过程中熟悉并记住了母亲喂奶的姿势,认为那种抱的姿势一出现就有奶吃,所以当其他人也那样抱着他时,他就会把头往他人的怀里钻,去寻找奶头。随着儿童的身体不断成长和成熟,活动范围不断扩大,环境刺激不断丰富,条件反射会越来越精细,层次也会越来越复杂,也显示着儿童的心理活动越来越丰富,心理水平越来越高。

二、儿童体验的心理过程及其形式

儿童体验的心理过程就是儿童发展自我意识、形成个体心理特征的过程,是人生"知、情、意"的奠基阶段。

(一)认知过程及其形式

认知过程是人接受、储存、加工和理解各种信息的过程,是最基本的心理过程。认知活动中的感觉、知觉、记忆、思维和想象都是对客观事物的认识,都是为了弄清客观事物的性质而产生的心理认识活动。"听到树叶的沙沙声,看到光亮和颜色,尝到滋味,闻到气味,摸到物体知道软硬、冷热等都是感觉。在这些感觉的基础上,能辨认出这是微风、阳光,那是花朵、果实等,这就属于知觉。在离开了刺激物的作用以后,原来听过的话语仍'话犹在耳',看过的某些图形、物象仍'历历在目',这就是记忆。人不仅能通过记忆把经历过的事物回想起来,而且还能想出自己从未体验过的事物,这是想象。凭借人特有的语言,通过分析、综合、判断事物的本质及其发生、发展的规律,即是思维。"

感觉包括视觉、听觉、嗅觉、味觉、皮肤觉、运动觉、平衡觉和内脏觉等多种现象,是一切心理活动的基础,任何客观事物都因存在形式不同而表现出不同的个别属性,感觉正是人脑对直接作用于感觉器官的客观事物的个别属性的反映。而由于每一个客观事物都是由许多个别属性按一定方式组成的统一整体,人脑还能对事物的整体属性进行反映,从而产生知觉。研究表明,在人生最初的几年里,感知觉发展的速度最快,儿童的感知觉水平几乎已经可以达到成年后的水平,在其他心理过程还没有较好地发展起来时,儿童主要是依靠感知觉来收集信息、积累经验的。儿童感知能力的发展受儿童心理水平的影响,其自然发展过程表现出这样几种态势:(1)从无意性向有意性发展;(2)从冲动性向思考性方向发展;(3)从系统的、未分化的向精细的方向发展；(4)整体与部分从分离走向统一。①

　　记忆包括识记、保持和再现(回忆)三个基本环节，是过去经验在人脑中的反映，在儿童生活中起着非常重要的作用，如果没有记忆，也不可能产生思维、情感和意志，因此它是连接感觉、知觉与思维的桥梁。儿童记忆的效果主要以记忆的广度和保持度来考察，影响记忆保持的因素很多，主要有以下四种。(1)儿童对记忆对象的感知程度。一般来说感知得越清楚，能记得越深刻，也能保持越长的时间。(2)儿童对记忆对象的感兴趣程度。也就是说儿童的记忆具有选择性，儿童有强烈的好奇心和旺盛的求知欲，感知对象越具有吸引力，儿童的记忆兴趣就越大，记忆的效果也会越好。(3)儿童情绪体验的强烈程度，直接影响儿童的记忆，凡是能引起儿童强烈的情绪情感体验的对象，例如富有情绪色彩和情感内容的故事或事件，能调动儿童的情绪参与，让儿童不仅记住了发生的故事或事件，而且记住了发生时的情绪状态。这种记忆的程度会深刻，保持的时间也会特别长，当再次出现类似情境时，更易于儿童唤醒这些记忆以及过去的体验。(4)儿童感知的次数与分析器参与的多少也会影响记忆的效果。也就是说感知的次数不同会影响儿童认识的广度和深度，感知次数越多越能记得牢甚至能达到行为自动化的程度，可谓是"熟能生巧"。如果在感知过程中同时调动了多种感官分析器协作活动，使大脑从不同分析器中获得对记忆对象的多种信息，加深其在大脑中的印迹，则能记得更好，所以在记忆活动中建议多提供重复感知的机会，调动儿童多个感官参与来提高记忆的效果。

　　思维是高级认知活动，是认知发展的理性阶段，是对客观现实间接的概括，它能更深刻、更准确、更全面地反映客观事物的本质属性和规律性。儿童思维发展可以用"行动—形象—概念"这条线来概括，以感知为基础开展的三个思维阶段——直觉行动思维阶段、具体形象思维阶段和抽象概括思维阶段——与认知发展的过程都是相通的。一般来说思维具有间接性、概括性和依托语言的属性。间接性主要指思维必须借助于一定的中间媒介物和相应的知识经验来达到对事物的本质属性和规律的了解与把握，同时，思维的这种间接性也突破了认知能力的时空限制，在综合、分析、判断中也突破了对一事一物的认知局限。概括性主要表现为思维是在概括、判断和推理中对某个事物的全部本质特征或某类事物的全部共性特征及事物之间的联系进行全面整体的反映。思维具有语言的依托属性即思维总是借助语言

---

① 　李丹主编：《儿童发展心理学》，上海，华东师范大学出版社，1987 年，第 185～186 页。

来进行的。语言是人类社会的产物,具有社会性,是人类社会进行思想交流的工具,在生活中具体应用表现为个体化的言语,个体言语可划分为外部言语(口头、书面)和内部言语两种表现形式。思维就是通过内部言语进行的过程,而思维的结果则通过外部言语表现出来。但就儿童来说,儿童思维所依托的不只是语言这种单一的符号形式,儿童还会使用图画、造型、模仿动作、特异的手势或姿态等来表现思维。

想象是最具有创造性特点的高级心理活动,它是对记忆表象进行加工改造形成新形象的过程。儿童受感知水平的影响,想象的主题容易随刺激物的变化而变化,还容易受到周围同伴的行为或者自己的情绪变化的影响,但是儿童的想象力相对成人来说更为丰富的原因,就在于儿童对感知对象的特性的不确定性和对世界的探索兴趣。通过回忆,再造出经验中的表象是儿童想象的主要形式,但儿童认知水平低、经验缺乏、系统性和逻辑性不强,反倒使儿童的想象表现出独特的创造性,越小的儿童越易于表现出泛灵性,会把万事万物当作具有灵性的人一样对待。儿童的想象不仅可以没有规则还可以不受限制,因此,儿童正是在对自己原有经验进行任意剪接、自由联想的基础上进行想象的,这些想象一般都非常夸张,且具有泛灵性。

认知过程就是一个认知主体与环境刺激之间发生结构性关系的过程,儿童正是在与周围环境相互作用的过程中,逐步建构起关于外部世界的知识,从而使自身认知结构得到发展的。同化和顺应正是这样互动的两个基本的过程。皮亚杰认为,同化就是儿童把外界信息吸收进来并整合于儿童已有的认知结构之中的过程;当外部环境发生变化而儿童原有的认知结构无法同化新环境提供的信息时,必然要对儿童认知结构进行重组与改造,这个过程就是顺应,也就是说顺应就是认知结构因外部刺激的影响而发生改变的过程。同化与顺应的平衡变化过程就是主体认知水平不断提高、智慧增长的过程。受儿童的生理成熟条件的影响,表现为四个明显的阶段:0~2岁时处于感知运动阶段,这个阶段的儿童只有动作的智慧而缺乏表象和运算的智慧;2~7岁进入了前运算阶段,由于符号和语言的机能开始形成,儿童开始从具体动作中跳脱出来,能进行各种表征性活动或游戏,进行"表象性思维",但由于这些表象都具有自我中心性,符号表征的水平还不系统也缺乏逻辑,因此难以从事物的表象中把握守恒性和可逆性;7~11岁进入具体运算阶段,儿童虽然还离不开具体事物的支持进行具体思维,但儿童具有了类的认识和形成类概念的能力,已经具备了初步的逻辑思维能力;12~15岁进入形式运算阶段,儿童的思维已经摆脱具体事物的束缚,思维发展速度快,思维水平已经接近成人,能把内容与形式区分开来,相信形式推理的必然效力,能根据提供的假设和条件进行逻辑推演。

以上是对认知及其过程的基本认识。皮亚杰作为认知心理学的重要代表,他认为认知来自人们认识外在世界的内部需求,然而后来的研究表明,认知过程的内容与形式受到外在世界的社会需要与文化力量较大的影响。儿童的思维如何与社会需要和文化力量相适应是发展心理学思考的问题;社会与文化对儿童的认知发展起着怎样的影响,是教育需要解答的问题,也是教育目的中需要更新的内容。

(二)情绪、情感过程

在认识客观事物时,不仅产生了认识,也产生了情绪和情感,因为人特有的心理特征,常常会在认识活动中产生满意、喜爱、恐惧、愤怒等主观态度和体验。情绪、情感过程在人的发展中所起的作用越来越受到重视。

爱、怒和怕被认为是新生儿的原始情绪,儿童重要的情绪包括愉快、痛苦、兴趣、依恋、恐惧和焦虑等。引起这些情绪变化的原因是儿童的需要,越小的儿童受生理需要影响引起的情绪波动越大。而在社会性发展需求增长起来后,扩大交往的范围、参与游戏活动、获得自尊、得到鼓励与表扬、展示自我等多种社会需求成为情绪波动和情感变化的主要因素。

对情绪情感的感知主要是通过人的外显神情来实现的。人的外显神情包括了人的面部表情、身体姿态、手势动作和言语情调。儿童既通过感知他人的外显神情来推断他人的情绪,也通过自己的外显神情来表达自己的情绪。获得情绪情感的过程就是这样一个变换情绪情感并赋予活动以情感色彩的体验过程。儿童总是能对与自己相关的事件或活动给予更多的情绪和情感,形成自我的情怀,使其在活动中形成强烈的情绪变换。越是他们认为重要的、对自己有价值的事情,他们就会赋予越多的情感,也会激发越强烈的体验,对事物的关注度就会越高。这些事物既可以提高认知过程的效率,也能激发更大的动力维持更长的意志过程。

儿童的情绪、情感在表现方式上相对成人来说,具有更易冲动、易变化、易传染和易外露的特点,越小的儿童的情绪越容易表现出变化大、不稳定的特点。而到小学阶段,儿童的自我调控能力增强,情绪稳定性也大大提高,虽然在整个儿童期都表现出冲动性的情绪情感特点,但在儿童期的情绪情感是逐步由外显向内隐、从冲动多变向逐步稳定、从单一向两极复杂的方向变化的。

情绪、情感过程也是情绪波动变化和情感发生的过程。情绪的波动变化表现出两极性:(1)情绪具有肯定和否定的两极对立性,如喜欢与厌恶、愉快与悲伤、爱与恨等,两极性情绪直接表现在对事物或事件的态度上,但两极性的情绪之间也不是绝对分离的,它们之间既可以相互转化,也可以复杂地融合在一起。例如在火灾中牺牲的消防员的家人既怀有失去亲人的悲伤感,又怀有烈士为人民利益英勇献身的荣誉感。(2)情绪具有积极的或增力的,和消极的或减力的两极性,这是说愉快的积极的情绪可以增强活动的效果和人的活动能力,而低落的、消极的情绪会减弱活动的效果和削弱人的活动能力,但这类两极性也不是绝对分离而是可以融合于一体发生作用的,也就是说在特定的情况下,情绪可以同时发挥积极和消极的作用,例如面对突然出现的危险情境,人会产生恐惧的情绪,恐惧会使人不知所措,消耗人的精力,起到消极的作用,但同时也会驱使人动员他的精力,爆发出前所未有的力量与危险进行斗争。(3)情绪还具有紧张和解除紧张的两极性。这样的情绪主要是在一些关键时刻表现出来的,它受情境、任务的重要性以及人的心理活动状态的影响。例如在一次重要的演讲之前,演讲者会比较紧张,在演讲的过程中会受现场反应的情境影响继续紧张,但在演讲结束后,演讲者很快就会解除这种紧张感,表现出如释重负的轻松。一般来说,紧张与积极的活动状态相联系,它能激发起人的应激活动,但是过度的紧张则可能抑制活动,引起行动的失败。例如在前面提到的演讲活动中,如果在演讲过程中,演讲者越讲越紧张,则可能讲不下去甚至产生沮丧的情绪,使大脑中一片空白不知道要讲什么,进而演讲活动无法继续。(4)情绪具有平静和激动的两极性。人大多数时候是处于平静的情绪状态的,在平静的状态中人才能顺利地进行智力活动。但有时候,当平静的生活中突然出现了一些与活动主体期望相关的情境时,就会打破人平静的情绪,而产生相对短暂的、强烈的、爆发式的情绪,如激愤、喜出望外、绝望等激动情绪。而当出现与活动主体相关的且意义重大的事件时,则会激发出超出意志控制之外的情感体验,这是产生了激情。持续的平静和短暂的激动让人的情绪丰富多彩,也使得生活波澜起伏而充满吸引力。(5)情绪还具有强弱程度的两极性。不同类别的情绪都是可以渐强或渐弱的,呈现出多种程度梯级。例如从不安到恐慌,从担心到恐惧,从生气到暴怒,从愉悦到狂喜等。一般来说,事情对人的意义越重要,或者与个人既定目的和动机是否能够实现或达到的情况关系越紧密,越能激发出强烈的情绪,而且情绪的强度越大,自我被情绪卷入的趋向越大,超出意志控制的范围就越远,也越有可能产生超出预料的冲动行为或行为结果。情绪的两极性实际上展示了情绪所包含的强度、紧张度、激动度、快感度等复杂变化的特征。

认知过程与情绪、情感过程的紧密关系可以用"知之深，则爱之切；爱之切，则知之深"这句话来概括。认知过程是产生情绪、情感的前提和基础，人只有在认识事物的过程中，才能了解主客体之间的需求关系，从而产生情感，正如"知之才会好之"，不知只会漠然处之。同时，情绪、情感过程反过来又对认知过程产生重要的影响。一方面，情绪、情感过程是认知过程的动力和源泉，因为对事物的情绪和情感体验会随着认识的加强而增强，形成良好的情感，从而进一步提高认知的兴趣，会投入更积极的情绪和情感到认知活动中去，提升认识的效果。另一方面，情绪、情感受人的主观能动性的影响，个体的情绪、情感也会受到社会文化氛围的影响而产生更复杂的特征，也会形成消极的情绪和情感，这是从社会的价值取向的角度来讲的。社会整体价值观是崇尚积极、乐观、向上的生活方式，消极、内向、不求上进的态度就是消极的情绪、情感，而这样的情感可能会对认知过程产生消极的影响，会降低认知的效果。例如一个儿童对学习英语产生抵触情绪，可能会影响他对其他相关的学习活动的情绪，从而降低这类认识的效果。

（三）意志过程

在对客观事物及其规律的认识过程中，人并不满足于认识世界，而追求改造世界，因此会在认识中自觉地确定目标并采用各种办法克服困难，追求实现目标的心理过程即意志过程。意志过程主要是在社会实践中为达到既定目的而采取自觉行动时产生的，自觉地确定行动的目的、有意识地支配和调节其行动以实现预设目的。

从这样的描述直接可以看出意志的本质特征是"目的性"。意志过程就是追求实现目的的过程，目的具有主观性，但任何目的都不是主观自生的，都是对过去、现在以及未来可能生活的客观认识中的产物。如果说，认识是外部刺激向内部意识事实的转化，那么意志就是内部意识事实向外部动作的转化，是心理活动的自觉能动性的集中体现，对人的行动起着支配或调节的重要作用。社会生活中人的行为目的主要来自人的需要，是人对社会生活的需求的认识，不同需要得到满足的过程就是意志寓于其中的过程。但是，人的行为目的不是随意产生的，而是受客观条件制约的，只有在充分认识现实条件和实现可能性的基础上，才可能下定决心确定形成此项行动的目的；也只有在行为目的与客观规律相符合时，人的意志行动才能得到实现，否则只会徒劳，就像追求长生不老、海市蜃楼一样虚幻。

意志过程与认知过程是互相联系的。认知过程是意志过程的基础和前提,没有认知就不会有意志活动。因为只有在认识了客观世界的规律和人自身的需要及其实现条件等相关要素的基础上才能提出合理的目的,才会产生意志行动;而在意志行动中不仅有思维,还有行动的方法和手段等知识经验,这都是由认知过程提供的,可以说个体的知识经验越丰富越有利于意志过程的顺利进行,也越能实现合理的目的。反过来,意志过程也对认知过程具有重要的影响作用,因为人的认识过程不是一蹴而就的,而是一个不断地发现目的、提供计划并克服各种困难的过程,这种从无知到知、从知之较少到知之较多的过程就是意志行动的过程。人对客观世界的认识是在变革事实的实践活动中进行的,而变革性实践活动的过程必会受到意志过程的支配和调节,否则难以深入,因此,意志过程也影响到认知过程的深度和广度。

意志过程与情绪情感过程也是紧密相关的。情绪情感直接影响意志力往积极的方向还是消极的方向发展。当情绪情感对人的行为起着积极支持和推动的作用时,情绪情感就是意志发展的动力。当主体在主观上对某种行动具有抵触情绪的消极体验或由于外部困难引起主体痛苦、焦虑、困惑等情绪的消极体验时,这些情绪体验都会成为意志行动贯彻的阻力。但因为意志本身具有调节功能,所以意志过程受情绪情感过程的影响(不管是积极的还是消极的)程度,是直接与主体对事物的认知程度相关的,是意志与情绪情感之间较量的结果,意志坚强可以弱化消极情绪体验甚至将其转化为积极的情感,甚至可以直接控制情绪,例如一个内怀悲痛情绪的喜剧演员在舞台上仍然能表演成功就是因为其对职业的意志力使其在工作岗位上抑制了一种情绪而激发了另一种情绪。意志力薄弱则可能使消极情绪滋长而阻碍了意志行动的进行,这样的例子非常多,在此就不再举出了。

总而言之,意志受情感的影响,也是认知过程进一步发展的结果,对人们的社会实践具有积极的作用,它既可以推动人去从事达到预定目的所必需的行动,又能够制止不符合预定目的的行动。在社会实践活动中,道德意志是最为核心的社会意志表现,它既是人们对社会中的道德原则与规范的认知,也是人们克服困难、调节情感履行道德义务的内在精神力量。道德意志坚强的人在复杂的社会情境中总能严格要求自己,保持高尚的道德情操,而道德意志薄弱的人则容易受到来自环境中的各种因素的影响。

儿童的意志过程就是儿童的自觉性、毅力和自制力不断发展、不断提升的过程。受认知水平和社会生活目的性的影响,儿童的意志力形成经历了一个成人引导和督促作用由强到弱的变化过程,也就是说越小的儿童越需要在成人的引导下形成活动的目的,在成人的督促中坚持实现目的并不断纠正以防止偏离原本的目的轨道。在成人营造的目的环境中,应提供一些条件或便利以使儿童形成对既定目的的认识并激发起儿童内在的活动动机。儿童对活动的目的越明确、对活动的价值理解得越清楚,就越有利于形成儿童对该活动的意志力。长期的坚持就逐步积淀形成儿童的意志品质。

三、儿童体验的心理过程是"知、情、意"相结合的过程

了解体验的三种心理过程,认识儿童体验发生的心理机制及其要素,从中可以明确的是:儿童体验的心理过程就是儿童的"知、情、意"相结合的过程,心理过程三个部分的发生不是分离的,而是融合的,在儿童体验发生的心理表现中是一个整体。认知过程进行的同时也进行着情绪情感过程,否则认知就只能是机械式的过程;认知的持续时间就是意志发生作用的时间,认知时间的长度就是意志力的强度;同时情绪情感和意志的过程都是建立在认知过程的基础之上的,没有认知基础也就不可能产生情绪和情感过程,也不可能发生意志过程。

儿童体验的心理过程正是在生理发展提供生理基础和身体发展提供活动条件的基础上,通过感知外在世界和内心自我,激发情绪形成情感,在意志过程中表现出来的自我意识形成和表达的过程。越小的儿童在外在世界的刺激中的地位越低,而随着儿童认知水平提升和社会活动范围扩大,使儿童以感性认识为基础,以情感与意志所指向的目的为动力,以情绪波动为催化剂,让儿童预期的行为产生或发生变化从而促成儿童形成或提升自我意识的活动结果。

第三节　儿童体验发生的社会机制及其过程

儿童体验的社会过程即儿童在社会化进程中形成社会交往能力,处理自我与他人之间关系的过程。社会过程也是儿童的社会认知、社会情绪、社会角色和道德发展的心理过程,是儿童获得在社会中进行正常活动所必需的态度、信念、价值、交往技能、品质以及社会认同的生活方式的过程,又是儿童在社会生活中不断表现个体的品质、展现自己的行为的活动过程,因此儿童体验的社会过程是一个多方面发展的过程。

一、社会体验过程的心理学基础

儿童体验的心理过程是在一定社会情境中的心理变化过程,具有鲜明的社会性;同时,儿童体验的社会过程也是儿童的知情意参与的过程,是以心理过程为基础的。在社会体验过程中,必然需要儿童的社会认知、社会情绪情感、社会意识与社会意志的参与并发挥作用。

社会认知指的是儿童个体对处于社会生活情境中的自我、他人以及由人际互动发生的活动及其关系的认知,既是对社会中人的认知,包括个体对自己和他人的内在心理过程和突出特征的感知和判断,也是对人的外在社会行为、人际关系和社会组织的认知,诸如友谊、道德、法律、社会制度,等等。① 美国心理学家弗莱维尔认为"存在、需要和推理"是社会认知的主要内容,这与非社会认知对象为"物"的根本不同就在于,社会认知的对象是人,而且社会认知主体与认知对象之间能够建立有意识的互动关系。在社会认知中对意图的认知成为社会化过程中的重要认知部分,让儿童懂得人的行为是由内在的意图、动机所驱使的,这为儿童形成责任心和道德感提供了必要的基础。对社会事件的归因能力则成为儿童社会认知的另一个重要内容,是儿童对某一行为或事件的原因进行判断和推理的过程,这是儿童形成自尊、自信和成就动机,形成良好的人际关系和因果理解能力的重要基础。行为的原因一般可划归为两类,一类是行为主体的内部原因,主要指能力、态度、努力程度等;另一类是外部的情境、机遇、活动目标等原因。

皮亚杰认为儿童看待自我与他人的方式是由儿童的认知水平决定的。霍夫曼同样认为儿童的角色体验能力是儿童关于他人的知识不断增长的结果;塞尔曼则通过一系列两难的社交情境来说明"儿童只有能够区分自己与别人的观点,能了解不同观点之间的关系,他们才能更好地了解自己和他人"的角色体验能力发展受社会交往的影响的观点。

社会情绪是儿童社会体验的核心要素,情绪是儿童与他人沟通的重要形式,是交流情感、表达与满足需要、传递愿望信息的重要手段,情绪可以调节人际间的距离,情绪的产生与识别的过程是儿童自我调节与他人交往的双重过程。高级情感,包括道德感、理智感和美感的社会化是儿童社会体验的重要内容。道德感是指用道德准则来判断人的言论、行动、思想或意图是否符合人的道德需要而产生的情感体验。儿童的道德感呈现出从外部的、

---

① 周宗奎:《儿童社会化》,武汉,湖北少年儿童出版社,1995年,第42~43页。

被动的、未被意识到的情绪表现向内部的、主动的、自觉意识到的道德体验不断进行转化的发展特点。理智感与人的求知欲、兴趣、需要是否得到满足等相关，指的是人在智力活动中产生的情感体验。儿童生来就有探索的兴趣，并随着其年龄增长和从认知活动中获得的喜悦增多，儿童的理智感发展得更快。儿童的理智感发展经历了从简单的、表面的、不稳定的认识兴趣转向复杂的、深刻的、稳定的情绪体验的过程。美感则是从审美活动中获得的愉悦体验，儿童的美感发展表现出受事物外部特征认知的制约，同时也与道德感密切相关。

二、儿童道德体验的社会过程

儿童体验的社会过程主要体现为儿童社会化的过程，而这个过程中，儿童的道德发展和自我发展是实现社会化过程的两个决定性的要素，也是儿童在社会中生活以及与人交往的手段。因此，阐述儿童体验的社会过程就应阐述儿童道德发展和自我形成的过程。

儿童的道德发展就是作为社会个体的儿童受到社会道德行为准则的影响从而在儿童身上形成一定的道德品质的过程。儿童的道德发展主要表现为道德认知、道德情感和道德行为等的形成与发展。道德认知就是儿童将道德知识和对规则标准的认识和理解内化成为儿童自身的经验。皮亚杰认为儿童的道德认知发展是遵从"他律道德阶段"向"自律道德阶段"的固定发展顺序的。柯尔伯格则在充分实验调查的基础上对皮亚杰的观点进行了扩展和修正，并提出了道德发展"三水平六阶段"理论，获得了较为广泛的认同。后来艾森伯格设计了亲社会两难情境来研究儿童的社会道德推理，以补充柯尔伯格的两难故事不能考察出不同方面的道德判断的不足。倡导从亲社会行为的方向加以引导的儿童道德认知的发展，受到来自儿童家庭的教养方式、生活的社会环境以及电视等媒介传播的影响。

道德情感是由道德需要是否得到满足所引发的内心体验，主要表现为移情、良心、内疚和羞愧感等，其中移情既是对其他人情感态度的识别与接受，也是对他人情感状态的一种替代性情感体验反应。在移情中能实现帮助别人、进行合作和分享，是维系积极的社会关系的重要社会性动机因素，是人与人之间交流沟通的心理桥梁。霍夫曼等人按年龄增长和移情发生的顺序把移情发展划分为普遍性移情、自我中心移情、对他人情感的移情和对他人生活状况的移情等四个阶段。移情是随着儿童年龄的增长和认知水平的提升而由被动的、不随意的、不准确的情感转换为相对更具判断力的情感,使得儿童对他人的情绪状态及其原因能做出准确评估。内疚和羞愧是一对关联概念,当个人认识到自己的行为违反了内部道德准则时就会自责内疚;而当个人认为自己在一定情境中的行为违反了这种情境要求的或公认的行动标准时则会羞愧。两者既可因一个事件同时发生,也可单独发生。内疚和羞愧的外在表现范围会逐步缩小,这表明儿童对内疚或羞愧的体验在加深。

三、儿童自我效能的社会性发展

儿童体验的社会过程既是儿童自身社会认知、社会情感的内在增长的过程,也是儿童与社会中的人、事、物进行交往的外在技能增长的过程。儿童需要处理独立与合作、平等与竞争的社会关系,其中分享、合作是重要的交往技能,既表现出儿童的社会需要也体现儿童在社会中生存的方法和技巧。儿童正是在社会化过程中,尤其是在正规教育的引导下,逐步懂得基本的社会规则和道德准则,并获得基本的运动技巧、语言能力和思维能力的,在自理、自立中形成对自我的认识,表现出个性,而且也加深对社会的认识,提升了社会化水平。

社会学家把社会过程描述为合作、竞争、冲突、顺应和同化等五种状态,既包括了人与人之间的关系,也包括了群体与群体之间的关系。在本书中笔者主要描述个体体验的社会过程,因此只关注个人与他人之间的关系动态。这些动态是个体通过学习而在特定的情境中能有效地与他人进行交往时呈现出来的活动,也代表着个体在社会过程中存在的状态。五种状态可以划分为两类,一类包括竞争与冲突,是一种分化的社会过程;另一类包括顺应、合作和同化则属于协调的社会过程。

(一)强调协调减少分化

在儿童社会化的过程中,成人总是希望引导儿童多采用亲社会的协调过程,减少一些分化的过程。而这种引导是与两类活动的情境相关的。一种是合作性的社会情境,一种是竞争性的社会情境。在前一种情境中,体验主体与他人之间是一种促进性相互依存关系,双方的目标存在共同性或方向的一致性,实现自己的目标必须以其他人的目标达成为前提,因此需要彼此协调合作;后一种情境则是相斥性相互依存关系,体验主体只有在他人未能达到目标时才能达到自己的目标,他们之间是紧密联系的,但这是一种消极的相互关联。合作与竞争不是截然对立的,在某些场合中是可以同时存在的。

(二)合作与竞争增强效能

在社会交往中,合作与竞争是儿童社会化研究的热点内容。研究表明,儿童的合作行为发展是与其社会认知能力、自我概念和交往能力发展相关的,它们之间是相互影响、相互作用的。合作是个人与他人或团体之间为了实现共同目的而调整行动形成的联合行动。

有效的合作是需要一定的条件支持的,这些条件包括:(1)要有一致的目标。任何合作活动开始前都应有一定的目标取向是相同的,至少暂时是一致的,这样才可能在活动中劲向一处使,共同努力。(2)要有统一的认识并达成活动的规则。在合作中,只有合作者对要实现的目标和实现目标的步骤方法达成共识,对实现目标的社会规范和活动规则都认可,才有可能实现有效的合作。(3)要有良好的支持性的合作情境。在合作中不仅要自己努力,而且要让自己与他人的努力之间具有协调性,就需要在合作的场景中营造良好的理解、支持、信任等情境,选择适宜的空间配合距离和有序化的时间安排,使合作的人员之间形成一种整体的场域关系,这样易于激发内在的动力,投入更多的情感,才可能实现有效的合作。(4)要有基本的物质条件保障。合作活动需要一定的交往媒介和设备手段,以及交往的场所等才能开展,因此在合作中应及时准备好必要的物质条件以确保合作能实现。

竞争表现的是希望超过他人而使自己获得承认。在社会生活中,竞争无处不在,它既有激发起人参与活动的积极性的有利的一面,也有造成人与人之间隔阂的另一面。在教育中要充分挖掘竞争的有利性就需要对竞争活动提供正面的条件支持。比如,应明确共同的争夺目标,且这样的目标是重要且稀少的;还需要从思想上进行正确引导,要竞争双方理解竞争是对目标的争夺,存在对立的关系,但在竞争中应发挥自己的能力尽力去达成这个目标而不是消灭对方;最后,还应明确的是竞争是受社会规范、规则约束的,应具有理性,失去理性的竞争必然产生不良的后果,最终是不被社会接受的。

(三)冲突提升自我效能

除了合作与竞争这两种主要的社会活动形态之外,儿童的生活中,冲突也是一种常见的行为情境。在皮亚杰看来,冲突既有因为儿童个体已有的心理图式与现实之间的不一致而产生的内部冲突,也有因同伴之间追求权力相等而引发的外部冲突。不管是内部冲突还是外部冲突,都可能导致个体内部的认知冲突,从而使儿童需要协调与他人的合作关系,因此对儿童的认知发展具有促进作用。引发儿童冲突的原因是随着儿童成长的阶段和生活的环境变化而变化的,较小的儿童主要是由于对物品的使用和占有导致的冲突,也有因活动对象的某些动作或行为引起的,比如对方不愿意合作、对方有恐吓行为等;较大儿童的冲突就是对社会环境控制的反抗引发的冲突,包括观念、信念和动作等的冲突,这种冲突可与德国社会学家齐美尔的四种冲突类型中的第四种,即非人格的冲突等同理解,也就是关于思想、观念方面的冲突。

儿童体验的社会过程就是儿童形成符合社会主流价值取向的社会认知和社会情感,掌握一定的社会规则,建立起和谐的人际关系,形成积极的人际交往能力的过程,是儿童自我概念逐步形成并促进自我发展水平不断提升的过程。在这个过程中,儿童的自我概念不仅从身体上的转向心理上的,而且自我理解的意志力和调控能力增强了,形成了稳定的社会人格,建立起了具有融合性的自我系统。在这个进程中,正规教育起着非常重要的作用。

幼儿园和学校教育为儿童提供了发展的方向和实现发展的方法,拓宽了儿童的视野且提高了儿童的认知能力,对于学校之外的教育影响也提供了有力的规范和引导,因此儿童在正规的学校教育系统中能较快地获得群体化的发展。涂尔干从社会学的角度来阐述教育的目的时就表达了以教育来促进儿童社会化的观点,他说:"教育是年长的几代人对社会生活方面尚不成熟的几代人所施加的影响,其目的在于,使儿童的身体、智力和道德状况都得到某些激励和发展,以适应整个社会在整体上对儿童的要求,并适应儿童将来所处的特定环境的要求。"[①]这种观点影响了对儿童社会化的全面认识,但只强调了儿童被动社会化的一个方面,后来的贝尔等人在此基础上提出了"社会化双向性"的研究,意味着承认了人类主体意识的觉醒,承认了社会化过程中的人的主观能动性,所以迪梅恩提出"社会化过程就是通过文化内化建构人类主体意识的过程"。作为被动的一方面,儿童在接受社会道德规范、价值观念和知识技能的过程中,其主动性的高低是以主体意识的觉醒为前提的,主体意识越强,对社会道德规范、价值观念、知识技能的反作用就越大,儿童与社会互动的机会也就越多,反之则会越少,这种双向性都需要借助教育来有效实现。

---

① 马和民、高旭平:《教育社会学研究》,上海,上海教育出版社,1998年,第294页。

第四节　儿童体验发生的文化机制及其过程

儿童体验在文化之中发生必然受文化影响。正如社会学家吉登斯所言："没有社会，文化就不可能存在；反之亦然，没有文化，社会也不可能存在。没有文化，我们便根本不能被称为通常意义上我们所理解的'人'。我们将失去表达自我的语言，没有意识，我们的思考与推理能力也将受到极大限制。"

一、文化与文化机制

（一）文化与儿童文化的理解

英国文化人类学创始人泰勒认为文化是"包括了知识、信仰、艺术、道德、法律、习俗和任何人作为一个社会成员而获得的能力与习惯在内的复杂整体"，是人类精神生活的整体。文化对于人的影响既是显而易见的，也是潜移默化的。拉尔夫·林顿在《个性的文化背景》中把文化分为显在文化和潜在文化，前者指可以从外部把握的行为或作为行为产物的物质文化；后者指精神、心理的非物质文化。① 因为文化本身就既带有背景性的主观影响，又是基础性的客观存在，会对文化中的人产生强制性的、自然而然的影响。

站的角度不同，对文化的理解呈现多样化。广义的文化几乎涵盖了物质、制度和精神的所有方面，在探索文化本质内涵的研究中，一般认为文化是动态的、活的、人化的活动，而不是静止不变的机械物，所以通常将"文化物"作为文化的外部体现形式之一，而不纳入理论研究中。学术界偏好从分析文化特征的角度来理解文化，当前并没有一个让大家都满意的通用概念，而从特征上来分析的文化主要指的是："人类所特有的、经过人后天习得和创造的、为一定社会群体所共有的一个复杂的整体。"② 在中国古代思想中，文化具有"文治"与"教化"的含义，在现代学术研究中，常常将"文化"与"文明"进行对比分析获得对文化的认知，总而言之，文化的发展与人的发展是一致的，文化的实质是人化。也就是说"文化由于人而生成，人也由于文化而生成"③。因此可以说，探索文化的过程，也就是思考人化的过程。

① 庄锡昌：《多维视野中的文化理论》，台北，淑馨出版社，1991年，第358页。
② 郑金洲：《教育文化学》，北京，教育科学出版社，2000年，第2~3页。
③ 龙斌：《人的自我论——实践和文化活动中的个人》，中国人民大学博士学位论文，1998年。

探寻儿童体验产生的文化过程,也是探寻儿童如何在文化中成长的过程。儿童有儿童自己的生活,也便有了儿童自己的文化。卢梭眼中的儿童是独特的自己,不是小大人,儿童应该有儿童自己的样子,儿童当然也拥有自己的文化。刘晓东将儿童文化解读为:"儿童表现其天性的兴趣、需要、话语、活动、价值观念以及儿童群体共有的精神生活、物质生活的总和。"①内隐的精神生活与外显的文化生活汇聚成为儿童文化的存在状态。

二、儿童体验产生的文化过程

"人作为社会生物的发展,即形成人的关系、力量、能力和需要的全部总和的发展,才是文化的真正内容。"②儿童作为社会中的成员,其成长与发展必然是受文化的影响与塑造的。文化对人的意义就在于人在文化活动中全面提升自己的主体性,实现自我创造、自我发展和自我生成。

(一)文化传承与熏陶

儿童从降生之时起就处在社会环境中,无论是最初的家庭还是后来的学校和社会,儿童天然就具有社会性,在社会背景中逐步展开生物性成长和生理性变化,在不断成长与成熟的过程中,从原始的自然成长走向社会性文化分化。儿童以纯真的视角、天然的童心、追求童趣的本能,既获得了自然生命成长的史诗著作,又展现了天性与文化的契合,不断地通过探索、发问、游戏来获得儿童自己的文化。儿童泛灵性的认知让一切物品都具有了生命,儿童以天生的探索热情揭开了当下与历史的联系,对已经准备好的文化世界进行了解、适应和传承。

正如每代人都是生长在前人积累的社会资源与文化土壤当中的,儿童也是在吸取原有的文化成果的基础上成长的。这既包括儿童生活中受文化影响的家庭氛围与养育方式,也有儿童基于生活体验所形成的生活态度、生活方式与实践样式,并将其内化到意识、转化到行为当中去,一代一代地传递下去。就如大家常说的文化会扎根于每个个体,在个体身上留下或深或浅的烙印。

(二)文化顺应与融合

儿童以自己的思想与行为来建立属于自己的文化,这种文化是在形成

---

① 刘晓东:《论儿童文化——兼论儿童文化与成人文化的互补互哺关系》,《华东师范大学学报(教育科学版)》2005 年第 2 期。

② 〔苏联〕弗·让·凯勒:《文化的本质与历程》,陈文江、吴骏远等译,杭州:浙江人民出版社,1989年,第 59 页。

的过程中的，处于不断提升、不断完善的状态，需要儿童向已经成形的、稳定的成人世界学习，并借助成人文化中的价值理念和标准来发展儿童的文化。儿童生活在成人主导的世界中，对成人文化的神秘性和完整度感受越来越深，就会更热烈地追求成人文化，模仿、练习、跟随和顺应成人的标准，从口语文化向符号文化转变，从活动文化向理性的抽象文化转变。

儿童通过角色扮演来进入成人世界，通过穿着打扮来模仿成人生活，还试图模拟成人的语言表达和人际交往方式来拥有成人的文化特点。儿童在积极主动地向成人靠拢，向成人世界吹响探索的号角，吸取成人世界的信息，去顺应历史文化的要求和当下文化的规则，把文化适应与融合作为建立儿童文化的追求。

教育成为推进儿童适应成人社会、吸收成人文化并形成儿童自身的文化体验最便捷的路径。教育擅长对历史文化与社会主流文化进行提炼、概括，并以生动、形象且可接受的方式向儿童呈现，使儿童在真实的生活中找得到文化的实体，也能在模拟的幻象中感受到文化的精神力量。在教育的规范化导引中，儿童保持天性、追求自由，建立起富于创新的儿童自己和儿童文化。这也是为什么每一代人都有每一代人的特点。

（三）文化压制与冲突

当下的社会是以成人为主的社会，成人文化代表着更高级、更有权力的一方，必然会以主导的方式向儿童传递其优势的一面，这与向往自主、渴望独立的儿童之间就会产生矛盾。在成人想要确保其文化主导地位的情况下，为儿童专门设置的各种文化传承场所、实体或权威榜样，就成为成人文化压制儿童文化的标志，学校也就成了成人文化的传播场所，同时，也成为儿童反抗的主阵地。

学校依照成人的管理要求不断加强文化制度建设，而文化制度的约束主要是针对儿童的。教师是成人世界的代表，也是成人文化的代言人，他们建立起的行为标准与文化环境，既促进了价值文化的传承，也激化了成人文化与儿童文化之间的矛盾。儿童喜好运动、热爱游戏的天性被束缚在拥挤的教室中动弹不得，儿童在奋起反抗中获得文化体验的权力。

（四）文化交流与自觉

人对文化的贡献以及文化对人的人化作用都是基于人的实践活动的。作为实践主体的个人通过不同的文化活动使文化得以积累和传播，而在文化的积累传播过程中，人的本质力量得以对象化，个人才能成为文化主体并获得更多内在的权力,形成更多的文化社会关系,形成各种能力,不断产生需要并不断得到满足,从而形成有个性的个体。

儿童总是能积极地投入文化活动中,享受人类文化的多样性,主动吸收文化的精华,理解文化的差异,与不同的文化建立起交流与对话的友好关系,从中体会到文化本质的意义,对文化产生理解之情,能够对照自己与自然、与社会、与他人的位置,理解彼此之间的意义关系。这就形成了文化自觉。

三、儿童文化发生过程的特点

儿童文化发生的机制与儿童的独特体验具有紧密的关系,其发生过程的特点也与儿童的特性紧密相关。

(一)整体性

儿童总是以整体性的方式来认识和了解世界的,不仅对外界的事物是全面整体地把握,也将自己与世界融合为一体来理解世界,他们总是以不可分割的、主客交融的方式来感知世界和对世界做出回应。儿童也是多感官统合式地感受世界的繁杂性与多样性,正如加德纳在分析儿童的音乐智能时所强调的,儿童在听音乐和听故事时总是用摇晃的身体表示听的动作,或者用入迷、倾心地方式表示在听,大多数情况下是以身心交融的方式感受艺术的美,并表达自己的审美体验的。

在语言的学习中,儿童最初是从口语开始习得语言的,而学会说话之前是从听开始并带动所有感官一起来理解的。儿童口头语言的习得既受社会环境与文化背景的影响,更是儿童整体性感知世界的成果,正如乔姆斯基所惊叹的:"如果一个成人不得不在短时间内掌握这么多的语法规则,他的头一定要爆炸了。"

(二)直觉性

儿童对文化的感知,通常是自由的、浪漫的、诗性的。儿童总是跳出成人的标准、不以分类的方式来思考,常常是直接的、感性的、富于情绪变化的,以自己内在的情感需求逻辑、以事物外在化情感特点的方式来思考,即时又冲动。儿童用自己的语言来描述世界,用自己的方式展示对美的感受,用自己的行为来实践内心世界的思想。

儿童天生的直觉感知能力是超越成人的。在杜威看来,"儿童的世界是一个具有他们个人兴趣的人的世界,而不是一个事实和规律的世界。儿童世界的主要特征不是什么与外界事物相符合这个意义上的真理，而是感情和同情"①。儿童由于感情与同情的特点，对外界的感受是直接表现的，不需要深思与琢磨，因而是直觉性的。

四、教育推进儿童体验发生的文化进程

(一)教育在筛选和批判中推进儿童文化进程

在社会中教育是有效率的文化活动，因此在教育中看待人的文化发展过程就是关注文化的教育意义，也就是提炼出文化的精神要素为教育所用。文化的精神要素或层面可以概括为知识（包括经验）、价值规范和艺术等三个方面。教育所传递的文化必然是经过批判和选择的，不能把与现实社会发展不符合的观念与价值观传输给儿童。

教育与文化之间的关系直接影响儿童文化过程的进展和方向。一般来说，教育既是文化内容的一部分，也是文化中某些部分的具体表现，教育还是文化传播的一种有效手段，是直接联通儿童与文化的桥梁；文化又影响着教育活动的过程，不同的文化传统影响下的教育活动也会表现出较大的差异。

正如美国教育人类学家斯宾格勒所言，一定社会特有的文化传统渗透于社会生活的各个方面，强烈地制约着教育过程的进行和人们养育子女的方式。教育则发挥自身特有的育人功能，通过选择、整理实现对文化的反作用，保存和传递文化传统；又在整理和选择的过程中，因教育活动主体投入了新的价值观而赋予文化以新的意义，从而使教育过程孕育并创造出新文化，促进了文化变迁。②

(二)教育在文化改造中创新儿童文化过程

文化的积淀有历史性和阶段性，教育对文化的筛选与批判会受权力主体的意识影响而表现出一定的局限性。应以长远的眼光来挑选文化传递的内容，并以改造文化的魄力来创新文化的时代价值。在客观环境改变时，对文化进行适宜性的改革，使文化的内容与结构适应新的环境，在新的时代得以传承。这是非常有必要的，这样可以为不同时代的文化教育实践提供前提保障。

文化改造通过教育得以实现。教育是总紧跟时代潮流的，总是符合主

---

① 〔美〕杜威：《学校与生活·明日之学校》，赵祥麟等译，北京，人民教育出版社，1994年。
② 郑金洲：《文化与教育：两者关系的讨论》，《上饶师专学报》1996年第1期。

流社会的意识形态的,教育以合目的为目标对文化进行改造、实现文化的传承,坚持了促进人发展的目的,并顺应了人化与化人的趋势。儿童在教育中向成人文化学习,借鉴成人积累的文化精华,传递文化观念,发扬文化精神;同时,儿童也通过对教育的思考、回应、反馈,甚至是反抗,来展示儿童的心灵、天性、童真,以引发教育的改革与文化改造。

第六章　儿童体验的要素

对儿童体验的理解,既需要从整体上去把握,也可以从其内在的要素进行分析探寻。儿童体验不是无缘无故发生的,也不会无缘无由地消解,其存在与发生都需要背景和条件,在这些条件中必然就有一些可以探索的构成成分,其中最主要的部分就是儿童体验发生的构成要素。笔者将这些要素概括为"体验时间、体验空间、体验主体、体验情境、体验场域"五个方面,它们既各具特点又相互依存,共同促进儿童体验的发生。

第一节　体验时间

日常生活中的"时间",一般指的是自然界的物质运动形态和社会生活的规约,可称为自然时间,具有方向性、可标度性、不可存储性和不可逆转性,不以人的意志为转移。而从人的存在与发展角度来考察的时间,是生命历程的呈现,也是人的生命周期与毕生发展的联结点,笔者将其命名为"体验时间"。体验时间既以自然时间为依托,又超越自然时间的特性限制,与个体的自我发展紧密相连,与历史、社会的发展紧密相关,既以自然时间的形态呈现又不同于自然时间,具有自身独有的特点和教育价值。

一、时间表征与标度

(一)自然时间与体验时间

时间是什么?无论是普通人还是研究者或者哲学家,似乎都沉浸于对时间的感受与体悟之中,而无法一下子表现出来。正如奥古斯丁所说:当别人谈论时间时,我们也会领会;你不问我时间是什么时,我倒还清楚时间为何物;当你真正问我时间是什么时,我想要说明,却茫然无解。①

一直以来有关时间的研究都表现出二元论的倾向,大概有四类。第一

---

① 〔古罗马〕奥古斯丁:《忏悔录》,周士良译,北京,商务印书馆,2017 年,第 258 页。

类是存在说,即时间是否是真实存在的? 是一种客观存在还是主观存在? 如果是客观存在的,那是否会以物的形式表现出来呢? 如果是主观存在的, 人们又是如何去把握时间的呢? 第二类是形式说,即时间是可视的还是隐藏的? 时间究竟是运动的还是静止的? 第三类是标度说,即时间是可以度量的,还是无法度量的? 时间如果是可以度量的,是否可以储存呢? 第四类是方向说,即时间是正向的还是反向的? 是可以逆转的还是不可逆转的? 时间是单向度、一去不复返的还是循环往复的?

科学家们在时间存在的形式与属性上一直争论不休。牛顿提出"绝对时间"的观点,以证明时间具有客观性;亚里士多德提出"时间是运动的数",认为时间是"运动与运动持续量的尺度"。[1] 爱因斯坦则提出"时间具有相对性",认为时间并不是绝对意义上的存在。无论是单独提出时间的概念还是概括出时间的属性,对于我们而言,最需要的是如何去认识时间、理解时间和把握时间。

神学家奥古斯丁就从时间把握的角度提出"时间的本性是用心灵来度量的",真正存在着的并且能把握的不是"过去、现在和将来",而是"过去的现在、现在的现在和将来的现在",将时间分为过去、现在和将来是不准确的,准确地说,时间应该是"过去的现在(记忆)、现在的现在(直觉感受)和将来的现在(期待)",是依据心理知觉和心灵来把握的。[2]

哲学家康德继续从时间理解的角度提出时间既不是自身存在的事物,也不是事物的客观属性,而是人的内部直觉感受,因为时间本身并不变化,起变化的是事物,我们是由于对事物变化的知觉转而以为是时间的变化。柏格森从直觉主义的角度进一步深化先前时间研究者们的观点,提出时间的本质就是绵延,是内在的、心理的过程,这与科学领域里"空间化"的时间是不一样的另一种时间,是真正的时间,真正的时间是活的、流动的,是主动的而不是被动的,是需要撇开一切外在的干扰而沉心去体验才能把握得到的。胡塞尔则认为,对于时间的把握,不能采用绝对的二分法,那样是无法把握时间本质的,因为真正对时间的理解,是有主观的方式和客观的方式,或者是外在方式和内在方式之别的,所以,用主客融合的方式来理解时间才能获得对时间本质的理解。

这些关于时间存在属性、形式、标度和方向等方面的研究,都试图以类

---

[1] 吴国盛:《时间的观念》,北京,中国社会科学出版社,1996年,第85页。

[2] 蔡英田:《时间的困惑——读奥古斯丁〈忏悔录〉》,《吉林大学社会科学学报》1997年第3期。

别划分的方式来把握时间。在笔者看来,无论进行何种命名和分类,都应从人与时间的关系——无论是标准化的测量,还是心灵的把握;无论是外在的,还是内在的;无论是主观的,还是客观的——去把握时间的本质。人与时间的关系的本质就在于人在时间中的行为和时间在人行为中的意义。由此,笔者认为应以是否产生体验作为时间类别划分的依据:所有外在于人的时间都统归为"自然时间",而与人的行为活动进行意义联结并使人产生"时间体验"的时间都统称为"体验时间"。

这里所说的"自然时间",既包括自然界的事物变化过程,也包含人类社会历史发展进程中被揭示出来的时间标度以及人们对社会生活行为节奏的群体性约定。自然时间具有方向性、可标度性、不可存储性和不可逆转性。自然界事物的变化外在于人的行为,是相对机械、稳定的过程,其存在形式和变化过程不以人的意志为转移,在自然时间面前人们通常只能去适应、去顺从,就如同太阳东升西落那样,对自然事物变化规律的时间把握有利于顺应自然要求。在历史的发展阶段和社会的演变进程当中,也同样具有这样的规约性,人们根据生产和生活的需要,对生活节奏进行的约定,成为测度社会性事件的重要依据,也是人们有秩序、有计划、有规则地参与到社会情境中、适应社会生活的要求。

"体验时间",简单来说就是特殊的自然时间,是自然时间中较小的部分,既以自然时间的延展为存在基础,又是对自然时间经历的反思、内省、感悟与理解,是对时间的体验。所有的时间体验点汇聚就构成了体验时间,是衡量个体价值生命的重要依据。

(二)时间经验与时间体验

朱自清在《匆匆》一文中,把经历过的时间刻画得十分形象:"洗手的时候,日子从水盆里过去;吃饭的时候,日子从饭碗里过去;默默时,便从凝然的双眼前过去。我觉察他去的匆匆了,伸出手遮挽时,他又从遮挽着的手边过去。天黑时,我躺在床上,他便伶伶俐俐地从我身上跨过,从我脚边飞去了。等我睁开眼和太阳再见,这算又溜走了一日。我掩着面叹息。但是新来的日子的影儿又开始在叹息里闪过了。"[①]

"洗手的时候""吃饭的时候"正是朱自清先生生活中经历的自然时间,他对这些时间进行分类标注,并在标注中感受到这些时间的消逝,再现了他的时间经验:过去经历过同样的时刻但现在已经不存在了。"洗手的时候"

---

① 新课程阅读研发中心编著:《朱自清散文集》,武汉,湖北教育出版社,2013年,第4页。

"吃饭的时候"看上去像是他个人的时间经验,其实不然,所有的人都会有同样的时间经验,这是因为宇宙万物都处在不断的变化之中,其中的一些变化具有周期性和规律性,人类用自己的智慧发现了这些规律,并且使用专门的标记方法将其记录下来,形成了可以传递使用的时间经验。例如,"日"这个概念实际上是地球自转了一周,古人采用"结绳记事"和"干支纪日"的方法展示的就是人类关于时间的经验智慧。人们还根据月亮的变化周期和地球上气候与万物生长周期变化,形成了"月""年"以及"四季"的计时方法,并且向两端延伸,不断创造出更小的计时单位(星期、小时、分钟、秒、毫秒等)和更大的计时单位(年代、世纪、千年等)。可以说,人们为了记录和标示出人类所感受到的事物变化而发明了"时间",这种发明的过程就是产生时间经验的过程。对自然变化的时间标记就形成了时间认知经验,对社会生活的时间标记并做出相应的行为反应,就积累了社会生活上的时间行为经验。

因此,时间经验就是对万事万物变化的时间认知并遵守其规律而做出的行为反应。对时间进行标定,既为自然界的万千变化提供了较好的记录,呈现出自然界变化的形态、规律和周期,更为人们的社会生活提供了"时机"的秘密。正是有像"一年之计在于春"的季节标度,才能使人们把握"春耕秋收"的时机,也就是"时间的机会",错过了时机,会影响事物变化的结果,这样才形成春天播种秋天收割的生产与生活经验,引导人们遵守自然的变化法则,知道什么时节做什么事,什么可以做,什么不可以做。把握时间的可标度性特点,还为人们的社会生活提供了规范尺度,例如五天工作制,既标定了劳动时间的周期性,也规范了劳动的时间制度。成人应保障每天有 7个小时的睡眠时长,这样更有益于健康,也显示出标准化的时间对于个人生活与行为的规范性价值。

但是,朱自清先生并不只是想通过一篇散文来展示他的时间经验,他真正想表达的是他对时间的反思,他对时间之于自己意义的内省,所以他真正展示的是他的时间体验。他所真正感叹的并不是那些可标定的时间经验,不是对"洗手的时候""吃饭的时候"的感叹,他真正感叹的是"我们的日子为什么一去不复返呢"!这些时间消逝却不再重来才最触动人的心灵!"是有人偷了他们罢:那是谁?又藏在何处呢?是他们自己逃走了罢——如今又到了哪里呢?"对于自己在时间上的无力无助,最令人苦闷!正如"子在川上曰:逝者如斯夫,不舍昼夜"的感叹,又如"昨日如那东流水,离我远去不可留"的遗憾,还有"少壮不努力,老大徒伤悲"的黯然。这其实是对生命的感叹,生与死的距离是生命的时间标度,对于死亡不可避免的恐惧更容易激发人们对生的时间有限性的感慨,既会对如流水般逝去的时间产生悲观的情绪,也会对未来的不可预料的时光充满期待。正是在这样的悲伤、遗憾、期待与热情的生命体验当中,彰显出时间体验的意义与价值。

时间常如流水般逝去,但又仿佛可以重现,这既可以体验得到,也可以标记出来,是因为时间既有不断向前的方向性,又是在向前之中不断地使事物变化的现象重复出现。由此可以概括出时间的方向性特点和事物变化的循环性规律。时间呈现的过程具有方向性,就像昨天、今天与明天一样,是有前后顺序的,以现在为参照点,早于现在的就是过去,迟于现在的就是未来。过去,意味着已经发生,现在表示正在发生,而未来则是即将要发生。经历了过去到现在,才会再到未来,过去、现在和未来是有顺序的,而且这个顺序是稳定的,是有方向、有轨迹的,现在不能早于过去,也不能晚于未来。正如泼洒出去的水,是不能再原封不动地倒流回盆里一样,时间的流动是一直向前的,是线性变化的,返老还童只能是幻想而不能成为现实。但是,以时间来考量的事物变化的现象是可以循环出现的,"春去春又来",各种事物变化的现象经过一定周期之后会再一次发生。正如冬天去了,春天就会来了,是既定发生的;燕子飞走了,还有再回来的时候;叶子黄了,还有变绿的时候;谷子成熟了,还有再次播种再次收割的时候,这样的规律是只要播种,就会一而再地重复着,日复一日,年复一年。所以,时间还有循环性,并且循环时间是可以标定出来的。也正因此,文人墨客才会既慨叹时光易逝、容颜易老,又会不断期盼"日出江花红胜火,春来江水绿如蓝"。

二、体验时间的生命价值

时间不只是人的生命的尺度,更是人的发展空间。[1] 无论从哪一种角度来描述时间,都不能脱离"人"这个主体。如果要强调生命中生存时间的普适性,就不能忽略生命处于社会环境当中的人文性。所有有关时间的研究本身,就是一种人义性的研究,都是对生命价值的探寻。"劳动创造了价值"是马克思劳动价值理论当中的名言,而劳动量的多少是以社会劳动时间来衡量的,实际上是人的时间创造出了价值。[2]

如果说"自然时间"概念的提出其实是为了标定时间的数与量,那么"体验时间"的提出,则既是对生存时间的度量,更是对生命意义的衡量,从这个

---

[1]　姚顺良:《"自由时间是人的发展空间"——马克思"人生时间"哲学发微》,江西社会科学,2011年第8期。

[2]　杨耕、赵军武:《关于"时间是人的生命尺度"的断想》,《学术界》,2008年第2期。

角度上来说,体验时间是对自然时间的意义化。以自然时间来测量生命时长表现出局限性,普适性的时间描述只能展示时间的存在、反映群体发展的走向,并不能彰显个体的生命意义,应以体验时间作为划分生命周期的依据,重视积累体验时间,因为体验时间是生命历程的关键节点,具有重要的意义,也有助于对有限的生存时间进行无限规划,成为毕生发展的重要支撑。

(一)体验时间是生命周期划分的真正依据

生命周期指的是从出生到死亡的过程,通俗地被概括为"从摇篮到坟墓"的距离。人们常用自然时间的记录方法来标定人的生命周期,从出生、成长、成熟、衰老到死亡的时间,就是一生的时间,而对其中的不同时间段进行度量,其结果就是年龄,不同的年龄段就是人生的不同时期。从时间出现的先后顺序来看,人生具有婴幼儿期、少年期、青年期、中年期和老年期等几个自然时间变化阶段。按照不同年龄段所集中表现的心理与行为水平,也可以将人生划分为不同的心理发展阶段,如弗洛伊德以身体不同部位获得性冲动的满足为标准将人格发展划分为五个阶段:口唇期(0~1 岁)、肛门期(1~3 岁)、性器期(3~6 岁)、潜伏期(6~11 岁)和生殖期(11 或 13 岁开始)。皮亚杰则从认知发展的角度将心智能力的发展分为四个阶段:感知运动阶段(0~2 岁)、前运算阶段(2~7 岁)、具体运算阶段(7~11 岁)和形式运算阶段(11 岁~成年)。从人与社会的关系角度,可以将年龄与社会角色进行联结,形成社会角色年龄周期,学生是处于学习期的人,员工是处于工作期的人,有经验的老员工则是已经工作过一段时间之后的人,等等。

以上是从人类群体的共性角度对人生的年龄阶段进行的时间划分,形成了不同的年龄段概念,这些时间概念带有普适性,对所有人都能进行类似的时间变化进程描述。时间可以标定人的自然生长时间与社会生活角色所处的时间点,反过来,自然生长时间与社会生活角色也为人类个体提供了特殊的体验机会,使得个体既要接纳自身自然生长所表现的时间印象,也要感受当下社会生活当中时间对自我角色的分配、制约和规范要求,还要受历史习俗的观念影响,对未来的时间进行规划。

在生命周期的阶段划分中,自然时间的阶段性划分有益于概括出群体的共性经验,提炼出共同的时间阶段特点,而且对生命周期中不同的社会角色进行划分,可以为不同的群体角色提供职责规范依据。但是,纯粹的自然时间在划分生命周期时也表现出明显的不足,一方面,自然时间的阶段性划分对丰富多样的人类生命进行单一的、模式化的度量,容易忽略个体的差异性和生命的鲜活性，不利于对生命丰富性的完整把握；另一方面，对生命周期用时长划分容易将复杂的社会生活与环境简单化，不利于理解同一生命阶段的不同社会角色的复杂性。一个人在某个年龄段可能集多种角色于一身而不是单一的角色，不能单纯从一个维度来测量，如不能简单地对一个10 岁的儿童说"10 岁了，已经是个大人了，应该明白这样做对不对了"。因为自然时间上 10 岁不意味着大，也不意味着小，取决于度量的参照物是相对于个体生存周期中的 10 岁之前而言，还是相对于其他的 10 岁儿童的能力水平而言，参照物不同其意义也是不同的。同时，用自然时间来测量生存时长则存在着更大的局限性，容易忽略社会背景与历史沿革的影响因素，而导致在一种理想的状态里去表现生命。例如大多数幼儿在 1 岁 2 个月时会独立行走，却也有一些幼儿早于或晚于这个时间获得这种能力，而对于在狼群或猪群中成长的"狼孩"或"猪孩"则更不可能以此为测量依据。又如人生似乎都是从出生开始，经历不同的阶段，最后衰老而亡的，但是个体生命也会因食物、环境、战争、疾病、意外等原因而死去，并不经过衰老的过程。

因此，在人的生存周期当中，应以体验时间为个体生命周期的划分依据。人的生命从来不是静止、被动的时间表象，生命总是处于积极的、活动的和意识之中的，总是主动地去感受时间之流逝、去参与事物变化的过程。生命虽然可以以自然时间为表征，划分为不同阶段，呈现生存的历程，但是真正的生命意义仅靠自然时间是表现不出来的，需要通过生命的主体及其体验才能领悟得到。生存时间总是以与生命相关的个体社会角色和个体所经历的事件来体现的，个体的生存时间虽然能以自然时间的年龄来划分为不同阶段，但是只有这些阶段中的重要时刻才能激发个体体验，产生了时间体验的时刻才是生命的真正意义点，这些重要时刻都是体验时间。正是在这样的时刻，个体有了体验，不仅理解了过去的和现在的时间，而且能对将来的时间进行规划，以一种更恰当的方式来安排生命当中的各种变化过程。

人生的各个阶段既然是以自然的年龄时间为基础，那更应与当时的活动环境进行匹配，人与环境相匹配的那个时间甚至比那个时间里发生的事件更为重要。从生命历程理论的视角来看，体验时间完全涵盖了生命延展的轨迹，集中记录了生命历程中的重要转变，并积累了重要事件持续影响时间[1]，能较好地反映出生命存续的状态。生命的主体是在体验之中实现生

---

[1]　包蕾萍、桑标：《习俗还是发生？——生命历程理论视角下的毕生发展》，《华东师范大学学报（教育科学版）》2006 年第 1 期。

命存在的意义的,这种意义就是主体体验自身存在与外在环境之间的一种意义联结,因此生命的周期就是主体进行生命体验的周期。每一次转变都是重要生命体验发生的时间,每一次持续的时间都是主体产生新的体验的过程。生命的意义就是对这些不同体验点与体验阶段的集合呈现,这样的体验点与体验阶段都是体验时间的要素,因此以体验时间来划分生命历程的不同阶段,更具有生命发展的意义。

(二)体验时间是生命历程的关键节点

体验时间既指对时间的感受与体会,也指对特定时间内的事件产生的特定理解,对其留下深刻的记忆,并持续影响将来的行为。从个体的生命历程来看,体验时间并不是生命历程的全部时间,而是其中一些深刻的、内在的、自省性的关键时间,可能是一段时间,也可能是一些时间点。个体能记住某个事件是因为在这个事件发生的时间激起了个体的情感或具有特殊的意义,才真正成为个体的体验时间。在这类时间中所发生的事情激发起个人的身体、心理与情绪情感的变化,并且引发了有代表性的行为与心理感受,就意味着发生了个体的时间体验,用以标记生命中的重要环节,具有重要的建构意义。例如在人类个体的成熟进程中,一些特定的年龄段所呈现的成熟水平就成为记录个体成长的关键时间,"三翻、六坐、七滚、八爬、十二走"即说婴儿在 3 个月时会翻身、6 个月时会坐起、7 个月时能滚动身体、8 个月时会爬、12 个月时可以扶立行走,这些月份都是身体成熟过程中的关键时间,是对个体生长时间的规律性记录,可概括成为带有普遍性的人类成长的共性时间经验。

在群体发展中,不仅身体的自然成熟时间有较好的时间标识,社会生活的时间也有明确的划分,不同的年龄段对应着不同的角色,参与不同的社会活动。一定的社会性事件必然与一定的年龄段相联系:少年热衷嬉戏、青年勤劳奋进、中年成家立业、老年安享时光。在人生当中有许多重要的事件,也因为与他人的经验相似而被当作人生当中的重要时刻,例如宋代洪迈在其《容斋随笔》当中把"久旱逢甘雨,他乡遇故知,洞房花烛夜,金榜题名时"称作人生的四大喜事,其中的"久、故、夜、时"都是时间词汇,表明这四大喜事的发生就是人生中重要的时刻。

但是真正有意义的时刻,是个体不仅从外在的行为上去经历过的时刻,也是从内在心灵上去感受过、理解过的时刻,这样以内省的方式所把握的时间都属于体验时间。"如果你在 1999 年新年除夕的午夜度过了非常愉快的时光,你一直都会拥有它们,因为那是时空中不可变的一个点。"而我们的思想就如同光,"当时间的某个时刻被意识的力量照亮时,它们就成为鲜活的画面了"①。这些时间是心灵理解和顿悟的时间,是发生了变化的时间,也是生命轨迹当中的重要节点。这样的节点既来自人的生命历程,也是联结个体生命与社会生活、历史事件的重要节点,它既受生命生长的自然时间制约,又受社会年龄角色的影响,也反作用于自然时间,使生命更具有意义。

体验时间的持续状态和变化是通过个体成长经历在时间体验上累积呈现的,展示生命历程在时间上的持续、分化与转变过程,"这种累积过程导致并维系后期生命阶段的个性与行为类型的长期延续性"②。正如一个幼儿生活在家庭之中,他仅感受到家人之间及家人与自己的关系,当他进入幼儿园时,他在幼儿园环境中遇到的人、事、物才能激发他理解他是幼儿园幼儿的角色。他在幼儿园生活的时间稳固了他作为上了幼儿园的幼儿的角色概念,成为他从家庭幼儿转变为幼儿园幼儿的角色的关键时间,这为他以后再从幼儿园的幼儿角色转变成小学生或其他社会角色累积了体验时间,为其后续的生命阶段提供了支持。

(三)体验时间是毕生发展的重要支撑

毕生指的是贯穿生命存在与自然成长的全过程,也是参与社会生活的全历程,毕生发展贯穿个体一生的整个过程,而不只是局限于一生中的某个时间,是个体终生适应过程的结果。③ 个体发展总是在一定的时间与空间之中发生的,个体总是在不断地选择、优化和弥补当中来调整自身发展与外在环境的融洽度,充分发挥个体的能动性,使个体的收获最大化、损失最小化,从而促进个体的发展。这些具有决定意义的抉择时刻就是毕生之中的关键时间,对这样的时刻进行的内省就是获得时间体验的时候。因此,自然时间影响毕生发展的长度,而体验时间决定毕生发展的高度。可以说没有体验时间的度量,是无法判断毕生发展水平的。

体验时间是毕生发展的重要支撑,就在于主体总是以主动积极的方式去把握时间,展示出能动性,主要表现在以下两个方面。

一方面,通过对自然时间的个性化反省,建立起自然时间与个体发展的关系,从中获得回顾性时间体验,从而累积出毕生发展的体验时间。例如笔者 2 岁还不会说话,但是当别人问我我的董大妈姓什么时,不会说话的我迈

---

① 〔美〕布赖恩・格林:《宇宙的结构——空间、时间以及真实性的意义》,刘茗引译,长沙,湖南科学技术出版社,2012 年,第 149~150 页。
② 江立华、袁校卫:《生命历程理论的知识传统与话语体系》,《科学社会主义》2014 年第 3 期。
③ 包蕾萍:《生命历程理论的时间观探析》,《社会学研究》2005 年第 4 期。

着蹒跚的步子奔向一只大水桶,并通过敲打水桶发出咚的声音以作"董"的回答。每当母亲讲述我所经历过但完全不记得的这个时刻和这类事件时,我的心中总是充满感恩:正是这样的时刻被父母捕捉到而让他们没有放弃我,不会以2岁还不会说话而把我判为哑巴,还能在我会说话之时给予加倍的欣赏与支持。同时,我了解自己成长之中关键时间缺失的经验,更加注重培养自己的语言表达能力,还积累了对自己孩子语言发展的耐心。通过对自己经历过的时光进行回顾与反省,从中获得新的感受与体会,并对原本不在意的时光进行揣摩、回味而生成了新的时间体验。这正是每个个体都时常在做的,这些时间也是能为个体的毕生发展提供支撑的重要时间。

另一方面,通过对社会生活的积极关注而将个体的生存放置在历史发展背景之中,并与社会性事件相联结,能较全面地看待自己,对待自己所经历的事情,从而积累起生存的丰富经验,提高生命的丰满度。个体总是在自然时间的生物性成熟上表现出不同的阶段特点,从而可以划分出个体的不同年龄阶段和群体的不同年龄层次。处于不同年龄的个人或群体总是受社会环境和历史背景的影响,而被赋予了带有类特点的心理与情感要素。正如生命历程学家埃尔德所言:个体在一生中会不断扮演社会所规定的角色或参与到一些事件中,这些角色或事件的出现顺序总是按年龄层级排列的。这就是说,个体的发展不仅具有自然时间的属性,还整合了社会角色和历史事件的因素,具有了时间尺度之外的社会性内涵和个体意义。

正是在把个体的生命嵌入历史发展的时间点和个体所经历的事件之中,这些时间才能在个体的生命中激发体验,留下难以磨灭的深刻印记,才会使主体能动地去选择时机;才能使体验时间与生命价值融于一体,能够突破自然时间的客观尺度,在有限的自然时间里创造出无限的生存时间,以有限的生活时间创造出无限的生命价值。鲁迅曾经说过,节省时间,也就是使一个人的有限的生命更加有效,也等于延长了人的生命。历代积淀下来的文明成果可作为证明。在这一点上体验时间既是个体的毕生发展的重要支撑,因为体验时间更强调个体性,正是个体在追求将客观的、自然的、外在的确定时间转化为主观的、弹性的、内在的自我时间中形成了体验时间,也是社会变迁的重要支撑。一代人的时间体验会产生共鸣,并突出过去、现在和未来时间上的变更、流逝状态,时间体验成为存在于每个个体内心并将绵延下去的记忆,形成每一代人的时间。

三、儿童体验时间的现实审视

研究体验时间有助于审视儿童与时间的关系,并从关系的分析当中判断儿童的时间效益。有效益的时间就是儿童当下生活中极其重要的时间体验以及经过合理规划的未来生长方向和生活节奏，也就是需要儿童积累足够的体验时间来促进自己学会占有时间、积累时间体验、管理时间和规划时间。

儿童在时间面前表现出无能的依赖性。儿童对时间的认知就如著名的斯芬克斯之谜所传递的那样：越多腿时越无能。斯芬克斯仅用"什么东西早晨四条腿，中午两条腿，晚上三条腿"这个提问就展现了"早晨、中午、晚上"三个不同的人生阶段。儿童处于生命周期的"早晨"，身体成长处于未成熟的状态，社会生活的范围尚待扩大，对时间的感受经验有限。例如在一项时间知觉实验研究中，测试 5～8 岁儿童对不同时距（3 秒、5 秒、15 秒、30 秒）的知觉能力，结果发现儿童对时间的感受均出现错误反应，"有的儿童不论对哪一种时距的再现绝大多数均做提前反应，而另一些儿童恰好相反，无论对哪一种时距绝大多数均做错后反应"①。相较于成人而言，儿童不仅在时间的认知上处于经验的启蒙与积累时期，在社会环境与历史事件的协调上也处于较低的水平。这使得儿童在时间面前从一开始就处于被动的地位，在自然生长和社会生活的时间经历中缺乏完整性，需要成人的支持与引导。例如在进食时间与种类上、在睡眠时间与时长上都由成人决定，而不是完全遵循自然法则：饿了才会吃、困了就应睡。儿童的吃与睡这类自然需求变成了成人交代的社会任务，儿童无法将"吃饭的时间""睡觉的时间"与自身的需求联系起来，无法体验到这样的时刻对自己的意义，无法享受吃饱睡足的快乐，因而无法主动去占有这样的时间。

儿童在时间管理上表现出受限的主体性。受时间体验依赖性的影响，儿童所经历的时间常常是被成人挑选好的时间，是成人标准下的有价值的时间，儿童不仅是被动地去经历自己的时间，也常常与自己的时间相割离。而成人习惯以自己的时间体验来管理儿童的时间，成人往往通过回顾自己的时间经验来规划儿童的时间，这样的时间规划往往源于成人所缺失的时间或基于当下社会环境中的时间认知，大多数情况下是从成人本位的角度来提出的外在时间规划，不是儿童自身的时间，因此无形中逼迫儿童脱离了自己的时间。

成人常常会考虑时间效益最大化，他们依据自己的时间经验和社会时间效率对儿童进行过度的时间指导与管理，导致儿童陷入任务应对机制之

---

① 黄希庭：《论时间的洞察力》，《心理科学》2004 年第 1 期。

中而忽略了时间体验的获得,缺乏对重要时间的意义理解,特别是被限制在规定时间内而造成了重要时间体验的缺失,这会影响儿童积累自己的时间经验。没有自己的时间体验,从而产生不了自己的体验时间。成人基于对成人世界生活节奏的理解,而将"时间易逝且一去不回""单位时间内的效益稍纵即逝"等观念转化为一种紧迫感,并把这种时间体验迁移到儿童教育当中,就会产生超前教育、过早教育、过度教育,无形中就会夸大学习时间的重要性而忽视儿童身体成长需要的时长,以彰显学习成效的书本学习、静坐默读的方式挤占儿童身体成长、游戏活动的时间,剥夺儿童积累自身时间体验的机会。剥夺儿童体验时间的做法只会消解儿童的体验,诸如在数学活动中一味强调获得数学答案,而不关注儿童思维过程,生硬灌输计算步骤的套路,在自然时间上是节省了,但也减少了儿童的体验时间,必然会剥夺儿童感受数学学习的意义,使其仅成为时间上的负担,使儿童不是期盼上学,而是期盼下课、放假、逃离学习场所。

四、体验时间的教育意义

体验时间是儿童体验形成的重要因素,对于儿童生存与成长具有重要的教育意义。

(一)让儿童进入时间,成为童年的主人,确立自己的时间

自然时间只能标示生命存续的长度,而体验时间才能彰显生命的意义,要让儿童过上有意义的生活,就要把时间还给儿童,让儿童进入自己的时间,亲自经历自己成长的全过程。应让儿童拥有活动时间的权力,享受身体活动带来的满足感和愉悦感。要顺应儿童思维发展的规律,以毕生发展的视角来看待儿童的成长,提供适度的教育指导与支持,而不应以超出儿童身心能承受的时间尺度来要求儿童,尤其不能禁锢儿童的身体、限制其好动的本性,而致其身体受损(发育不良、近视等),也不能使其心灵受创,而对正式学习产生恐惧和厌烦。还要让儿童亲历自己的社会生活,无论是获得成功还是体验失败,都让儿童自己去经历、去感受,让儿童自己积累丰富的时间经验,并在回顾与反思当中获得时间体验。

儿童只有占有自己的时间,才能理解时间的自我意义,成为童年的主人,儿童只有掌握自己的时间体验权才能真正积累起童年期的体验时间,才能为其一生的发展打下良好的基础。当然,儿童经历过的时间并不都是有意义的时间,只有体验到的时间才算是真正意义上的童年。缺乏儿童快乐

体验或深刻记忆的童年，是没有体验的童年，是面临意义消解的童年。[①] 教育对儿童体验时间的研究价值，就在于要把握儿童群体的童年时机，为儿童提供更适合的活动时间；既要遵循身体的成长与成熟的自然时间表，也要创设情境，引导儿童力所能及地参与到自己的时间中，对美好时光进行回顾，对重要的时刻进行思考。无论是在家庭生活中，还是在正规教育场所当中，抑或是在广泛的社会生活中，都应激发儿童把所经历的时间寓于历史发展的背景之中来认识、理解和把握。

（二）让儿童积累时间体验，建立体验时间库，规划毕生发展节奏

儿童只有在亲身经历自己的时间，亲心体会时间对于自己的意义当中，才能发挥时间主体的自主性和能动性，才会按自身的标准来减少不能体现自己生命价值的时间，而增加能够体现自己生命本性的活动时间，从而为全面实现生命意义创造条件。儿童常常不能准确感受和精准记忆经历的时间，但并不缺乏对时间的感受能力，自由玩耍、嬉戏的时间，与家人共度的快乐时光，一些特殊的日子、重要的事件都会给儿童留有积极的时间印记，会持续深远地影响着未来的生活。

现实中儿童最缺少的是时间体验的机会，不能自由自主地使用自己的时间，因而无法规划自己的时间。在儿童教育当中应提供机会让儿童积累自己的时间体验，因为体验到的时间都是生命中重要的时机，会在儿童心中种下力量的种子，为儿童的未来成长提供能量，为儿童规划长远的发展提供支撑。

（三）让儿童把握时间机会，形成健全的自我，抓住自主成长的时机

儿童对时间的感受常常是线性的理解，受外在环境的影响较大，在时间理解上呈现出较强的不稳定性，所以儿童常常满怀憧憬，总喜欢期待未来，缺乏对过去的回顾，难以掌握时间标尺下的事物变化规律，需要借鉴成人的时间体验。因为成人能够联合社会时间与历史事件来把握事物变化的周期性和规律性，常能以重复的眼光来看待时间，这也是为什么成人经常在成功之时期待下一次成功，在失败之后还能期待下一次成功的原因，而经过了自然时间打磨的老年人则更喜欢怀旧，怀旧并不只是回忆，而是期待美好的事情能重新再来，这样的时间体验都为把握时间机会提供了可借鉴的价值。

儿童只有在把握时间体验的过程中，才能把握"年复一年、日复一日"的

① 伍香平：《童年体验的追忆与童年的本质及其消逝》，《学前教育研究》2011 年第 8 期。

时间循环轨迹,才能将自己的时间体验寓于社会生活与历史背景中,调整和维持个体行为,积累自己的体验时间。儿童的体验时间具有促发行为和形成行动倾向的作用,也就是说,儿童能够结合所处的社会环境和历史节点共同提供的条件,通过主动地选择和行动来构建个体自己的生命历程。人与动物的不同就在于动物和他们自身的生命活动是同一的,而人形成了自我,具有自我意识,并且把自己的生命活动变成自己认识的对象,能支配自己的活动。儿童在体验时间中的能动性有利于形成儿童的自我意识并且促进儿童自我的发展。

(四)让儿童拥有时间洞察力,创造发展时机,提高成长的效率

儿童也正是在时间的体验之中获得了对未来时间的洞察能力,从而具有在现实生活中创造性地实现未来的能力。儿童的成长过程与探索社会的历程是连续的状态,会使儿童作为体验主体在时间的延续中不断累积起经验,以过去与现在的体验时间约束未来的时间体验,不断对过去与现在的自己进行剖析,从而重新认识过去和现在的自己,逐步形成对未来的规划,预测出未来是满怀希望还是黯淡无光的新的体验时间,衍生出对未来生活的心态。这种心态直接影响当下的努力程度,影响到个体对时间的洞察能力。儿童在不断探索中提升自己的时间洞察力,也在不断地练习自己的时间洞察力之中不断提升成长的效率。

儿童体验时间激发儿童的主观能动性和创新性。因为"我们对自己的将来都抱有各种各样的目标和希望并进行着努力,各人所设定的未来就操纵着我们现在的行动"①。儿童对世界万物充满探索兴趣和好奇心,喜欢观察事物的变化并试图捕捉其中的时间,这都使儿童的日常生活时间不可预估,他们总是在时间探索当中发现新事物,而让每一天的生活时间变得丰富而有意义。

第二节 体验空间

空间有自然空间、视觉空间和心理空间之别,体验空间就是这些空间的有机融合。自然空间首先让人想到的是由长、宽、高等组成的三维空间;视觉空间是人类可感知到的二维表象空间;心理空间是人类通过视觉感知自

---

① 郑涌、黄希庭:《自我同一性状态对时间透视体验的结构关系研究》,《心理科学》1998 年第 3 期。

然空间的主观表象,是一种文化或社会属性的空间感知。

一、空间的概念及其特征

(一)空间的概念及其类别

空间是什么?几个世纪以来,物理学家们试图从空间实在性与相对不确定性的角度进行研究,哲学家们在空间的意义上来来回回地探索,神学家们赋予空间以神圣的含义,文学家们对时空变幻纷纷抒发情感,心理学家们则从心理认知的角度去阐述空间的内涵。神学家代表亨利·摩尔认为不存在绝对虚无的空间,因为即便把空间中的物质全部清空,其中仍然充满着精神,所以空间永远不是"空"的。牛顿认为空间既是实体物质的存在,也是精神物质的存在,既有绝对空间,也存在相对空间;绝对空间是均质的和无穷的,是独立的存在,即便物质不存在了,绝对空间也还是存在的,只是不能通过感官来感知,但可以借助相对空间来进行测量。而从测量的角度来观察日常生活中的空间,则会发现空间会摆脱量化的困扰而具有了明显的相对性。我们用尺子去测量空间中的距离,标记的刻度可能是相同的符号,然而当我们使用的参照物不同时,所测量的距离是不一样的,也就是说用不同的标准测得的量是不一致的。

那么空间究竟是独立存在的物质实体,还是人为记录物理位置关系的语言概念呢?以莱布尼茨为代表的哲学派坚信"空间并不存在",空间其实就是用来描述事物之间相对位置的一种简单又方便的方法而已[1],物质是先于空间存在的,只有物质存在了,空间才有意义,如果物质不存在了,空间本身就没有独立存在的意义,空间存在的意义是为了显示物质的排列情况,所以空间本身是不存在的。他还举例说明字母表的存在意义就是为了呈现字母的排列顺序,表明 26 个英文字母的前后关系,并方便在字典中去查询罢了,如果字母不存在了,那么字母表也就没有了存在的意义。

从以上不同代表对空间的观点可以看出,当前对空间的理解呈现两大主要阵营,一个阵营坚持认为空间是具体的物质存在形态,就如同直接能通过视觉获得事物的存在状态的表象空间,或者像能够使用测量工具去测出长、宽、高的三维空间,这样的空间是可以被看到、感知到并且测量得到的。就如两个城市之间的距离能够被测量一样,这样的空间可以称为物理空间,

---

[1] 〔美〕布赖恩·格林:《宇宙的结构——空间、时间及其真实性的意义》,刘茗引译,长沙,湖南科学技术出版社,2012 年,第 32 页。

或者数学空间。另一个阵营则从价值的角度去考察空间的精神价值,赋予空间以人为的概念界定,使构想中的空间向人的经验世界投射,使空间具有反思的、内省的、个性化的意义,这样的空间被称为精神空间。然而在现实生活中,这两个阵营的研究者们越来越走向融合,研究物理空间的分析家需要了解各种观念,而研究精神空间的分析家也离不开对空间的物理感知。因此有人整合物质空间与精神空间,提出"第三空间"的概念。在第三空间里,"一切都汇聚在一起:主体性与客体性、抽象与具体、真实与想象、可知与不可知、重复与差异、精神与肉体、意识与无意识,学科与跨学科,等等"[①]。这种空间不仅包括了空间的物质维度和精神维度,还超越了物质与精神空间的制约,具有极大的开放性,同时具有解构和建构的功能。第三空间就是一个统一的整体,应该从整体上理解和把握,不能将其分割。

(二)空间经验的特征

地理与建筑学科对于研究空间经验具有启发性,从中可以概括出有关空间的几何化理解、空间视觉体验和体验空间等三个研究方向。

一是空间指的是一定边界划分的形式。[②] 这与我们日常生活中感受到的几何空间是相同的,是一种去除了体积外壳之后的物体,一种空间结构的呈现样式。正如亚里士多德所言,空间乃是一事物(如果它是这事物的空间的话)的直接包围者,而又不是该事物的部分,空间可以在内容事物离开以后留下来,因此空间与空间中的事物是可以分离的。[③] 站在这种角度上来理解的空间,无论是地理方位的理解还是具体物体空间形态,都是对物体边界划分形式的一种感知。在草原上感受到广阔的空间是因为天空与地面形成了一个边界,在大海上航行感受到方向也是因为有天与海形成的边界,在狭小的建筑之中那种空间的边界则会更加直接明了地呈现出来。

二是空间经验既来自对空间形式的知觉感受,也来自不同的视觉体验。对空间的知觉感受主要是通过身体在空间中触摸而感觉到的,身体置于空间之中才会形成空间经验,身体不在空间之中也可以通过移情的形式来获得对空间的知觉,而在这两种状态之中视觉起到了特殊的作用。一方面视觉为空间经验提供了动态与静态两种不同的感受。当身体处于静止状态时,视觉所感受到的空间和空间中的物体是一个平面的,所获得的空间经验

---

① 陆扬:《空间理论与文学空间》,《外国文学研究》2004 年第 4 期。
② 楚超超:《空间体验概念探源》,《建筑》2010 年第 4 期。
③ 〔古希腊〕亚里士多德:《物理学》,张竹明译,北京,商务印书馆,1982 年,第 100 页。

就如同得到一张照片一样,是一种整体的线面组合。而当身体处于运动之中,空间的位置就会发生相对变化,视觉感受到的空间就是在方向与位置上的连续变动状态,也就能从不同的位置、距离和方向上去理解空间,从而获得相对全面的、多维的空间。另一方面,视觉也为空间感知提供了较好的记忆经验,更有助于理解空间。视觉正常的人与盲人对于悬空于半山腰的玻璃栈道的行走体验是不一样的,视觉正常的人透过玻璃看到了空间距离,从而会忽略掉脚下踩的玻璃,产生身体悬空的空间错觉,继而产生会掉下去的害怕情绪;盲人则主要通过身体的触觉来感受行进的空间,通过脚踩玻璃带来身体安全的体验。

三是将感觉和精神投射到空间之中,形成体验空间。这种投射既表现在空间设计上,也表现在不同建筑所要表达的空间感之中,反映了人对空间的抽象理解能力和对抽象空间的把握能力。人是直立行走的,其视觉空间既有水平方向的感知,也有垂直方向的深度知觉,因此在空间投射中既进行空间的水平拓展也进行空间的深度延伸。这种拓展和延伸反映在建筑设计当中就是一种空间的创造,通过创造空间来完成人的情感在空间中的投射。体验空间以空间经验为基础建构而成,并在视觉的支持下,整合身体所处的周围空间的感知、观察和运动所形成的经验,将周围空间与个体的身体进行互动联系而形成空间理解。一方面将对空间的直觉经验投射到实际的空间之中,形成新的空间感知;另一方面对所获得的空间感知进行建构,使其在比例和方向等方面呈现出新的几何样式,从而带来新的空间感受和空间想象,形成空间理解。

相对于形式空间和视觉空间而言,体验空间是对单一的绝对空间或相对空间的一种突破,它既是一种由"不同范围的社会进程与人类干预"形成的产物,又是一种反过来"影响、指引和限定人类行为与方式"的力量。[①] 身体是体验空间建构的重要条件,在梅洛-庞蒂看来:"我的身体在我看来不但不只是空间的一部分,而且如果找没有身体的话,在我看来也就没有空间。"[②]而由身体建构的空间,不是纯粹物理性的空间,也不是感觉上的位置空间,而是一种处境空间。

---

① 文军、黄锐:《"空间"的思想谱系与理想图景:一种开放性实践空间的建构》,《社会学研究》2012年第2期。

② 〔法〕莫里斯·梅洛-庞蒂:《知觉现象学》,姜志辉译,北京,商务印书馆,2001年,第140页。

二、体验空间的内涵与特点

(一)体验空间以身体尺度为背景依托

体验空间不同于一般意义上的自然空间,也就是不同于由点、线、面组合而成的、可以通过不同的测量工具度量出来的几何空间。对几何空间的了解主要侧重的是认知,对度量单位的认知,对空间大小的认知。而体验空间不仅强调对空间的认知,还突出人对空间的理解,并将人的感情投射到空间中去,人也从空间当中受到情感的激发,使得人与空间形成一种互相理解的关系。

体验空间是整合几何空间与身体尺度的空间,是整合理性认知与感性发现的空间。一方面要借助几何空间的测量方法,标注出空间的大小,从而获得空间数据,形成人与人之间的空间经验交流与判断;另一方面要借助人自身身体尺度与心理知觉,度量出人与空间的关系。因此,对体验空间的把握,既要以几何空间为背景参照,这样才能更好地理解体验空间的群体性差异,又要以个体的身体差异为尺度区分出不同的空间体验。

体验空间以身体尺度为背景依托,没有身体尺度就无法获得空间体验。"空间的生产开始于身体的生产",这是列斐伏尔的"生产理论"精华。在他看来,每一个具有生命的身体本身就是具有空间性的,身体也只能在空间中呈现出来,同时,空间也是身体性的。"整个(社会)空间都从身体开始,不管它是如何将身体变形以至于彻底忘记了身体,也不管它是如何与身体彻底决裂以至于消灭身体。只有立足于最接近我们的秩序——身体秩序,才能对遥远的秩序的起源问题做出解释。"[①]人的身体不是静止的物质,它具有理解与度量的知觉功能。人的身体对空间有天然的测量功能,人需要以身体为中心来获得对身体所处空间的感知与理解。这是因为身体自身具有测量功能,身体的很多部位都可视为随身携带且用起来又非常方便的尺子。很多人都习惯将身体当作测量的工具,张开手掌,拇指与中指一撑就能测量脚的长度,按这个尺寸可以做出一双合脚的鞋子;伸展双臂就能得知一面墙的宽度或一棵大树的"腰围"。但是,身体的测量功能又是不同于一般的测量工具的,因为测量工具是约定的、不变的,一米的长度在皮尺与铁尺上,标定的是一样的,而人的身体大小是不一样的,所以不同的人用自己的身体去

---

① Lefebvre H. ,1991;"The Production of Space", translated by Danold Nicholson-Smith, Oxford, Blackwell,405.

测量得到的结果存在差异。身体测量主要是一种不精确的估算，因此在生活当中身体的测量功能并不被用于精细的度量。

身体测量的本质并不是对其他物而言所具有的工具性的测量价值，而是在于对空间与人之间关系的度量，是身体在空间之中对空间的整体或局部所感受到的大小、长短与实际测量出来的空间大小、长短之间的对比关系。身体本身具有对空间的理解能力，才使得当人置身于某个空间当中时，会有宽敞或是狭窄的感受，也会激发其舒服或是紧张的情绪，形成一种心理知觉和体验。体验空间正是基于人的身体的这种特殊性才存在的。但要使体验空间稳定存在，必然要置身于具体的空间之中才能使人产生真实的体验。人也正是借助身体的测量功能才能较好地把握空间现象并利用好各种空间为人服务。由此形成的人体工程学总结出了各种建筑设计的空间要求和各种工具的最佳尺寸，以满足人的身体的空间感受。

体验空间是能激发起人的体验的空间。正因为体验空间是基于身体测量的空间，是源自自身处于空间之中的有体验的空间，因此体验空间总是能激发人的情绪情感，使人再次置身于这样的空间当中时会产生即时体验。这运用在建筑学当中，就是使用围合的方法，使人置身于建筑的内部空间当中，感受空间的功能、流线、趣味与美感，促使空间与人进行对话，要么注意力被建筑中强烈的透视景象所吸引，要么情绪被建筑传递出的氛围所激发，使得人的身心在空间当中获得强烈的体验。例如，置身宏大的博物馆当中立即会让思绪游荡于历史的长河之中，不由得惊叹连连；又如进入一座教堂，立即会产生肃穆感。

"或许有时我们可能并没有敏锐地感悟到空间的意义，但是空间却时时影响并控制我们的精神活动。"[①]当空间所呈现出来的比例与人体所感受到的空间是相同的时，人就会对这样的空间环境、功能和内涵产生亲近之感，从而会不由自主地追随空间的引导，不断地进入空间内部中。人对空间的认识主要是通过视、听、嗅、触、味等五大感觉来获得的，其中视觉是最重要的空间认知感觉，也是最容易受空间影响的感觉。基于对人的身体测量的研究，才能获得不同的建筑理解，形成不同的建筑理念。建筑建成之后，就会成为一个稳定的场所，当人与这样的建筑接触时，无论是从外在的建筑全貌，还是进入建筑的内部空间当中，都会与建筑之间形成一种关系，这种关系表现为场域的力量，会影响人的精神。当人越愿意接受空间的场力影响

① 于苇：《空间的体验性》，《工业建筑》2005 年第 3 期。

时,就越能清晰地理解空间。

(二)体验空间是身体实践的亲历空间

体验空间具有表征性。胡塞尔的"生活世界"是一个先验的、主观的、相对的世界,是一个不断变换、无限开放的视域,是具有实在性的。而受工具理性和现代技术主导的工业文明的制约,生活于其中的人时常经受语言和符号的压制之苦,需要对生活事件进行反思与批判,对空间进行生产与再造。这个再造的空间是一个"他性"的空间,是不同于自然空间,也不同于构想的空间,是一个开放性的、能激发人们发现并获得新的可能性的空间,具有表征性,是"透过意象与象征而被直接生活出来的",也就是列斐伏尔的"亲历空间","是人们生活和感知的空间,是使用者与环境之间生活出来的社会关系"①。

体验空间是身体实践的、具有亲历性的空间。基于对日常生活世界的意义理解,体验空间是在空间的日常使用中建立起来的。身体总是处于生活世界的认知框架之中,构成社会生活的一个部分,又以主体性的地位参与到社会生活中,构建生产的空间性过程。身体实践在亲历空间中对生活世界重新排列、建构出来的各种关系,就是身体实践的空间体验,这些体验性的空间就是体验空间。要常去日常生活的空间中住一住,待一待,也就是亲自与那个空间建立起联系,这种亲历的联结,就成为体验空间形成的重要保障。受身体测量的影响和人对空间的心理需求,使得人所经历的并且体验到的空间,是赋予了意义和情感的空间。

体验空间带有强烈的主观性。这种主观性不仅表现在个体空间感知上,也体现在群体空间审美之中,不同时代偏好不同的建筑风格就是不同群体的空间审美意向不同。对距离的感知就是一个生动的例子。当要去一个从未去过的地方时,在出发之前,脑海之中会对两地的距离进行一个预估,在行进的途中,会通过计时或计程的方式来测量两地的距离,在到达目的地之后,脑海中留下这段距离的空间印象;当从这个陌生的地方再回到熟悉的出发地时,虽然计时、计程上的量是一致的,但是在感觉上,却会认为返程的距离要短一些,虽然我们看到计量的距离是一样的、用的时间也是一样的,却会产生在时间上快一些、空间上近一些的主观时空感受。

---

① 文军、黄锐:《"空间"的思想谱系与理想图景:一种开放性实践空间的建构》,《社会学研究》2012年第 2 期。

（三）体验空间的生存意义与规训价值

对空间赋予了生存的意义才使得体验空间得以产生，身体参与空间的主动性和被动规训，又让体验空间的教育价值得以彰显。

空间的真实意义是相对于人而言的，人与空间之间发生了情感互动，才使得空间对人的生活和存在具有价值。建筑空间中的合理设计会营造出艺术美感，从而使空间激发人的特殊体验。人如果与空间建立起良好的互动关系，就会自动产生体验效应。例如有的人喜欢在简洁的空间里深思，有的人则能在杂乱的空间中找到创作的灵感。一个相对熟悉的空间，更能给人以温暖的感觉，一个陌生的城市会让人心头涌起莫名的愁绪。充分利用空间的生存意义，让身体在场，参与空间构建的过程，则使得拥有体验空间变得可能。如果说房子（house）是实体的、物质化的空间，那么家（home）则是基于生活于其中的身体的经历、建立起意义关联的体验空间。

在生活当中，空间不仅能被人塑造、设计和利用，也能塑造和设计人的生活方式、生存价值以及情感。例如长久居住在狭小房屋中的人，习惯于归整好各类物品并擅长利用空间角落，而在广阔天地中成长的人，易于形成豪放的、不拘一格的性格。鉴于空间可以影响人的行为与心理体验，因此在惩罚性教育中，可以利用福柯所说的身体空间的受压制性特征①，用空间划分限制身体的活动或通过规定不同的封闭空间来实现对身体的改造；通过制定时间表、规定动作时间、限制身体动作等方式来控制身体，实现空间对身体的限制性功能。

三、儿童空间体验的特殊性

（一）儿童的空间知觉具有顺序性

对所处空间的认知与理解，是儿童具备的重要能力。通常儿童是以自身的身体为参照，通过生活活动或生活场景中的物体位置关系来认识和了解空间，并且获得空间知觉的。儿童对空间的认识了解具有顺序性。

从空间方位的理解上来看，幼儿对方位的认识和判断具有较为明显的顺序性，通常情况下是先理解上下，然后理解前后，最后才能分清左右。这一方面是由儿童的认知特点决定的，另一方面也受空间本身的复杂性维度影响。儿童在对空间的认知中，与成人有较明显的差异，儿童是以自身为参

---

① 〔法〕福柯：《规训与惩罚》，刘北成、杨远婴译，北京，生活·读书·新知三联书店，2003年第2版，第155页。

照,由此及彼地判断物体与自己的空间关系。随着年龄增长和认知水平的提升,儿童对空间方位的认知逐步过渡到以客体为参照,来辨别以客体为中心的上下、前后关系,但是以客体为中心的左右辨别一直都较困难。并且,幼儿在以自我为参照对其他客体的位置进行判断时,常常局限于离自己比较近的或面向自己的客体,对它们有较好的认识,对于大范围的、远离自己的空间方位判断误差较大。但是随着对空间位置的相对性和连续性的认知了解,幼儿也就能对离自身较远的空间上下、前后和左右有准确的判断。

从空间测量的角度来看,儿童通常是通过移动自己的身体来感知物体的位置、方向和距离等关系的。当儿童没有端点概念的时候,得到的大小、长短等空间数量都较模糊,借助标尺进行测量后也没有明确的概念。在认识了空间的连续性特点之后,儿童能够找到测量物的端点,就能使测量结果接近物体真实的距离与位置关系。

(二)儿童知觉的空间具有明显的年龄差异

3～4 岁的幼儿能够根据身体或周围环境中的"客体永久性"来进行空间方位的把握,"天与地"的方向是始终不变的,因此幼儿以此为基准来辨认上下方位是非常容易的,尤其对自己身体的部位、挨着或靠近自己的,以及正对着自己身体的物体进行上下的辨识比较容易,但对于变化中的前后与左右这类方位就难以把握。5 岁幼儿开始对离身体较远的前后、左右的物体方位有一定的识别判断能力,逐步理解方位的相对性和连续性。6 岁幼儿基本上把握了空间方位的整体性,能区分空间的相对性和连续性,对于围绕自身的左右方位也能较好辨别了。

研究表明,儿童在尝试测量空间的活动中,更倾向于选择标准的测量工具来进行测量。5～8 岁的儿童更喜欢使用传统的标准测量工具,"尽管刚开始的时候,他们只是把它当作非标准的测量工具去使用,或都使用不正确"[①]。儿童在表示空间时,通常喜好使用身体动作并配合语言来表现,大多是以估算的形式呈现,并且呈现的数值与儿童自身的空间标准量经验有直接关系。

(三)儿童的空间体验呈现鲜明的偏好

儿童对空间的独特体验常常表现出鲜明的偏好。有的儿童喜欢狭小的空间,喜欢待在一个小角落,去感受角落里的安全、秘密与趣味;有的儿童喜

---

① 史亚娟、庞丽娟、韩小雨:《儿童早期空间非标准测量能力发展研究进展》,《心理科学》2007 年第 5 期。

欢宽敞的空间，一到这样的空间就禁不住地想要甩开臂膀奔跑起来；有的儿童喜欢明亮的空间；还有的儿童喜欢鲜艳的空间。这都是儿童在体验中对空间的特别感受。

（四）儿童的体验空间充满趣味性

儿童喜欢的空间往往不是整齐有序的空间，而是变化的空间，在这样的空间中，儿童更愉悦，更热情，更有朝气。儿童在得到一个自己的空间时，也会用片刻工夫使其凌乱，凌乱的空间让儿童体验到空间的变化，富有变化的空间更能激发儿童探索的兴趣。尚未学会坐的儿童只能仰视着床的上方，那个空间是他的世界，因此他总是向上看；当他会行走时，他会四处去寻找、摸索，对每一个能进入的空间都充满好奇和期待；而当他发现空间其实并不是稳定的，而是可以随着自己的变化而改变时，他就会主动变换观看的视角，比如弯腰从胯下看一看：这个世界立即变成了有趣的空间。

第三节　体验主体

体验是人的体验，人是体验的主体。体验主体是身体与心理共同到场并且身心融合的存在。儿童在身体和社会性成长中都是自己的主人，应身体到场、亲心参与和自主发展，独立与自主是体验主体的基本特征，主动与自由是体验主体的权限，在体验中唯有主体到场并且具有自主、自由和独立性，才是真正的主体。

一、普遍特性与主体性的理解

要理解主体，需要先对人的基本特性进行回顾，了解人性论思想的主要观点，既需要把握普遍人性论，又要理解教育人性论的观点。因为普遍人性论限于陈述社会群体的共识，用于概念的表述；而教育人性论为了教育而述，用于指导教育的方向和进程。它们之间是不同的，任何教育实践和教育理论都有自己的人性论。

（一）人的普遍特性

当前对人的普遍特性的研究主要有认识论和本体论两种角度。从认识论的角度讨论的人性问题主要集中在人性的"善恶"上，有人性无善恶之分、人性本善、人性本恶以及人性兼顾善恶等主张；而从本体论的角度来讨论的人性问题，主要围绕人作为生物存在体、社会存在体及理性存在体等有关人所具有的状态及资质等展开,概括来说就是人的自然属性、社会属性和精神属性等三个方面。

1.认识论立场:善恶本性

在我国思想史上曾围绕"善"与"恶"的问题展开了激烈的争辩。孔子作为我国思想文化的先驱,在《论语》中明确提出了"性相近也,习相远也"的人性思想,但没有明显的善恶倾向,只是表明人都具有相近的或共同的本性。告子是性无善恶观点的主张者,他认为,"性无善无不善也"①。孟子对此观点表示反对,并明确提出了性善论的主张,认为"人性之善也,犹水之就下也。人无有不善,水无有不下"。他还进一步强调善是人的本性,是天生的,"仁义礼智,非由外铄我也,我固有之也,弗思耳矣"②。荀子则主张人性本恶,认为"人之性恶,其善者伪也"③。这种观点在民间生活中也有流传,比如管教小孩有句话说:"三天不打,上房揭瓦。""不打不成器"的教子之方也说明儿童普遍是内心存恶的。关于人性,在我国除了性无善恶、性善、性恶说外,还有性兼善恶之说,代表人有周代的世硕,汉代的董仲舒、扬雄、王充,唐代的韩愈等。④

在国外,因与我国的历史发展背景不同且受宗教的影响较大,故从善恶的角度来认识人性的观点出现顺序与我国有较大区别。例如,欧洲中世纪处于封建社会时期,为了宗教统治的需要提出"原罪"的谬论,"原罪说"就是性恶论的典型,认为人生来就有罪,教会要求人民应该相信教会,服从帝王的统治,否则就会予以最严厉的体罚。17世纪的英国思想家洛克提出著名的"白板说",认为人生来就如一张白纸,儿童天生是没有原罪的纯真无瑕的存在,根本不存在善与恶的问题。在18世纪法国资产阶级启蒙运动中,卢梭在《爱弥儿》中写的第一句话就是:"出自造物主之手的东西,都是好的,而到了人的手里,就变坏了。"认为儿童生来具有快乐、天真、自由的自然本性,但后来受历史发展和社会制度影响而变恶,表现出性善论者的倾向。美国教育家杜威站在实用主义的立场上,认为人性的善恶就是相对的价值判断,适当的教育都可以促成人性向善发展,算是性无善恶论的代表。

人性善与恶的不同立场直接影响着教育主张,因为教育者对儿童本性的不同认识,决定他们是采用儿童本善并向善还是儿童本恶并限恶的教育

---

① 《四书五经》,陈成国点校,长沙,岳麓书社,1991年,第117页。
② 《四书五经》,陈成国点校,长沙,岳麓书社,1991年,第115页。
③ 王先谦:《荀子集解》,北京,中华书局,1988年,第434页。
④ 陈瑛、林桂榛:《"人性"新探》,《南昌大学学报(人文社会科学版)》2002年第1期。

立场,即:"采取性善说,便喜欢自由的社会,因为这样的社会可以直接发现并发展人的善的本性。反之,若采取性恶论,便不免倾向于重视统制,原因在于必须抑止人性的恶。"①

总之,从善恶论的角度来看儿童的本性,所持立场不同反映在教育中的主张就有较大的差异。一般来说,持人性本善立场的思想家和教育者们都主张儿童生来具有向善的本性,应该顺应儿童的天性,挖掘其天赋,只要给予适当的教育即可促进儿童成长为一个符合社会需要的良民。而持人性本恶立场的代表们则希望通过社会制度和教育规则来限制和约束儿童的内心之恶,采用惩罚的方法减少恶的发展,使儿童成长为一个具有服从性的社会公民。

2.本体论立场:三种属性

从本体论的角度看,人是自然存在物、社会存在物和理性存在物三者的统一,因而一般意义上,可将自然属性、社会属性和精神属性等三个方面概括为人的一般特性。马克思认为人是一切社会关系的总和,由此得出社会性是人的本质特性,是人区别于其他物的根本。对于人的这三种属性的划分在不同的学术领域基本上都达成了共识。

首先,自然性是人的基本特性。它是人类在生物进化中形成的特性,是人的生理结构在千万年来与自然界交往的过程中形成的基本特性,如食欲、性欲、自我保存能力等。概括来说主要表现在三个方面。一是人具有自然的身体。"任何人类历史上的第一个前提无疑是有生命的个人存在。因此,第一个需要确定的具体事实就是这些个人的肉体组织,以及受肉体组织制约的他们与自然界的关系。"正如马克思所言,人是自然界的一部分,人直接是"自然存在物",具有与其他生命体不同的肉体组织,具有与自然界进行物质、能量、信息交换的自然物质基础。二是人具有自然的能力,拥有天生的自然力、生命力和物质力。人不仅是自然存在物,而且是生命的存在物,具有维持生命机体所必不可少的自然需要,以及满足自然需要的本质力量。三是人还具有自然的能动性与创造力。"……作为自然的、有形体的、感性的、对象性的存在物,人和动植物一样,是受动的、受制约的和受限制的存在物……"②因此,人是自然存在物与对象性存在物的统一,不仅作为自然物依赖自然界,还具有自然的能动性和创造性。这主要在于人脑不仅具有储

---

① 朱自强:《儿童文学的人性观》,《东北师大学报(哲学社会科学版)》1996年第1期。
② 莫放春:《马克思的"人与自然"和谐统一论——读〈1844年经济学—哲学手稿〉》,《当代世界与社会主义》2009年第2期。

存、输入信息的功能,还能产生意识,拥有其他低等动物所不具有的归纳、演绎、分析、综合和想象的能力,这些能力既是能动性的自然生理条件和心理基础,又促进人通过对象性活动去创造自然界,从而使生命得以存在和延续。通过创造物来满足自身的需要,是人满足自己需要的特殊方式。

人的自然性受遗传与环境的制约,通过遗传来维持人的种属特征,但在种属特性系统内部,又具有动态的、变化的特点,会受到能动的自然活动的影响而发生机能的变化、生命特征的变化,因此,人的自然性不是消极被动、静止不变的,而是随着科学技术发展和社会进步而不断地发展变化的。人的生命体征和体能、人脑的复杂程度及思维都在发生变化,尤其是随着社会科学技术的进步以及经济、文化、卫生等现代化发展,在人种学、心理学等领域获得了新的成就,其中脑科学研究的进步、生物科技的发展,使得维持与延续生命存在的水平得到大幅提升。据 2002 年《北京晨报》的报道,"中国青少年的平均身高,比 20 年前增加了 6 厘米,远远超过世界平均水平"。遗传在人的自然发展中的作用受科学技术的影响发生较大的改变,克隆技术就是最为显著的证明。进入工业社会以后,人所受到的人为因素的影响已超过自然因素的影响,所以表现出身高迅猛增长的现象。现在决定身高的因素中遗传基因只占三分之一,后天的环境条件占三分之二。这些都说明了人的自然性是在稳定中有变化和发展的,是能被人认识和优化的。

第二,社会属性是人的本质属性。马克思说:"人的本质不是单个人所固有的抽象物,在其现实性上,它是一切社会关系的总和。"①社会性是只为人所具有但不为非人所具有的属性,失去这种属性,人就不成为人,因而社会性是人的本质属性。人的社会性可从两个方面来理解。一是人总是社会群体中的动物,人的需要、活动、发展以及存在都具有社会性,离开了社会,仅有人的自然存在,是无法成为真正的"人的存在"的。狼孩的存在就充分表明,他虽然拥有人的遗传特质,也具有人的自然性特征,但如果脱离了人类社会,缺乏社会性交往,丧失了人的语言能力,就不可能成为真正的、普遍意义上的人。二是人生活于社会中并受社会环境、社会关系、社会制度等的影响和制约,也反过来作用于各种社会关系。人既是社会中的生活者又是社会的创造者,正如马克思所言,个人只有在社会中并通过社会才能获得他们自己的发展。没有人天生就是高尚的,也没有人生来就是向恶的,对于任

---

① 中共中央马克思恩格斯列宁斯大林著作编译局编:《马克思恩格斯选集(第 1 卷)》,北京,人民出版社,1995 年第 2 版,第 56 页。

何一个具有心智活动和意识的人来说,人类的社会环境造就了人的道德属性,形成了与当时社会相关的道德判断与道德行为。

人的自然属性与社会属性是相互联系,统一于人的。自然属性是社会属性的基础,社会属性是自然属性发展的动力来源。人在社会中生活,具有社会性、社会适应力与改造力。

第三,精神属性是人的高级属性。精神分析学派的代表弗洛伊德在其人格结构学说中提出"本我、自我和超我"三种构成要素,他使用这些概念说明生物因素和社会因素对人格形成与发展的影响,"本我"是与生俱来的欲望或原始的生物内驱力,即人的自然性;"超我"代表着人的理性或"意识",是社会规则的内化,两者之间形成的对立与矛盾需要"自我"来调节,个体人格发展的重要任务就是建立和形成"自我"。① 因此,精神性成为人性的必要组成部分。

斯普朗格从文化学的角度提出了自己的观点,他认为,所谓"人",就是存在于社会生活中活生生的体验着的"生命",一方面是生物意义的现象,一方面则是精神的"价值生活"。② 这拓展了我们理解"人性"的视野,即,人不仅具有自然属性和社会属性,还具有第三性——精神性,对理解文化中的人,理解文化教育中的儿童是很有启示的。王坤庆在《人性、主体性与主体教育》一文中也认为:"人性不仅包含自然性、社会性,还应该包含精神性。人性是这三个维度特性的综合。从现代人的发展来看,只在前两种属性上得到发展的人,绝不是健全发展的人。只有当一个人不断地朝精神世界发展、提升的时候,他才有可能更像一个人,才有可能在自主活动中更全面地占有自己的本质。"③

对于"精神性",有从文化学的角度,有从社会意志的角度,还有从人的主体性的角度来理解的,如认为主体性是联结人的自然性、社会性和精神性的主线,精神性是主体性的最后归宿,主体性包含精神性,因而可以以主体性来认识人的精神性,包括人的能动性、自主性和自为性。④

3. 本质论立场:主体性研究

除了认识论与本体论的角度外,有的学者还从本质论角度来研究人性,强调了人性的主体性问题。所谓"本质",是指一件事物或一个过程在生生

---

① 刘焱:《儿童游戏通论》,北京,北京师范大学出版社,2004年,第100页。
② 邹进:《现代德国文化教育学》,太原,山西教育出版社,1992年,第67页。
③ 王坤庆:《人性、主体性与主体教育》,《华中师范大学学报(教育科学版)》1997年第4期。
④ 王坤庆:《人性、主体性与主体教育》,《华中师范大学学报(教育科学版)》1997年第4期。

不息的宇宙万物及其有机整体中有别于其他事物、其他过程的内在基本特征。人作为一个完整的人所需要包含的整体性要素应有别于其他对象,因此研究人的特性就需要对这些要素进行本质的研究。① 本质论研究认为"人的本质应当是多维的",人的本质主要表现在八个方面。(1)人具有社会性本质。指人具有追求群体社会生活的特性。(2)人具有生物性本质。指人是一种生物体,具有一般的生存需求和欲望。(3)人具有思维和语言能力的本质。这是人与动物的根本区别。(4)人具有发展的本质。人可以通过教育发展各种潜能应对复杂的环境,进行有意义的创造。(5)人具有自我肯定的本质。人的自我是意识的体现,是人作为人的对象性存在。(6)人具有探究创造的本质。这指的是人的内在趋向,人只有在创造中才充分展示其存在。(7)人具有追求意义的本质。指人总在追求人生的意义,并受这种追求的指引。(8)人具有自由的本质。人崇尚民主,向往自由,自由的实质是自我选择、自我决定、自我追求、自我实现。

这些有关人本质的概括是比较全面的,抓住了人的本质的核心特点,对开展儿童本质研究具有启发和借鉴的价值。例如单独列出人的思维与语言能力的本质、探究创造的本质以及追求意义和自由的本质等,有利于探究儿童的本质力量。儿童天生具有思维与语言能力,因而教育需要顺应这种力量而施教;同时儿童具有探究创造的本质,适于开展以活动为主的儿童教育。但在笔者看来,这种本质论的研究存在一定的局限性和内在重叠性。这八个要素是站在不同的角度提出却采用并列的方式呈现出来的,以罗列的方式来呈现研究对象总让人觉得存在"挂一漏万"的嫌疑,却把人的本质力量与本质属性混淆了,把基础特性与衍生的特性并列起来了,故在逻辑层次上存在内在的重复,比如人的发展的本质与追求意义的本质,这两者就存在同义反复。

(二)教育的人性论

任何教育实践和教育理论都有自己的人性论,前面所叙述的"人的普遍特性"可以称作普遍人性论,普遍人性论与教育人性论是有区别的。普遍人性论限于陈述社会群体的共性,用于基本表述,表明人是什么,人有什么;教育人性论因为教育而存在,用于指导教育方向和进程,用于强调人应该是什么,人的价值追求是什么。因此,普遍人性论是适用范围较广的人性论,是与世界万物在横向比较中得出的,具有先天性、基础性和规定性;而教育人

---

① 冯增俊:《教育人类学》,南京,江苏教育出版社,2001年,第115~118页。

性论更强调人性的内在深度，是从人的纵向发展的角度来理解和把握人的特性的。普遍人性论更具有预成的意味，而教育人性论则更强调生成性。普遍人性论是教育人性论的基础，教育人性论是普遍人性论的发展。因此教育人性论必然受到普遍人性论的制约，但同时，教育人性论又有自己特有的立场。

1.教育人性论直接反映出普遍人性论的基本定位

对普遍人性论的态度不同，采取的教育方法与措施也会有较大差别。从认识论的角度抉择善恶本性时，教育人性论的立场直接通过教育的主张反映出来，选择人性本善就会在教育实践中强调顺从善性的发展，主张返璞归真，倡导内省反思、长善救失；而选择人性本恶则在教育实践中强调训诫和体罚。从本体论上看，人的自然性、社会性和精神性是教育人性论的基本取向，所以教育既要尊重人的天性和本能，又要规范、引导和制约人的社会行为，还应追求精神品质和素养的提升。而从本质论的角度来说，这更是教育人性论的最新立场和追求。

2.教育人性论是对普遍人性论的超越

人性论其实是研究人的生命中精神向度的学问。普遍人性论展示了人的基本属性，指出了人与他物发生关系时表现出的特征，是一种关系的范畴，同时，普遍人性论的重点在于揭示人性的基本规定性，揭示人与其他物相区别的全部特性，而教育人性论揭示的是人的本质规定性，着眼于揭示人与动物相区别的根据，并对人之成为人做出说明，教育人性论更强调生命价值的取向和心理的取向，这都是对普遍人性论的超越。

3.教育人性论正从预成人性论向生成人性论转变

引导人认识自己、把握自己和完善自己是教育的任务。教育人性论首先确认人的普遍特性，并坚持以此为基础，教育的对象拥有了先天的内在基础和发展的向度，教育的任务就是提供促进发展的支持，因此教育既应顺应自然性，又需要提供大量的知识和技术装备。教育的对象主要就是接受教育的人，为成为预定的成人做准备。这是教育的预成人性论。然而随着人本主义思想的发展，人的尊严、人格、价值和潜能受到了重视，教育的人性论取向有了许多变化。教育不应只是为了成为成人做预备，教育更应促成新的生成，更应促进人从人的本体存在提升到对人应成为什么的建构，更应推动人去确认自我的价值。这是教育人性论的变化，也是促进人发展的人性论依据。

（三）身体与心灵都是体验主体

体验主体首先指客观存在的身体主体。范梅南所谈及的"生存的感体"指的就是身体主体。因为身体是我们存在于这个世界的有形实体，但这身体不只是简单的物质存在，其本身就具有主体性。梅洛-庞蒂认为："在我们抽象地把身体看作是物质的一部分时，心灵与身体的各种关系是晦暗不明的，当我们把身体看作是一种辩证法的承载者时，这一关系得到了澄清。"①可见，身体本身既具有物的特性，是客观的存在，但同时，在人的整体性考量当中，身体也是主体之一，与心灵是契合的，同为主体。

身体主体具有独特性。胡塞尔晚年用"主体间性"来描述纯粹研究意识之间关系的转向，强调主体性的价值。梅洛-庞蒂则在此基础上，提出了"身体间性"，将"纯粹意识"从现象学研究中剔除，他认为"我与他之间的关系首先是一种原始的知觉关系，我在身体知觉中见证了他人的存在，他人也在身体知觉中见证了我的存在"②。意识退到后台，必须寓于身体之中才能"出场"，身体不只是肉体，而是"活的身体"，是知觉的主体，正是在"意识的肉身化"和"身体的灵性化"中摒弃了身心二元论，而建立起身心交融的身体。

心灵与知觉同在，彰显体验者的主体性。只有当人完全成为体验活动的主体时，体验才算真正发生，而体验发生时必然具备人在其中的必要条件。人在其中不仅是指身体在其中，还指心灵与知觉都在其中。这种心灵与知觉的能力就是心理能力，既包括人的活动，如人的意识，也包括内省能力、理解能力和概括能力，它们作为构成要素共同融合于体验活动结构中促进体验产生。在赞赏的目光中，我们会更愿意表现出优雅的行为；而在挑剔的眼光中，我们可能会更容易退缩，动作表情都不自然。体验主体正是在身体的在场和心理的在场中进行体验的。

体验主体在儿童身上表现出受限性。儿童作为体验主体具有其特殊性，身体体验占据了重要位置，这与儿童的先天素质与后天经验水平是紧密相关的。在意识水平不高，思维能力尚不健全的儿童时期，其感知和理解世界的主要途径就是身体活动，因此可以说，儿童是身体先于思维的，是用身体来思考的。

同时，儿童受其身体发育与心理成熟水平的限制，在体验主体的表现上

---

① 〔法〕莫里斯·梅洛-庞蒂：《行为的结构》，杨大春、张尧均译，北京，商务印书馆，2005 年，第 299 页。

② 杨大春：《意识哲学解体的身体间性之维——梅洛-庞蒂对胡塞尔他人意识问题的创造性解读与展开》，《哲学研究》2003 年第 11 期。

也呈现出年龄阶段的差异性：在 0～3 岁，儿童还是物我同一地来认识万物，尚不能区别出清晰的自我，在自我与他者之间常常会混淆甚至等同，可以将此阶段概括为前主体阶段。此后，儿童的自我开始分化出来并逐步认识到自我与他者的区别，能从自我的角度来认识自我的特征，还能通过比较来认识他者的特征，甚至能逐步站在他者的角度以第三人的身份来认识自我、评价自我，形成有关自我的体验。然而这时的体验具有较大的约束性、不稳定性、变动性，儿童的情绪变化大、心理波动大，受成人及外在环境的影响较大，常常处于肯定与否定的波动中，受到自身认识水平与外在环境的影响而不能自由地活动和体验，因此是受限制的主体。

随着儿童社会生活范围的扩大，受社会环境和成人世界的外在要求，儿童教育的思想、理念、方法，教育的过程、管理与评价，全部由成人依据成人的价值取向制定，忽视了儿童在教育中的主体地位，剥夺了儿童探索的权力，包办了儿童思考的过程，以灌输式的方法遮蔽了儿童成长的体验历程。此时的儿童，是作为缺失主体的一种主体存在，表现出在特定的环境中体验的主体缺席、被动在场和被动体验的状态。

二、儿童的主体特性

(一)儿童是自然人，具有自然属性

儿童具有自然性特点。儿童的身体虽然具有不成熟性，但却拥有巨大的发展潜能。儿童生来就获得了人的身体特质，因后天营养条件的改善，现代儿童的身高、体重、体能都较以前有较明显的提高。但是相对于成人而言，儿童的身体还处在不成熟的状态，不论是外在的形体还是内在的骨骼与组织都较稚嫩，各个器官都处于成长的过程中，还不稳定且易受伤害，因而儿童不能与成人承担同样的负荷。但同时，儿童的大脑发育过程也是儿童认知水平快速提高的过程，儿童期的大脑发育基本完成[①]，而且研究表明，在发育过程中大脑皮层受到的刺激越丰富，沟回越复杂，大脑就越聪明，这说明儿童期是教育的好时机，儿童具备学习活动的大脑条件；而且大脑左右半脑的功能不同，为不同的理性活动打下生理基础。心理学的研究也表明，儿童的身体成长和心智成熟都有内在的顺序，如果人为地调整或破坏这种顺序，不仅会给儿童带来身体的伤害，还会损害以自然性为基础的社会性和

---

① "幼儿期以前人类的大脑的重量就已经发展到成熟期的 80%，而在 9 岁左右就接近成人水平。"出自李丹主编：《儿童发展心理学》，上海，华东师范大学出版社，1987 年，第 35 页。

精神性的发展。

儿童先天具有依赖性，也具有天生的自然力。儿童生来具有顽强的生命力以及生存的本能，孩子一出生就具有吸吮和吞咽能力，会以啼哭表示需要未被满足，会以微笑来表示需要已被满足，还会通过吃各种东西来满足好奇，并不知畏惧地进行各种探索。但这些本能活动都以不自由为前提，从出生时的行动不自由，到生活和活动都依赖成人的帮助，表现出先天的依赖性。然而儿童的生命活动完全是自主的，儿童内在的生理系统和心理系统是天生的，儿童生而具有的自然力量，对自然界和社会生活具有好奇心、探索欲与向往，儿童好模仿且具有好动的品性，好游戏且具有丰富的想象力，因有这些力量，儿童更容易快乐、更容易满足、更容易适应社会生活。

（二）儿童是社会的人，具有社会属性

儿童具有社会性特点。儿童一出生就位于社会系统中，甚至是在出生之前就存在于社会关系中。儿童的出生调整了家庭这种社会单位的结构，并使以家庭为单位的社会关系变得更紧密也更复杂。一般来说，随着儿童从家庭到社区、学校及其他活动空间的拓展，儿童社会交往活动日益频繁，交往对象日益丰富和复杂，社会联系日益广泛，他的社会活动经验就会越来越丰富，对社会的认识会日益深化，参与活动的水平也会不断提高，儿童的自然性特征会逐步淡化，而社会性特征则日益明显。儿童会越来越乐于参加社会活动，越来越喜欢与人交往，尤其是与同龄人交往，而对比自己年龄小许多或大许多的人则越来越缺乏交往的兴趣。

儿童在社会生活中表现出的特性较为复杂，社会性是儿童由自然性发展而来的第二特性。日常生活和实验研究都表明，"婴儿一出生就带有一种指向人类社会的自然倾向"。"这种倾向首先表现为新生儿对于社会性刺激能够做出积极的反应。"[①]这表明儿童的自然性与社会性之间存在天然的连续性和密切的关系。

通常所说的儿童社会性是指儿童在自己的自然特性的基础上，与社会环境交互作用，在由自然人变成社会人的过程中，逐渐形成的并在社会生活中表现出来的社会需要、态度、价值观念、行为等特性。儿童的社会特性包含了社会性交往、社会性认知、道德情感与社会性品质等。儿童的社会性获得发展即儿童的社会化程度得到提高，儿童社会化涉及儿童的社会认知、社会性情绪、性别角色、道德、成就动机与成就行为等方面内容，以及儿童对自

---

① 周宗奎：《儿童社会化》，武汉，湖北少年儿童出版社，1995 年，第 270 页。

我的认识与发展。

　　儿童社会性与成人社会性的根本区别在于：儿童的社会技能在成人世界中表现出有缺陷，而且需要干预；儿童的社会性与成人的社会性对社会的功用存在较大的不同。儿童的社会性受到成人价值标准的限制与塑造，是儿童自然性的延续与调整。如向善的自然性让儿童在社会中产生了万物皆有生命且平等的观念，而无法认识到社会中的人有善与恶之分，无法准确地识别不同的行为。

（三）儿童是独立的人，具有精神属性

　　儿童具有精神性的基本特质。儿童既是一种自然的和社会的存在，也是一种精神的存在，儿童精神有其独特性，主要表现为儿童自主精神、游戏精神、自为精神等。自主精神主要指儿童的主动性和好奇心，儿童对世界充满着探索的欲望和丰富的想象，乐于自主地探个究竟，而忽略可能存在的不现实或危险性。游戏精神是儿童精神中尤其重要的一种特性，儿童就是为了游戏、因为游戏甚至是作为游戏而存在的，游戏成为儿童生活的基本方式甚至是生活的全部内容。自为精神与儿童的思维特点紧密相关，儿童受身体成熟进程的影响，在认识世界时表现出一定的顺序性，在儿童的思维中多以自我为中心，以自我的需要、主观感受和身体触摸作为行为的起点，万物因我而起、因我而在的思想在儿童的精神中得以彰显。

三、儿童体验主体的样式

　　自然性与社会性统一体现在儿童身上，使儿童在生活中表现出不同的行为，但就儿童的本质而言，其好动、好奇、好玩的特点却不受环境的影响，儿童始终表现为一个用身体探索、用行为理解、用情绪表达的体验者的形象，因此可以说，儿童的本质就是一个体验者。在游戏、学习和生活中，儿童具体地表现为一个游戏者、一个学习者和一个成长者。无论是以游戏获得快乐、以记忆和思维增长经验，还是以独立的存在获得生长与增值，儿童都是在活动中不断地伸展身体、心性，并形成一个个各具特色的心灵。

（一）儿童是游戏体验主体

　　游戏是儿童存在的方式，儿童正是在游戏活动中成长的。儿童天生热爱游戏，具有游戏情绪和本能。同时，儿童也是一个很认真的游戏者，不论是自娱自乐，还是群体游戏，儿童都会身心投入。儿童从游戏中体悟到的不仅有快乐，还有对生活的认识与理解，因此，游戏的过程就是儿童体验的过

程,也是儿童成长的过程。

儿童天生热爱游戏。儿童的生活可以用游戏来定义。儿童的全部生活可以说是如梦如幻,这些梦幻成为成长的方向和动力。游戏既是儿童生存的方式,也是儿童追求生存的动力。儿童的游戏现象是一个迷人的研究主题,学术界一直热衷于对游戏进行讨论,在教育学、心理学、社会学、人类学等各个领域都有游戏学说,不管是动物本能说、消遣休息说,还是剩余精力说、审美创造说,或者是其他学说,都围绕游戏与儿童的关系展开,即便是研究成人的游戏也会追溯探寻儿童游戏的渊源。

儿童不仅是游戏的狂热爱好者,还的确因游戏而生,具有天生的游戏能力。儿童可以不学自会,对游戏有一种本能的心灵相通。一件简单的物品,儿童可以将之变化为趣味无穷的游戏材料并玩得不亦乐乎;一个简单的动作,儿童可以将其变成具有无限想象的情境,并乐此不疲。为什么儿童与游戏之间的关系这样紧密呢?斯宾塞以"过剩精力"来解读,认为儿童天生带有剩余精力,需要通过游戏发泄出来,发泄的过程就是一种获得快乐的过程,因此儿童如果要不断地释放就要不断地游戏,这也使儿童总处于快乐之中。胡伊青加从文化学的角度阐述了"人是一个游戏者"的观点。席勒则将游戏性拓展到整个人类的特性之中,从追求审美的角度阐述人与游戏的关系。他认为人就是为游戏而存在,人只有在游戏时才是真正的人,游戏是人的创造力的自由表现,但只有成为完全意义上的人时,人才游戏,人在游戏中展示美的思想、心灵和追求。所以可以说,高雅的艺术审美活动是来自游戏的。

儿童游戏彰显其主体性。儿童进行游戏的行为表现得非常丰富,可以借鉴胡伊青加对游戏的文化界定来解读儿童游戏的核心特征,儿童的游戏呈现出六个方面的特征。首先在意愿上是"自愿的",儿童投入游戏是完全自愿的、非常乐意的,甚至是主动要求的,内在的需要。第二,在活动目的上,游戏是"消遣活动",儿童游戏没有其他功利性的目的,儿童投身游戏中就是为了高兴,如果说儿童游戏存在其他目的的话,就是获得蕴于游戏过程中的愉快感受。第三,游戏总是在"某一固定的时空范围内"发生的,儿童游戏经常是即时性的、当下的、随机的,只要有一个相对的时间和空间就可以发生。第四,游戏具有规则性,在游戏过程中,虽然游戏者都是自愿参加的,但只有"自觉"地活动才能确保游戏持续进行,因此,儿童游戏都是具有内在"约束力"的。第五,游戏的过程就是游戏的目的,游戏的过程就是情绪、情感产生的过程,也是自我与他人交流的意识形成过程,游戏以自身为目的又在展现自身中呈现活动全程。第六,游戏的结果也是寓于过程中的,过程中产生的情感是具有鲜明的色彩的,既有愉快感,也有紧张感,紧张过后仍然是高兴的、快乐的。

儿童在游戏中体验着人生,积累着经验,经历着生长,儿童是游戏体验者。儿童教育需要遵循这条规则并顺应儿童的需要,在教育中提供条件,让儿童充分地游戏,并有目的、有计划地组织表演游戏、智力游戏、体育游戏、语言游戏、创造性游戏以及艺术性游戏等多种样式的游戏,供儿童自由地、自主地、充分地游戏。

(二)儿童是学习体验主体

"儿童一出世就渴望学习。"[1]儿童天生就具有学习的本性,不仅在生命的头几年迅速提升自己的语言表达、概念化、社会性以及情感和动作能力,还积极参与到这些能力发展的过程中,积极探索、主动交流。儿童并不是被动地接受,而是从尚且稚嫩的时期就开始积极构建关于周围世界事物的概念和认识。因此,儿童不只是一个学习者,更是一个学习体验者,在体验中建构最有利于自身成长的意义。学习者表明的是儿童在学习活动中以知识或以学习为目的,而学习体验者则表明儿童不仅在学习中通过学习活动学习知识,而且会体会学习的过程与学习的意义。

儿童具有生而好学的本性,这源于儿童对世界天生的好奇心,愿意并且热爱学习。面对各种看到的现象、听到的声音,儿童总想知道那是什么,总想弄明白为什么。正是在学习探索的过程中,儿童理解、获得了知识,并且体会到自我、他人、他物以及整体之间的关系。

在教育体系中,儿童是作为一个学习者的角色存在的,但就儿童的本质而言,儿童首先是作为儿童本身而存在的。儿童自身的角色远比"学习者"的角色含义更为深广。在学习场域中的儿童,是以学生的身份存在于以学习为主要活动目的和活动方式的场域中,学习成为该场域中的主要内容,然而,就从人的角度看来,学习是处于第二位的,人才是第一位的,因而,在学习场域中,他们首先是"儿童",儿童学习首先关注的是"儿童对学习的体验"。

儿童是一个学习体验者,侧重表明的是:教育的过程不仅是一个知识、经验变得丰富的过程,还是一个情感生成的过程,也是心灵升华的过程。儿

---

① 〔美〕鲍曼、〔美〕多诺万、〔美〕勃恩兹主编:《渴望学习》,吴亦东等译,南京,南京师范大学出版社,2005 年,第 1 页。

童在学习中应获得全面发展,在身体与心灵的融合中获得增值,增长知识、技能,增强对学习意义的理解,领悟学习内容的内涵与自己成长的价值,能够在去除符号记忆之外获得情绪情感的体验。

(三)儿童是成长体验主体

与物性不同的是,人性具有不确定性、生成性。正如哲学家们探索的那样,对于一般物的认识我们只需要运用形式逻辑的方式采用辨别的方法即可认识一般物的本性,因为物的存在与其本性是同一的。而人则不同,人的本性虽然带有自然赋予的成分,但却主要形成于人的创生活动中,因此人性的发展永远没有完结,只有过程。"人之为人是自己创生活动的产物……人之为人的那个本质永远处于没有终结的创生之中,人始终具有开放、无定的性质,永远处于生成的过程中。"①因此,学习只是儿童开展创生性活动的一种手段,儿童的发展在不断创生中展开。学习是学生的天职,然而学生首先是儿童,儿童成为儿童的过程就是一种让儿童自主选择、灵性泛光、认识自我并自由生活的创生过程,即儿童的发展不是一个以学业成绩为核心而应以成长为主体的过程。因此,儿童是一个成长体验者,而不是一个学业成绩的背负者、受压者。儿童因其年龄特点和社会责任首先需要完成的是成长而非狭隘的学业。儿童应自主支配自己的成长并体验成长的过程,体验成长的过程意味着成长的目标、成长的方法、成长的内容、成长的过程等都由儿童自主探索,具有超越可教性,是儿童内省、内悟的,儿童体验是儿童成长的本质力量。

第四节　体验情境

人生活在时空交织的环境中,人通过对环境的感知、投入,与环境互动,形成人的思考、学习、交往、与环境互相影响的动态情景系统。简而言之,就是"情"与"境"的融合激发人的情境体验,富有体验的情境,是一种被赋予了情感的环境,是一种动态的时空交织的环境,融于情景之中,伴着心理情感参与而具有超越时空的特性。

---

① 高清海:《人的"类生命"与"类哲学"》,长春,吉林人民出版社,1998年,第18页。

一、情境的基本内涵

(一)"情境"的含义

"情"与"境"作为两个独立的词,各自都有丰富的含义。"情"既可以是描述事实的"情况、情形",也可以指人的"感情、情绪、情感";"境"既指事物环绕的边界,描述地方或区域,称为"环境",也用作与人有关的"境况、境遇",描述人的生活状态。因此,"情境"既指反映事物状态或存在状态的景象、环境,也指涵盖人类活动与情感参与过程的具体情况、情景。情境与环境都是指与具体活动或特定事件相关的上下文背景、事情发生与变化的前后情形,但是情境更倾向于有"人的、感情的"特点,是赋予了人性于其中的环境。

托夫勒在《未来的冲击》一书中将情境的组成划分为五个部分来进行理解。他认为,情境首先是需要"物品"作为物质背景来承载的,这个"物品"既可以是天然的早于人而存在的,也可以是由人来建设、构筑而成的物质背景。第二是"场合",指情境呈现或行为发生的时间与地点的结合,或者是呈现出的舞台。第三是"角色",当然指的是情境中的人,既可以是单个的人也可以是一批人。第四是"组织场所",情境总是在一定的社会生活背景中存在的,受社会组织系统的规约,因此要置于社会背景中来权衡其场所位置。最后就是"信息",指在情境中传递的各种概念、信息以及它们的来龙去脉。从这些组成部分可以看出,"情境几乎涉及与人发生关系的整个外部环境或外部世界"[①]。

不同学科对"情境"的理解与使用有所不同。文学界注重作品理解的情境性,一方面追寻文学作品创作的历史背景,注重对创作情境(物境、事境、人境)、当时创作条件的了解,又强调当下背景转换,形成相对适宜的作品解读;另 方面,注重通过文学作品来营造或传递情感状况,在作品创作中注重语词使用对情感氛围的烘托,从而激发起读者的情感共鸣。在戏剧表演当中,非常注重情境的营造,不只是在物质环境呈现上,更在氛围的营造当中,对戏剧人物的种种冲突关系进行不断再现,使观众从视听、心理上都能身临其境、身如其人地浸润于戏剧情节中,甚至将自己代入戏剧角色中,体会戏剧情境的魅力。心理学非常注重一定环境场合中人的心理状态,把情

---

① 芮必峰:《人类理解与人际传播——从"情境定义"看托马斯的传播思想》,《新闻与传播研究》1997年第2期。

境看作是能够激发人的情感、改变人的情绪、影响人的心理活动的特殊环境，并且始终把人置身于一定的情态中来理解，因此心理学中对情境的描述往往涵盖了人所处的时间、空间、场所以及相关的人物、对象、事件、情绪等多个要素，常常指能直接激发人的直接感知、引发行为变化的各种刺激物的组合。例如在学习理论当中，越来越倾向于从纯粹的认知学习向情境学习的转变。

教育领域对情境的理解与应用较为广泛。概括来说，主要有两种角度。一种是基于支持性环境营造的角度，强调以顺应主体性发展的方式来支持学习，因此要将无背景的纯粹知识习得转变为有情境的学习。怀特海在《教育目的》一书中认为，仅仅为了考试而学习的知识是难以解决实际问题的，那种仅在学校中学习且无法应用于实践中的知识就成了"惰性知识"①，对于学生的成长来说是无益的。要营造支持性的情境来促进学生的知识学习，不仅要注重学校情境的建设，更要结合日常生活情境来进行，因为学校情境常常是有一定目的、有计划的，且主要是针对学习者个体、侧重于与智力有关的知识技能获得，突出理性思考与抽象推理的学习，而日常生活情境则没有预设的目的，只有需要解决问题的实际需求，是偶尔性的情境化的学习，是具体的、真实的。情境成为推进教育进程的有益背景和支持条件，教育应注重在校内外利用生活情境、营造有益的教育情境来促进儿童的发展。

另一种是将学习者寓于情境中，在互动中学习，使主体学习具有情境性。瑞兹尼克在《情境认知与学习文化》一文中认为，知识本身来源于活动、背景和文化产品，是具有情境性的，知识的学习与运用也应该是在情境中的，学习者只有沉浸于情境中，与知识相遇、互动，才能真正理解知识并且掌握知识的运用。因为在情境学习者看来，知识也并不是完全不变的、抽象的对象，而是处于情境变化中的一种活动，知识本身只有在与人类行为协调中得到动态化的理解和应用才具有力量，才能使与知识互动的个体拥有适应变化发展环境的能力。置身于情境中，与环境直接接触、互动可以激发起主体的行动，也让"隐含在人的行动模式和处理事件的情感中的默会知识在人与情境的互动中发挥作用"，"当实践者必须处理不同情境中的问题时，他必须通过行动中的反思、建构、设计解决问题的新方法"②，因此置身于情境中的学习既能使实践者的默会知识得以应用和丰富，也激发实践者不断地反

①　王文静：《情境认知与学习理论研究述评》，《全球教育展望》2002年第1期。
②　高文：《情境学习与情境认知》，《教育发展研究》2001年第8期。

思并提升解决问题的实践能力。

（二）情境的类别

一般根据来源与使用领域来划分情境的类别。在《MIT 认知科学百科全书》中，将情境划分为物理情境、生态情境和社会情境三类，这三类其实都是基于心理认知学习的角度来划分的，这也符合情境与人相关的特征。纯粹自然的环境还不是情境，只有与人产生关联的自然环境才具有情境性。因此从教育领域来看情境，主要可以将其划分为生活真实情境和教育教学情境两大类。

生活真实情境指的是立足于生活世界，带有真实任务、与生活于其中的人产生互动关系的情境。胡塞尔作为现象学家的代表，对生活世界有较为丰富的理解，在他看来，生活世界既包括世俗的生活、日常经验，也包括自然事物；生活世界以人为中心并植根于人的主观精神。生活真实情境是基于生活世界的，是生活世界中片断式的部分，对于生活主体而言，大众化、持续性、常态下的生活情境，就是没有外在目的规划而自然进行的真实的情境。真实情境是打通知识或符号世界与生活世界的桥梁，以生活化、自由的方式为人提供知识与经验。当然，生活真实情境也是对生活环境的人为优化，使原本自由的生活富于真实的任务性，寓一定的教育目标于其中，让情境与人建立起联系，并且形成互动关系，才能让生活情境具有育人的价值。"昔孟母，择邻处；子不学，断机杼"，孟母三迁的故事大家都很熟悉，孟母择地而居就是主动对生活环境的优化，在断机杼中督促儿子学习，就是营造一种积极的情境。在专门的教育活动中，时常开展生活化教育，或者带着任务去观察、思考、判断和分析生活，开展生活数学、生活物理或生活写作类的活动，使得抽象的能力在具体的生活情境中得以练习、培养和提升。卢梭在《爱弥儿》中也描述过借助生活中的自然环境进行真实任务的情境教育案例。有一次老师将爱弥儿带到大森林中去感受自然景象，后来迷失了方向，却又急于回家，老师并没有直接告知爱弥儿回家的路线，而是提供了植物学中树叶朝阳生长一侧枝叶繁茂、背阳则稀松的提示，激发爱弥儿去观察、辨别、探索，最后找到了回家的路。[①]

教育教学情境的研究较为丰富，广义上讲，适于开展教育的真实情境或创设的情境都是教育教学情境。狭义的教育教学情境主要是指人为借助特定情境或借助技术手段创设的情境。受认知主义教育思想的影响，我国基

---

① 〔法〕卢梭：《爱弥儿——论教育》，李平沤译，北京，人民教育出版社，2001 年，第 238 页。

础教育过于注重认知能力的提升而忽视情感能力的培养,学校教育场所唯知识至上,造成了教育教学的狭隘性。自 2001 年启动新一轮基础教育课程改革以来,基于情意能力提升和创造力发展的教育观念得到普遍认同,情境认知、情境学习、情境教育的研究空前热烈,让学习变得更加有趣,让学习的知识变得更具实践应用价值,让学习氛围更富于情感性,这都是改革中的有效探索。其中,教学情境的创设也在各个学科有序地推进。有的从情境创设的材料与方式的角度,将教学情境划分为声像式教学情境、表演式教学情境、生活模拟式教学情境;也有的从情境创设的用途角度将其划分为想象式的情境、探究式的情境、问题式的情境、冲突式的情境等。苏格拉底的"产婆术"是典型的问题式情境教育法,他总是提出问题让学生思考回答,不断地追问、提出新问题,而不给出答案,让学生自己在问题情境中不断整合自己的经验、反思中发现自己的错误并自行纠正,最后得出合要求的答案。

体验情境按存在的状态可划分为真实的体验情境、创设的体验情境、虚拟的体验情境。真实的体验情境指与体验主体相关联的真实生活中的环境和社会关系;创设的体验情境是基于某些目的有计划地重新组织真实环境中的素材,改变其表现状态而形成的情境;虚拟的体验情境主要是存在于人的意识中的一些联想、臆想性的心理情境,辅助体验主体的心理移情。这与一般的情境类型既有相通性,又存在一定的差异,体验情境侧重于情感性、内省性、反思性的心理与环境互动关系。

二、体验情境及其特征

对情境内涵的把握有利于进一步理解情境认知、情境学习与情境教育。跳出学习论的维度来看待情境,以儿童为主体的视角来分析情境的教育意义,不难看出情境对于儿童的情感激发与互动作用,因此要对情境体验进行了解,才能进一步概括出体验情境对儿童体验的意义。

(一)情境体验的发生依据

情境因富于情感性和情绪色彩,且是具体生动的、活动性的场景,所以容易激起情境主体的情绪、情感、关注、体察、内省与反思,让其产生情境体验。其产生主要源于情感与认知的相互作用、情境的综合性直接影响、心理认知的有意注意与无意注意统一的过程。

情感与认知相互作用的关系越来越得到认可。情境是认知的基础,认知必然在情境中进行。在情境中,儿童易于将自己的情感寓于感知对象和环境中,利用情感的驱动力量,激发儿童与情境互动,形成身临其境的主观感受。在情境体验理论当中,情境中蕴含的情感对认知活动至少具有"动力、强化和调节"的作用。动力作用是从情感的积极方面来考察的,积极、健康、正面的情感对认知活动的开展能起到促进作用。教育需要在情境中激发学生积极、健康的情感体验,疏导或消除消极、负面的情绪影响,激发学生的学习兴趣,让其保持学习热情;并不断强化愉悦的情感体验,从而调节或引导学生的情绪,让学生以轻松愉快、积极主动的方式投入认知活动中。清晰的思维状态和有效的记忆能力又可以促进积极的情感产生,因此在情感与认知相互作用中可以促进情境体验的产生。

情境的综合性直接影响能引发人的体验。人类知识的习得与传承不能只限于认知途径,更需要在具体情境中通过直接感知和直接行动获得,而且有些知识以抽象的符号化形式呈现,在实际运用中才能真正理解其含义,理解知识并运用知识需要在情境中实现。情境总是生动、形象、直接的存在,儿童置身于其中时,不仅能使儿童直接以情感性的方式参与活动,而且能影响儿童的认知心理,为儿童提供丰富的感知对象,促使儿童的默会知识与情境中的形象达成一致,在直接互动中推进儿童相似性思维的发展,促进儿童在综合、直接的活动中获得认知和情感发展。

心理认知的有意注意与无意注意是统一的过程。意识是主体对客体所意识到的心理活动的总和,教育总是将重点放在引发儿童的有意知觉、有意记忆、有意注意、有意再认、重现和有意想象等方面。情境本身具有丰富的信息,因此在情境中进行教育活动,既可以激起儿童的有意注意,也可借助情境的暗示作用,激发儿童的情绪情感参与,形成无意识的心理倾向,让儿童情不自禁地调动原有的无意知觉、无意注意投入情境活动中,从而形成无意注意与有意注意的统一,产生情境体验。这也是李吉林在其情境教育研究当中经常采取的方法,即"用无意识导引有意识","用情感伴随理性"[①]。

(二)体验情境的特点

情境是特殊的环境,是带有活动性的过程,情境中有人和人的情感投入。情境也常常具有故事性和情节性,情境既可以源于生活的实际情景也可以是对生活的想象的呈现,因此情境不是单一的,而是综合性的整体,情境也不是静止的,而是互动的过程。情境本身有助于促进体验的产生,所有与人建立起紧密联系且促进体验产生的情境都是体验情境。体验情境是对

---

① 李吉林:《为全面提高儿童素质探索一条有效途径——从情境教学到情境教育的探索与思考(下)》,《教育研究》1997 年第 4 期。

所有能产生体验的情境的统称。使人浸润其中并与情境产生有效互动的情境，都是体验情境。它有效地整合了体验时间、体验空间，彰显了体验主体的核心地位，并且为体验场域的形成奠定了基础。

体验情境具有以下三个特点。

一是动态性。情境与情景不同，情景往往指的是一种场景，一个生活中的片断，一种背景性的素材或景观，是指特定时间与空间的组合，是一种相对稳定的、静态的，可以不与人发生联系的客观存在；而情境则是一种活动过程的连续状态，相对是比较宏大的，具有持续性，既是背景性的又将人纳入其中，是动态的，与人互动的。哈贝马斯提出了"情境理性"的说法，因为情境中嵌入了人类的理性，理性会随着情境的变化而变化。情境不是时间与空间组合的片断，而是人在某个特别的时空点上发生的认知与体验的动态过程。

二是意义性。在情境中的学习，是个体参与实践，与他人、与环境进行合作、互动、理解的过程。脱离情境的学习是无意义的，学习是学习者之间相互采取理解对方的态度来进行的充分的对话和交流。而学习也不只是一个个体性的意义建构的心理过程，更是一个社会性的、实践性的、以资源差异为中介的参与过程。在情境中，知识的意义连同学习者的角色与意识都是在学习者与情境的互动过程中生成的。因此情境具备完善学习者的身份、丰富生活经验、提升真实感受的体验意义。

三是生成性。对话的情境是具有主观性的，因为"一切独立于人的主观意识之外的客观因素，只有进入人的意识之后，或者说只有在被'主观化'之后，才能对人类行为产生重要影响和作用"。知识经验不再被看作是抽象的、去情境化的、需要传递的东西，知识本身是具有情境性、动态化、可互动、工具性和分散性特点的，应该是在人与人之间的对话、互动中生成的。克兰西在《情境学习指南》中认为，情境学习的本质是研究人类知识如何在活动过程中发展，特别是人们如何去创造和解释他们正在做什么的表征。人们在情境中产生的情感态度和认知活动，都具有生成性的意义。情境也因人的认知与行为参与而变得更加丰富且更具有变化性。

三、体验情境的价值

体验情境总是建立在一定的情景之上的。情景与情境之间是紧密相连的。两者都关系着人的情感，但又因"景"和"境"的不同而有不同侧重。①
情景是情境产生的客观条件和基础。情景是由客观时间上的"光景"和空间
上的"场景"共同构成的，当情景与人之间发生意义关联而产生一种情感氛
围时就诞生了情境，所以情景是情境的基础，情境是更为复杂的、意义化的
情景。创设体验情境首先需要提供必要的情景，在教育中可以将托夫勒所
说的五个情景组成部分"物品、场合、一批角色、社会组织系统的场所、概念
及信息的来龙去脉"②，通过生活情景再现、情景表演、角色扮演、语言激发、
图画再现、音乐表达等多种手段来提供给主体，让主体参与其中，生成情境，
让主体在这种由景生情、由情生智、由智生悟的过程中获得意义。

　　在行为自决前，人们总会对情境进行审查和考虑，对情境蕴含的信息进
行基于自我的思考和理解，这种定义情境的方式得到广泛认可。从这个角
度来讨论体验情境对于儿童的价值，主要表现在如下的三个方面。

　　一是对情境的定义带来相应的行为结果。依据"情境定义"的观点，"如
果人们把情境定义为真实的，那么它在其结果方面也就是真实的"。儿童善
于赋予世界万物生命，也喜欢把情境中的活动都当作真实的，因此习惯于把
体验情境都定义为真实的，能够真实地参与到情境中，产生符合儿童真实情
感的行为，所产生的结果也就是客观的、真实的。儿童在网上学习中体验到
远程教学中教师的真实存在，因此他们会认真对待环境中要遵守的规则。
儿童在游戏情境中最能说明其对情境的定义，为了游戏中的胜利可以拼尽
全力，因为他们把游戏情境中无形的结果当作是重要的、真实的，他们在游
戏中获得的情绪感受也是非常真实的。

　　二是个体的情境定义取向会影响其社会生活态度。每个人都有做决定
的能力，即便是低年龄段的婴幼儿都能根据外界的要求做出自己的选择。
因为儿童更偏向于以自我为中心来看待周围的环境，以自我利益优先的原
则来处理事情，在体验情境中容易感情用事、局部思考，造成认识的个人性、
片面性和短期性，容易影响儿童生活态度的形成和处事原则的建立。因此
我们需要通过教育搭建个人化定义与社会化定义之间的桥梁，使个人的情
境体验与社会情境反馈相一致，在融合协作中促进儿童获得正向的生活态
度。例如有的家长在家中营造出一种疫情下千万不能走出家门，因为门外
全是病毒，如果沾上病毒就会死掉，出门就要被警察抓走关起来的氛围，导

---

① 姜大源：《职业教育：情景与情境辨》，《中国职业技术教育》2008 年第 25 期。
② 芮必峰：《人类理解与人际传播——从"情境定义"看托马斯的传播思想》，《新闻与传播研究》
　1997 年第 2 期。

致年幼的儿童出现情境认知误差,而产生极度恐惧心理,缺乏对疫情正面的认知和对环境的正确态度,给儿童带来情绪上的伤害。这就是个体的情境体验与社会情境发展不同步而带来的不良结果。

三是要多利用体验情境的积极方面来弱化其消极影响。情境引发的情感既有积极正面、健康向上,给人以支持和力量的,也有消极的、退缩的负面影响。在儿童教育中,越来越多的人主张多给儿童一些正面的、激励性的鼓励,甚至有专家还提出表扬教育、欣赏教育,少用批评教育。实际上,不管是肯定表扬式的还是否定批评式的,都是带有"标签化"的教育方式,都需要在儿童的理解和社会的反应上达成一致,否则,一直处于欣赏情境中的儿童会缺乏耐挫能力,而长期在否定批评情境中的儿童容易自暴自弃,都不利于其长远的发展。

第五节　体验场域

在情境学习理论中强调的基于同一情境中的参与人所组建的学习组织,就是学习共同体。学习共同体围绕真实的共同任务投入情境中。共同体中的每个人都可以影响情境的进程并受到情境的影响,这就形成了一种学习场。如果说时间、空间、主体和情境的要素是针对个体而提出来的,因为体验本身是侧重于个体化的、主观的与情感的,那么在社会背景中来看待个人体验必然是要融入整体中的,而且社会群体的整体性体验是有阶段性与时代感的,是历史的与文化的。场域要素的提出,就是试图从整体性的角度来完善体验要素的体系。因此体验场域的提出就是对前面体验时间、体验空间、体验主体和体验情境的一种整合和超越,是对个体化的和社会化的发展的一种整合,是一种关系性的、整体性的视角。

一、场域与教育场域的理解

(一)场的含义

"场",是一个大家非常熟悉、经常使用且含义非常丰富的词。其含义主要有四个方面:一是指平坦的空地,场地、场所,是指具体的实物和地点,例如会场、操场、赛场等;二是指事情的经过或过程状态,常用作量词,例如场次、场幕,也用作表示过程的状态,例如上场、开场、终场、下场、散场等;三是描述活动范围、事情发生的地点或状态,例如逢场作戏、名利场、在场、当场、现场等；四是指物质存在的一种基本形态，具有能量、动量和质量，并且实物之间的相互作用是需要以这样的场形态来得以实现的，例如物理学上的电场、磁场、引力场等。

场域，首先是一种关系的呈现，是个体与个体、个体与群体、群体与群体在一定社会背景中的关系网络，各种社会现象并不是绝对独立的，而是一种共存于社会中的不同关系的存在。这种存在是客观的，且是具有结构不同的权力差异的存在。场域还是一种"共时与历时性的交融"，任何一种场域的形成都是具有内在规则并保持了运转的稳定性的，任何与该场域有关的活动、行为、事情都必须遵守场域的关系规则，否则就不可能发生或发生后也与场域无关。场域还以一种对立的竞争状态保持动态性，资本的优化、权力的争夺、禀性的迁移都可以引发各种斗争，带来等级性位置变化。场域也是关系的生成与再造，处于变化之中，并可更新。

（二）场域的研究

物理学领域最先进行场的探索与应用。指南针的指针自动指向北方，探测仪对埋在地下的金属物品发出提示信号，这都是因为世界上存在着看不到的"磁场"，并且"磁场"总是在发挥着作用。正如磁铁一旦靠近散落的铁屑，铁屑会自动以规则的弓形排列出来，磁场是无形的但是对铁屑产生的作用是确定的。物理学中的"场"指的是对物体在空间中的分布情况的一种全空间式描述，它本身既是一种特殊的客观存在的物质，也是物体的存在形式，因此它不仅具有空间的属性，还与时间相关联。如果物质的物理状态与时间无关就呈现出静态场，若与时间有关，则呈现为动态场或时变场。至今天为止，物理学家们已发现了磁场、电场、电磁场、引力场等各种"场"，这些场都能并且都在发挥着力量。

科学总是要与人关联起来才具有实用的意义，在科学家们研究探索"场"的同时，心理学家们也在努力将物质世界的"场"引入对人的行为与心理研究的"心理场"之中。格式塔心理学代表考夫卡认为，人的每个行动均被行为所在的场域影响，场域也不是单指外在的物理环境，还包括社会生活中的他人行为及相关的诸多因素。世界是心物的，经验世界与物理世界存在差异，心理场与物理场之间也不是　　对应的关系，受诸多因素的影响，对于同一事物，不同的主体给出的感受可以是不同甚至是完全相反的。心物场既含有个体的态度、欲望、志向和需求，也包括人类社会地理环境和行为环境。行为是产生于行为的环境又受行为环境调节的。考夫卡在解释行为环境的调节功能时，专门用一个案例来阐述心物场张力的价值，他以动物越过障碍取物的案例来说明有机体的心理活动是"自我－行为环境－地理环境"之间的动力交互作用的场,场中是否产生张力,直接影响行为环境对行为的作用。张力与对自我欲望的了解、对解决问题的预期、是否有真实的需求是直接相关的。

哲学本身就是贯穿于所在的学科之中的,其对"场"的关注是与各学科领域研究同步的,在对"场域"的理解中,它表现出更高的站位和整体性的把握,是基于整个世界的立场来进行抽象的、关系性的理解。因为在哲学中,万事万物都是普遍联系的,一切事物都是相互依存的,所有的人都不是孤立的个体,而是置身于互动牵扯的"场"中。

在社会学或社会心理学中,场域的研究更加明晰,以法国社会学家皮埃尔·布迪厄为代表的研究最成系统且影响最大。他很博学,是在融合了人类学、教育学、哲学、艺术、文学等多学科内容的基础上来进行场域理论的研究,并以社会学为基础拓展研究了美学场域、政治场域、文化场域、教育场域等多种类别的场域。布迪厄以场域为核心概念,结合资本与惯习的概念对其进行整体建构。他将场域定义为"由社会成员按照特定的逻辑要求共同建设的",以"生产有价值的符号商品作为集中的符号竞争和个人策略目的"的"社会个体参与社会活动的主要场所"。布迪厄关于场域的研究对本研究最大的启示是将人置于社会环境中,将个体的努力与群体的竞争之间的制度等级、文化资本、禀性、惯习等整合起来理解人的社会性发展的条件与可能性。例如在禀性的教育思考当中,原本指的是"一个人对自己这种社会地位的人能有什么样的机会和成功概率的期待和估计,这种期待和估计是许多他那个社会的成员所共有的,形成于长期的社会经验,代代相传,不知不觉地习为以常而成为一种不易改变的习惯"①。这对于儿童来讲,也因长期形成的社会角色定位与社会地位不高的自我评估,形成自己处于没有主观、不敢表达主张的禀性,在繁重的学业负担和个人的兴趣爱好中难有自己的选择权限。家长们也因社会氛围中的培优风气而增加了自己养育子女的焦虑,跟风送孩子去参加各种培训、支出超过家庭承受力的教育经费。

二、教育场域及其特征

布迪厄对文化社会学中教育的研究,将教育置于社会阶级、文化和权力的关系中来思考,认为教育制度是调控社会地位和特权的主要体制,这为学

①　徐贲:《教育场域和民主学堂》,《开放时代》2003 年第 1 期。

校在生产、传递和积累各种文化资本中提供支持,形成了教育场域的基本概念。因此,教育场域指"在教育者、受教育者及其他教育参与者相互之间所形成的一种以知识的生产、传承、传播和消费为依托,以人的发展、形成和提升为旨归的客观关系网络"①。

教育场域是基于社会学和社会心理学的研究而被单独提出来的,因此其既涵盖社会学中关于关系的特点,也具有自身教育领域的独特性,具备以上两个方面的特征。

(一)教育场域其实是一种关系的表现

教育场域是以社会环境、社会生活和社会关系为背景并寓于其中的理论阐述,其主要描述的是教育关系,是对处于相互联系的教育者、受教育者以及教育管理者之间的关系网络、互动性活动的探索,是对特定场所中的教育现象、教育活动进行分析、理解和再建的研究,是基于客观内容、融合了主观形式的统一体。

(二)教育场域能生产关系并进行关系再造

教育场域内争夺的不是经济资本,而是文化资本,这是由教育作为以育人为目的的文化活动的特性所决定的。知识成为学校、教师、学生、教育管理者追求、争夺、评价的共同资本,知识与权力结合就形成了文化权力,在不同主体之间的知识、文化的互动与反思,都是促进教育场域形成和保持其运转的重要力量。因而可以说,教育场域既促进文化知识的再生产,也通过知识文化而更新自身,还推进着社会关系的再生产,处于动态的、螺旋式上升的状态。而在这种状态中,必然存在着权力的不平衡,不同主体之间因占有文化资本、掌握文化权力的不同,而不断产生竞争,甚至是相互斗争的影响与制约关系,就如教育者与受教育者之间的"控制与反抗"一样。这种矛盾对立的主体关系状态,是教育场域基本的存在方式,也是推动教育场域更新的动力。

三、体验场域的形成

体验场域是在体验主体对时间、空间感知、体验的基础上,以置身于情境中的方式来对情境共同体产生影响并接受共同体的影响而形成自己行为的过程中产生的,是一种整体性氛围、一种互动性关系。

---

① 刘全生:《论教育场域》,《北京大学教育评论》2006 年第 1 期。

(一)体验场域中融合了时间与空间,体现了一种时空交织的关系

布迪厄以"场域"来描述社会现象和社会关系,因为在他看来,高度分化的社会里包含了许多相对自主的社会小世界,这些社会小世界就是各种不同的"场域"。在这里,"场域"是一个自成体系的社会空间而不是地理空间,不同的场域之间也是相对独立的,比如经济场域、政治场域、学术场域等都是相对独立且拥有自身的逻辑、规则的。同时,场域与具体的空间位置表达的场所不同,它不是实体系统,而是一个客观关系的系统,这个系统中的结构"可以被看作不同位置之间的客观关系的空间,这些位置是根据它们在争夺各种权力或资本的分配中所处的地位决定的"。因此场域如果被理解成空间的话,也是一种充满斗争的空间,在这个空间中存在着积极活动的各种力量,它们之间不断地游戏化运动,使场域充满活力,但这些场域也不是无限的,而是有界限的,"场域的界限位于场域效果停止作用的地方"①。正因存在界限,才能区分出不同的场域,才使大社会中存在丰富多彩的小社会。

(二)体验场域是个体与群体之间进行互动、对话的表征

正是在社会大世界中发生的与某个个体或团体产生关系的社会小世界,在人的发展中起着潜在的作用,它与人生活的存在空间相关但又不同于客观空间的具有时空交织特征的关系域。借鉴布迪厄的思想,可以把体验场域理解为,当个体进到场域中时,"即获得了这个场域所特有的行为和表达的特殊代码,这是他进入场域的必须交纳的入场费"②。而在这个过程中,"惯习"——布迪厄的另一个概念,就会引导行动主体将场域看作"一个充满意义的世界,一个被赋予了感觉和价值,值得你去投入、去尽力的世界"。体验场域为体验者提供的不是一个时空的客观环境,也不是片断式的情境,而是由它们与体验者的意义关联而建构生成的连续存在的影响关系。或者说是一种"幻象",它带来的是对特定的内容或形式的推崇,"比如在司法场中对公平或正义等神圣观念的崇信"。也就是说,体验场域相对体验的其他个体性的属性来说,是具有整体性或团体性的,体验场域中的某种价值取向或追求成为场域中体验者的行动方向,具有超验的属性,它使得体验者意识到"必须严肃认真地对待游戏,而自己的付出也物有所值"。

---

① 谢方:《"场域——惯习"论下的个体行动与社会结构》,《理论观察》2009 年第 1 期。
② 朱国华:《场域与实践:略论布迪厄的主要概念工具(下)》,《东南大学学报(哲学社会科学版)》2004 年第 2 期。

（三）体验场域是实践者在真实的任务和共同的情境中建构起来的实践共同体

体验场域是融合了场域理论和情境学习理论进行的一种探索性重构，是借鉴场域研究中的关系性、社会背景性、资本权力立场和惯习、禀性理解后，以情境学习中实践共同体的存在样式为启发进行的。莱夫和温格在合著的《情境学习：合法的边缘性参与》一书中明确提出，一种共同体的存在并不一定要全体参与者都同时存在，它可以是对活动系统的参与、对活动目的以及活动中人们行为的理解，以及对共同体存在价值的认同，从而成为一种相互影响的客观存在。每个参与者都接受共同体的真实任务，都认同共同体的利益追求，并且以一种稳定的社会关系或合法的角色参与其中。这在笔者看来就是形成了具有内在运转机制与长期维持动态变化的体验场域，它既在个体或多个个体的参与互动中保持稳定的结构，又具有内在的约束性和稳定的秩序，还能不断地调整和更新。

儿童在体验场域中既受到场域的整体影响，由场域中的价值追求塑造习性，并以习性的力量影响场域，反过来也影响儿童在场域中拥有的资本以及在场域结构中的位置关系，拥有的资本越多，在场域中越可能处于主导地位。这可以理解为在儿童教育的场域中，儿童所拥有的场域资本与其所占的结构性地位紧密相连，当以儿童为本的理念占据多数资本时，传递的灌输教育方法则会弱化甚至消失。

总之，体验的核心要素主要是时间、空间、主体、情境和场域五个方面，从理解儿童和支持儿童成长的角度，可以单独考察儿童对每个要素的体验状态，也可以从整体上把握体验氛围，体验情境中儿童的认知、情感、情绪，发现与解决问题的能力等发展的可能性。从确保儿童在教育中的主体地位、维持其学习与发展的主体性的角度，来理解儿童体验的特点，进而理解儿童，支持儿童亲身经历、亲自成长。

第七章 儿童体验的教育路径与策略

儿童只有对生活有真实的经历和真切的感受，才能体会生活的快乐；儿童只有在和谐的人际交往中活动，才能产生对自己的关爱和对他人的真实情感；儿童也只有在亲身经历生活、理解生活与自我的关系中才会领悟出生命存在的价值。就儿童的成长来说，教育只能为儿童的成长助力，而无法代替儿童成长，因此，教育应更深入地从促进儿童生成体验的角度积极提供环境、创造条件，输送儿童生长的养料，促进儿童自主、独立、快乐地成长。本着这样的思想，笔者尝试着在幼儿园教育中进行了一系列的探索，取得了一定的研究成果，并在一些幼儿园中进行实践，现从环境体验场建设、养成体验课程组织实施和体验式教学等三个方面的实践效果进行阐述。

第一节 体验教育环境的营造

环境是幼儿园教育资源的重要组成部分，是促进儿童发展的重要条件。幼儿园环境建设表现为两个方面，一个方面是幼儿园的物质环境，包括自然资源、物质设施、教学用具等的结构与布局，以及物质材料的色彩与形态的比例搭配；另一方面是指幼儿园的精神环境，包括人际关系、活动、氛围、制度、价值观等。物质环境源于物理空间中的自然物存在状态，具有潜在的教育价值，乌申斯基认为大自然是最强有力的教育人的手段之一，大自然对于儿童具有潜在的吸引力，并能赋予教育以活力；陈鹤琴在活教育理论中也强调了大自然的教育价值，认为大自然本身就是我们的活教材，儿童天生热爱自然、热爱活动，喜欢野外远足，这样的天性也契合了其对自然的寻求。但教育中的物质环境不同于天然的自然环境，带有人为性，因为只有与人的活动发生联系，自然环境才能成为育人的环境，只有当人运用自然物、人造物等去进行有目的的活动时，才产生了物质性的教育环境。精神环境是凝结于物质环境之中并通过物质环境展示出来的、能够影响人的心理和行为的各种信息的集合，涉及意识形态、人际关系、风气、精神、责任、道德、制度等诸多精神性要素，并综合形成一种潜在的、整体的影响力。

一、幼儿园环境建设中存在的问题

幼儿园是儿童生长的重要场所，也是儿童生活的重要区域。儿童需要从生长的环境中吸取成长的营养，幼儿园环境的打造成为教育实践中必然要关注的重要问题。放眼望去，每个幼儿园都因儿童的存在而生机勃勃，但每个幼儿园都似乎缺乏自己的个性，无论是在幼儿园的物质环境上，还是在精神环境的构建上，都存在这样或那样的不尽人意的地方。

在儿童生命完整性教育目的观的指导下，教育应为儿童提供适合儿童完整生命成长的环境，便于儿童身心全纳式地投入环境中并从中吸收生长的养料。因此，只有物质环境的使用价值与精神环境和谐统一，才是理想的完整环境，这样的环境才会具备育人的功能。然而在对 100 家省级示范性幼儿园进行评估考察时，笔者发现，幼儿园在环境建设方面存在的问题非常突出，不足的方面也非常多。对环境的育人价值缺乏认识，也对其重要性缺乏必要的意识；对物质材料的选择与使用既缺乏系统的理论知识，也缺乏具体的操作方法；对精神环境表现出明显的轻视甚至是无视精神环境的重要价值，使幼儿园成为一个缺乏精神的场所。这些问题罗列出来不下 50 种，但从整体上来看，最突出的问题是：当前的环境表现出明显的单向度性。

单向度指的是环境只是情境中部分人的想法，只是部分人员的活动，只呈现出了部分内容，只是以某种或多种失衡的形式呈现，只关注到物质材料而忽视精神氛围，只注重外在美观、有序而忽视内在影响力，等等。单向度就是一种因缺乏整体的视角而割裂应有的联系、打破系统而造成的不协调感。具有表现为以下几个方面。

(一)重视物质环境建设,轻视精神环境营造

随着学前教育三年行动计划的持续推进，全国各地大力兴建公办园，提升幼儿园办园质量，在质量提升的规划当中，环境成为评估质量的重要组成部分。各级各类幼儿园也都认同环境打造的重要性，重视建设工作。"幼儿园的环境就是幼儿园的隐性课程，它具有不可替代的教育性。""健康、丰富的环境有助于幼儿的发展。""幼儿教育就是环境教育。"诸如此类的言论都可反映出来环境的重要性已经深入人心。但从幼儿园展示的材料以及实地评估中的座谈来看，过于强调物质环境重要性的做法仍然十分明显。有些园长虽然强调了文化氛围营造和精神环境建设的重要性，但在对幼儿园的实际材料查看和环境考察中，仍然存在精神环境建设缺失或薄弱的现状。很多园长对于精神环境表现迷茫，有的园长直言"感觉到精神环境的存在，

觉得精神环境是非常重要的,但因为不知道如何去做,所以不知道从何抓起"。重视环境的作用是对的,重视物质环境的创设也是可取的,但片面强调物质环境而忽视精神氛围的营造,会导致幼儿园喜欢在外观上相互模仿抄袭,缺乏特点,也导致幼儿园在内涵上缺乏韵味和人文关怀,缺乏持久的吸引力。

(二)重视物质环境形式,忽视场所感的营造

物质环境主要以空间的形式存在,涉及幼儿园的各个角落,大多数幼儿园只关注儿童活动频繁的区域,比如班级环境、区角环境、户外活动场地、建筑物的墙面等,也就是说,只关注重要的空间,而不是从全园的整体空间上进行打造。另一种更为突出的表现是幼儿园环境只是空间上的存在,而不是时间上的存在。也就是说,幼儿园的物质材料投放是固定的、静态的、欣赏性的,比如在外墙上贴带图案的瓷砖,很多年都不会更换;在楼道里喷绘童话中的人物图案,几年不变化。单一的空间性环境表现出欣赏性的多、互动性的少,静态的多、变化的少等特点,缺乏流动性和与儿童成长的同步性,从整体上看缺乏能引发人产生情感亲近和归属的场所感,不能激发起审美体验。

例如笔者在 2019 年去的某幼儿园,其环境与五年前一个样,不仅在布局上没有任何变化,就连展示板上的内容条块也没有任何变动,五年没有一点完善的迹象,这样的环境只是一种阶段性的环境,只是一种空间上的静态环境,不仅没有变化性、流动性,也缺乏连续性。这样单一性的空间环境难以与时代同步,也难以适应不同阶段儿童的欣赏与活动需要,而只会流于形式上的存在,难以发挥出教育性。因此,从严格意义上来说,不与变化着的生活节奏保持同步的环境,不算是教育环境,更无法产生"环境的教育"。

(三)只关注局部环境,缺乏整体协调性

在环境打造中,容易主观地割裂事物的必然联系,只表现出环境中的局部,而未呈现环境的整体性。比如认为物质环境重要,就只关注物质材料的添置,而缺乏材料投放的整体布局;认为幼儿园的教室、大门、主要通道、主要活动场所重要,就只在这些地方下功夫,进行美化,而其他的地方却可能脏乱差,忽视儿童生活的整体性。

在实地调研中,笔者还发现了两种极端的环境,这两种环境态度与立场截然不同,呈现出来的形式也截然不同。一种表现为观念落后,环境毫无生趣,主要存在于由小学改建的幼儿园、小学办的附属幼儿园以及条件相对较

差的幼儿园中。例如笔者调研的某县唯一的一所公办园,使用的是小学的废旧校舍,格局上缺乏童趣,仅由一幢房子加几棵树再加一块水泥地构成。其教室内除了小板凳和墙壁上的一面黑板之外,再无其他材料,可谓徒有四壁。走廊上只有为迎接调研者而临时准备的几幅儿童画,画还是挂在晒衣绳上的,于微风中摇摆更显孤零。这样的园舍不仅没有环境教育的意识,更不存在教育性的环境视觉。笔者还去过某县一所小学办的附属幼儿园,幼儿园其实是小学的一个部分,在一幢五层楼高的房子里,没有任何活动场地,偶尔在走廊上放一下风就算是户外活动了。

另一种幼儿园就是大张旗鼓地渲染环境,不计成本、不惜代价地对其进行"包装"。认同这种做法的幼儿园越来越多,而且有一发不可收的趋势,在城市中互相攀比的园所环境包装成为园际竞争的重要手段。但是过于从成人的视角来装饰的环境,令人眼花缭乱,看上去五彩斑斓、童趣盎然的环境中却隐藏着许多危害。视觉上的感受是丰富了,可是五官却失衡了,看得人心神不宁,无法集中注意力,这样复杂的色彩造成了感官的失衡,片面注重感官的刺激而忽视儿童的心理需求,过度的装饰可能不是在育人,而是在害人。尤其是走这条路线的幼儿园越来越多,必然会造成大量的财力浪费,甚至会加重环境的制约,使环境远离育人的职责。

(四)只注重成人便利,忽视儿童环境体验

环境的产生、呈现、变化都只满足成人的需要、便利,而忽视儿童的存在、需要和能动性,这类问题几乎在每所园中都存在。

一方面,在物质环境创设中,往往是从教师工作便利的角度来进行规划和布置,并以成人的标准来确定环境的格调、色彩、材料,由成人来完成环境的布置与创设工作。创设环境成为成人自己的活动,是外在于儿童且与儿童无关的,儿童参与的部分也只是在教师的安排下提供一些作品或是做些少量简单的拼贴工作。

另一方面,以成人为本的环境中充满矛盾的氛围,教师在教育活动中总是教育儿童要尊重他人、学会分享、保持开心,然而在活动室之外,儿童却经常听到教师之间的议论、指责以及冲突。例如,教师教育儿童要学会关爱他人,教师自己却将一个孩子关在备课室半天,使这个孩子经常半夜惊醒,三个月听不得"幼儿园"三个字,最后休学一段时间后转园才稳定住入园情绪。① 对于创设环境的目的、创设什么样的环境、如何创设环境、采用哪些

---

① 这是笔者同学的孩子四岁时的真实经历。类似的精神体罚在媒体上被曝光的非常多。

材料、由谁来创设这样的问题都由成人来回答，创设环境都是由成人把控，体现成人本位。

二、环境建设的立场：构建体验场

人与环境有着紧密的联系。教育环境更是育人的重要资源，是有目的、有意识的创造性的环境。正如马克思所说，人创造了环境，环境也创造了人。教育环境中的构成要件都以儿童为基点，是人为投放的，即便是自然物，也只有被纳入教育的场所中才成为教育环境的一部分。物质环境由物质材料组成，自然中的物品因人的使用而成为物质环境的一部分；而人际交往、成员关系、言语行为等呈现的人文环境更是由人创造的。但是，人创造的环境并不只有正面的、积极的影响。环境是一个复杂的综合体，一直处于变化的过程中，存在许多变动的因素，其中也存在不利于人成长的方面，因此，环境的影响是有两面性的，而教育环境则力图取其积极的、好的一面，希望对儿童产生正面的影响和促进作用。环境对人的重要影响既是外显性的，更是内隐性的。外显性的影响表现为直接冲击人的五官感知，触动人的情绪；内隐性的影响则表现为潜移默化地影响人的认识、判断、情感反应和价值立场。

环境总是以物为载体，并对人的言语、行为、心理、情感、习惯乃至品性等产生整体性的影响。儿童也总是作为一个整体来体验生活和学习的，儿童教育应当顺应儿童的需要并提供全息的整体环境，使儿童获得丰富的体验。要解决"单向度"的环境问题，就应转换角度考虑如何建设整体融通的环境，不仅要使物质环境的各个部分协作，而且要使物质环境与精神环境结合成和谐的一体，使幼儿园真正成为儿童成长的乐园，逐步变成具有特色的幼儿园。基于这样的思考，笔者认为确立整体性环境的立场是解决幼儿园环境问题的出路，构建体验场是进行整体性环境建设的重要理论立场。

（一）体验场是一种时空交织的关系域

体验场不是单一的空间存在，也不是单一的时间存在，而是时空交织的第三种状态，是一种融合时间与空间的整体性存在。时间和空间在体验场中既有自身的独立性又共同为场提供依据与能量。如地球既有自转又围绕太阳公转一样，自转与公转是融为一体、整体进行的，它们都归于无形但又在万有引力的调控之中。将这种思想应用于环境建设中，就可以解释为各个部分的环境自成一体，但都具有整体场域的向心力。在体验环境场中，各类环境都自行建立、存在、表现，但都有一个共同的方向，那就是促进儿童的体验生成。因此,无论是全园的环境表现,还是班级的活动氛围都应以这个共同的目的为基点,这样幼儿园的环境才会改变凌乱、无序的状况,而呈现出一种整体关联性,才能沉淀出个性。

(二)体验场体现了物质与精神的融合

体验场一旦形成,就会产生体验能量,也就是会产生无形但有力的引力,这种引力使纳入场域中的人、事、物都会按一定的规则运行。当个体进入这样的场域中时,就自然会获得该场域所特有的"行为和代码",它们整体性地影响个体并且使个体自觉地投身于这个场域中,拥护场域的运行规则,从而促进场域不断产生新的意义并进行新的运转;而个体拥有了场域的特定"习性"后会继续努力使自身的习性融于场域中发挥作用。因此在幼儿园环境建设中应努力促成环境体验场的形成,从中产生的能量会引导幼儿园场域中的所有人形成一种整体的氛围和精神面貌。

(三)体验场是一种显性与隐性影响共同发挥作用的存在

体验场以物质为载体,体验场中的人、事、物的活动等都是通过物质材料来呈现的,具有显性的特征;同时又超越物质的外在形态,表现出强大的隐性力量。例如有研究表明儿童随着年龄的增长对颜色的喜好会有变化,而在幼儿园的环境布局中,不同的色彩会激发不同的情绪,并直接影响人的心情,应在活动的区域设置可以激发兴奋情感的色彩,而在需要安静的区域设置可以安抚情绪的色彩。

三、策略建议:环境养成法

前面已经明确了体验场的环境建设立场,现在进一步进行方法策略的操作性阐述。传统表述中,我们习惯使用"环境创设"来进行环境方面的描述。笔者认为,正是"创设"的思想影响了环境的整体性作用和育人功能的长效发挥。这是因为,"创设"的环境往往是只为了一个阶段性的目标而进行的,容易误入为了创设而创设的歧途,可能会造成这个班级创设的与其他班级的重复或背离,造成此时创设的与此时的需要相脱节,也可能造成这个阶段创设的与另一个阶段的之间存在矛盾冲突。因此,"创设"是不全面的,但是"创设"也是必要的,能够积极发挥作用的"创设"都应具有向心的力量导向。无数个创设都归向一个核心,则这些创设是能够发挥出强大作用的并且可以促进环境的整体性动态变化。因此,笔者认为,构建整体的环境体验场,实现环境的整体育人功能,为达成走向生命完整性的教育目的,就应转变环境工作的思路，从"创设"走向"养成"。环境是在不断地养成中逐步沉淀出环境的魅力的，也是在沉淀中养成了不同园所、不同个体的个性。

环境养成的方法是一种动态的、整体性的环境工作方法，它围绕促进儿童体验生成的核心，以构建体验场为直接外在目的，以整体规划、渐进的方式进行。

(一)明确儿童体验发展的特点与需要，确立办园宗旨

幼儿园的办园宗旨是幼儿园各项工作的行动纲领，只有明确了宗旨才能开展各项具体的工作，确定宗旨才能确定幼儿园存在的目的、社会价值取向以及发展的方向，因此这项工作非常重要。当前仍然有许多幼儿园没有明确自己的宗旨，出现许多安全、管理、运行等方面的问题。作为服务于儿童的幼儿园教育，其基本宗旨就应是为儿童的发展服务，因此有的幼儿园提出"一切为了孩子"的宗旨，有的提出"用爱养育、用心教育"的宗旨，有的提出"花园、乐园、学园"的宗旨，等等。在宗旨的统领下形成办园的园风、学风、师风和园训等精神文化氛围。例如，荆州市机关幼儿园明确"缔造快乐童年，开启美好人生"的宗旨后，形成了"乐业、好学、进取、创新"的园风，以此打造花园式的园貌。

(二)建构环境的大框架大布局，形成逐步养成的制度

明确了办园宗旨，理清了办园思路和形成了初步的办园制度后，应依此为指导，进行幼儿园环境的整体布局。进行环境框架的建设，要将环境的骨架先勾勒出来，作为相对稳定的要素，例如体现办园宗旨的标志性建筑、景观、活动场等，明确环境的整体建设方向与组成部分，分别从物质与精神两条线索进行合理分工。在物质材料上面，根据办园宗旨的指导，所选材料应突出育人功能，材料之间彼此形成有机联系。例如某汽车生产厂主办的幼儿园，即以"服务儿童全面发展，服务社会和谐发展"为指导思想，将服务系统内儿童的身心发展与解决家长工作的后顾之忧作为创办幼儿园的宗旨，在物质环境中利用了大量与本系统有关的便利材料。例如入园小路旁边是以废旧轮胎侧立于土中形成的隔离栏，被涂上了各种颜色，既可隔离小路与草坪，还可直接踩上去，成为练习平衡的玩具；体育活动区摆放了各种用轮胎制作的运动器材，有用于钻的轮胎圈，有用于练习身体平衡与动作协调性的轮胎网(由小号轮胎拼在一起再吊起而成)，有用轮胎当座椅的秋千，还有涂着各色环保漆的轮胎可供自由推玩、滚动、举起等；在功能室中还专门开设了"汽车拼装活动室"，提供了可拆装的汽车模型、真实的汽车零件、组装

结构示意图等供儿童游戏。而在精神环境上,明确实施整体课程之外,还进行了园本课程的建设,将"汽车嘀嘀嘀"作为园本课程,开设"认识汽车""汽车拼装""我是小司机"等主题活动,以作整体课程的辅助资源实施;在制度建设上,由园级办园制度向下划分为年龄组制度、班级制度、教师个人活动制度、家园联系制度等,实行围绕办园宗旨的核心主线,进行分层实施,检验实施的效果以是否落实了核心的宗旨为标准。

(三)分别从物质环境和精神环境建设的角度进行实践

在构建了幼儿园的整体环境布局与核心的框架后,可进行有步骤的填充,明确哪些部分是三年更换一次,哪些内容是一年更换一次,哪些内容是一季度更换一次,哪些内容是一个月更换一次,哪些内容是每周更换一次,还有哪些内容是每天都应调整和更换的。不仅物质环境应如此规划,制度建设也是一样的,应根据需要和实际情况确定使用周期,灵活调整,而不能墨守成规。这就要求在环境总体目标的大框架之下,应有创新性的机制进行动态的调整和变换,使理想的环境目标贯穿于日常工作的各个部分之中,并经过一段时间后逐步形成环境的总体概念,从而慢慢走向环境体验场的构建之路。一旦达到量变之后就形成了场域,就能整体性地影响在场中的所有人。

(四)融合园内各种有效资源,形成环境体验场,发挥生活即教育的作用

从大框架到阶段性调整再到注重每个细节,不仅从空间上进行布局,而且在时间上进行周期规划,最后是在日常工作中进行细节规整,逐步养成环境的建设,形成环境体验场。例如华中农业大学幼儿园利用农业大学的自然资源与人文资源,进行了幼儿园自然人文环境场的建设,在园舍环境、用具、课程活动、家长入园助教等方面都具有鲜明的农业大学办园的特点。恩施是湖北省著名的多民族集居区域,该地的民族幼儿园正是将"办好民族幼儿园、为各民族儿童服务"作为办园宗旨,将民族元素贯穿于幼儿园各种显性的物质环境和隐性的文化之中,从物质环境的角度将幼儿园打造成为民族特色鲜明的幼儿园。大环境是土家族为主,结合其他民族的特色,小环境是将儿童的日常生活器具与民族文化中的象征物都纳入幼儿园生活中,在课程活动中改良了大量来源于生活的教具,例如竹筒高跷、土家染布、藤编物、草鞋、鱼篓、蓑衣等物品,在区角游戏、功能室活动、教学活动中都可使用,将教育活动与生活紧密联系起来。在精神环境的建设上也围绕办园宗旨,不仅在精神环境的大框架中明确尊重各民族的差异性,提供平台让来自

20 多个民族的教师发挥各自的民族特长,而且在课程活动中纳入多民族的文化元素。学唱各民族歌曲、学跳各民族舞蹈,全园人人都能跳起"摆手舞";欢度各民族的节日;在一日活动中也带有民族的元素,比如在早操环节播放民族歌曲,跳改编自民族舞蹈的早操。让儿童时时处处整体性地融入一个具有现代气息、融合多民族文化元素的幼儿园生活情境之中,体验民族的特色并以自身的活动传承民族文化。

第二节　体验教育课程的建设

自 2006 年以来,笔者尝试在一线幼儿园中进行幼儿园体验课程的实践探索,该课程以促进儿童体验生成为目的,以全面发展儿童的知、情、意、行等为课程目标,以亲身体验、实践、经历等操作为课程实施的过程与方法,注重生活教育的价值,并寓教育于生活中,倡导在生活中体验,在体验中发展的课程理念,注重生活的教育性和儿童发展的养成性。因此在课程活动中重点进行了儿童体验的养成教育,以幼儿园养成体验课程进行了实践探索。

一、养成体验课程建构的背景

新中国成立以来我国的幼儿园课程主要是以学科体系为线索呈现教育内容,并以分科形式实施的。随着全国新一轮基础教育课程改革的启动与深入,上海等城市吸纳借鉴了国内外的幼儿园课程经验,尝试进行了综合性的幼儿园课程探索。为了贯彻落实《国务院关于基础教育改革与发展的决定》,推进幼儿园实施素质教育,全面提高幼儿园教育质量,教育部连续颁布了《基础教育课程改革纲要(试行)》(教基〔2001〕17 号)和《幼儿园教育指导纲要(试行)》(教基〔2001〕20 号)。此两项纲要,进一步指明了我国幼儿园教育的主要方向是:"要依据幼儿身心发展的特点和教育规律,坚持保教结合和以游戏为基本活动的原则,与家庭和社区密切配合,培养幼儿良好的行为习惯,保护和启发幼儿的好奇心和求知欲,促进幼儿身心全面和谐发展。"由此,各省市掀起了幼儿园课程改革的热潮,以综合课程为理念、以主题活动形式实施的幼儿园课程成为当前国内地方课程的主要特征,但也有少数地方仍然坚持着 2000 年以前的分科课程及实施方式。

从国家课程、地方课程与园本课程的三级课程管理上看,我国的幼儿园教育在国家层面只出台了《基础教育课程改革纲要(试行)》作为指导,没有具体的课程载体,地方课程因各地资源与条件的不同,采取的形式与途径差异较大,因此地方课程也是不整齐的;而园本课程尚在探索中,虽然少数具有实力的幼儿园探索出了有效的园本课程,但影响力非常有限。

在进一步推进全国基础教育课程改革的大背景下,各省市也积极进行了幼儿园新课程的二次更新。例如上海、江苏、广东、山东、湖北等省市都对2005 年之前的幼儿园课程进行了进一步的完善和更新,在始终坚持以幼儿发展为本的基础上,借鉴国内外新的教育思想与模式,不断完善幼儿园课程理念,对综合主题活动课程进行了进一步优化,不仅改编了原有的课程资源,而且把课程的有效实施作为重点,进一步强调教师培训与资源的可操作性、实用性。

但就目前国内幼儿园课程实施现状来看,我国幼儿园课程的理念与实践之间存在一定的差距,主要表现在四个方面。

一是以整体课程的形式做的实质是分科课程的工作。虽然分科课程活动在幼儿园课程实施中根深蒂固,但是也有部分地区率先进行整体课程的实验,并在实践工作中以"主题活动"的具体形式实施,而由国外引进的瑞吉欧教学或案例教学等课程也主要是综合性、整体性的课程,因此由分领域的学科课程走向综合性的主题活动课程成为当前一线幼儿园努力去实现的目标。各种体现综合性课程的文本也越来越多,但因为缺乏综合性课程理念培训下的师资力量,因此在课程实施中经常出现整体课程理念与实践工作脱节的情况。虽然设计的活动是整体性的、主题网络式的,但在具体教学活动中仍然是分领域开展的,从而使整体课程仍然只停留于理论中,儿童无法真正地享受到整体性影响和整体思维的培养。

二是幼儿园课程实践中没有将"活动即课程"的理念予以落实。保教常规尚无范本,日常实效难以保障,更难落实"在生活中获得有益于身心的经验"的纲要理念,或者说仅把集体教育活动作为在园的课程,误解或者狭隘化了幼儿园课程的内涵,导致"保教结合"的原则在实践中存在分离的现象,使"一日生活皆教育,一日活动皆课程"的理念只是存在于理念中。真正有益于儿童的课程应该是关注儿童生活的方方面面,至少应营造一种适宜的环境,使儿童在幼儿园的一日生活中充分享受活动的快乐。

二是幼儿园课程的内容仍然以传递知识经验为主,导致三维目标中还是以认知目标为主体,而忽视儿童的情感、动作等的发展;在课程实施过程中,多围绕语言、社会、艺术、健康、科学等五大领域的学科知识体系进行活动,不注重学科知识的内在系统性、层次性,在新课程改革之后,学科领域之间的联系得到重视,但仍然存在为了整合而整合,一个活动成为各个领域的大拼盘,没有形成真正的有机整体。加上越来越多的幼儿园为了迎合家长的需要,打着为小学打基础的幌子,开设英语、数学、美术等特色课程,更加剧了学科分化,正因此在无形中让幼儿园的课程一直处在"知识学习、小学化、学科化"倾向的质疑声中徘徊而难以前进。

四是好的经验来自良好的行为与习惯,而幼儿阶段是最重要的行为与习惯养成的时期,良好的生活习惯、学习习惯、交往礼仪和积极、乐观、开朗、坚强的个性品质都应是在这个阶段开始培养的,但在幼儿园教育实践中,这些都成了经验的附带品,经验被狭隘地理解成知识。幼儿教育应从这种误解中向真正的养成教育回归,真正把养成良好的行为与习惯作为幼儿教育的重点和方向。

因为只有国家纲要而没有国家级课程,所以地方课程可谓百花齐放各显风采,但同时也因互相借鉴,才使得各地在不断地完善各自的课程。正所谓幼儿教育的质量取决于幼儿园的课程,而课程呈现于文本中,文本不只是对课程的忠诚,更应是对课程的创新与发展,也只有将文本转换成过程,将课程转化为有习惯的行动,才可能实现真正的质量提升,才能促进人的进步与发展。因此,在教育部有关部门试图修订《幼儿园工作规程》,希望完善《幼儿园教育指导纲要(试行)》,希望推动幼儿园课程发展的背景下,我们有必要表达我们养成体验教育的观点并以实践课程的形态呈现出来,为完善幼儿园课程做出应有的努力。

二、养成体验课程的基本内容

幼儿园养成体验课程是在贯彻落实《幼儿园工作规程》和《幼儿园教育指导纲要(试行)》等的要求,推进新一轮基础教育课程改革纵深发展的进程中形成的新认识,是对幼儿教育发展价值形成的新思考。把幼儿园课程重新定位于"养成",其价值显而易见:一方面,是对传统中华文化一贯倡导的良好行为、习惯与品性培养的回归与实践;另一方面也是对当前幼儿园课程在综合化发展进程中的纷繁方向进行规整,厘清幼儿园教育的适宜价值所在,理清幼儿园教育在整个基础教育中的地位。

近 30 年来,养成教育获得了长足的发展,但从幼儿教育的角度来倡导养成课程,已经不只是狭义的习惯养成的概念了。从课程的角度来看养成,已经是大教育的视角,是可以从习惯的养成为切入点,贯穿起人的全面发展的各方面经验、技能、个性品质与社会行为的形成过程。因此,幼儿园养成体验课程立足于幼儿生活,为幼儿形成和积累生活经验服务。养成即过程,养成体验课程重视教育的过程,倡导在过程中亲身经历、亲自感受和亲心理解,重视以游戏活动为基本的方式达成教育目标。幼儿阶段是人生的奠基阶段,奠定的不仅有经验,还有行为习惯与品质;在多元融合的文化环境中吸纳各种文化的精髓才能形成人生初步的文化视野与素养。品质决定生活质量与幸福的程度,良好的个性品质无疑将是养成体验课程追求的另一重要目标。因此幼儿园养成体验课程涵盖如下理念。

(一)立足生活,积累生活经验

教育的目的,无论是实现教育的社会功能,满足社会发展的要求,还是实现教育的本体价值,满足人的发展需求,都离不了生活。"立足生活"就是倡导生活教育,生活既是课程的内容,也是课程实施的途径。幼儿园课程因为幼儿的年龄特点和有限经验,更应立足于幼儿的生活,从其熟悉的和可接受的生活出发,关注生活中的事件与信息,重视积累生活经验,更重要的是引发幼儿对生活充满希望与信心,从而热爱生活,珍惜生活,继而珍惜生命。

杜威倡导"教育即生活",意在强调教育应关注生活、构建可能的生活,重视经验的积累与改造。张雪门曾指出生活就是教育,孩子在幼儿园的生活实践就是行为课程,因为"它完全根据于生活,它从生活而来,从生活而开展,也从生活而结束,不像一般的完全限于教材的活动"。陶行知也指出:"生活教育是生活所原有,生活所自营,生活所必需的教育。教育的根本意义是生活之变化。生活无时不变,即生活无时不含有教育的意义。"

在今天看来,"关注生活,立足生活,为了快乐地生活"是幼儿教育要考虑和实现的。只有关注幼儿的生活,立足生活,反映幼儿生活规律和需求,提供幼儿亲历生活、感受生活、表达生活见解和主张的课程,才是真正有质量的课程。

而有质量的课程更不应只囿于教育时间与空间范围,只有在生活中落实和实践的课程,才是有效的课程,可谓生活中时时和处处都有教育、都在教育。"立足生活"在幼儿园课程中更为微观地指向"一日活动"的教育实效以及生活常规的形成。

(二)重视过程,倡导活动体验

正如前面所言,教育是为人的发展服务的,因此这个角度上的教育只是促进人发展的外在环境,是一种有计划、有组织、有目的的人为环境,人的发展不能离开人自身的先天基础和内因。就像蒙台梭利所说的,儿童生来就具有生命的能量,因此儿童的生命不是在子宫里就孕育完成的,而是需要不断建构和发育的。儿童作为建构和发育的主体只有亲历活动过程,理解教育的目的与意图,接受并积极参与活动,才能从中收获经验,实现成长。任何知识灌输、理论强迫和价值包办都是不可能实现真正的成长的,而且从人性解放的角度看这也是不人道的。

只有在活动中经历、体验,才会获得感受和理解,才能积累经验和获得发展。福禄贝尔所强调的"让儿童在自由、自主的活动中发展;让儿童在游戏中得到发展;充分利用恩物,让儿童在操作恩物中获得发展"的教育三法,可谓是体验教育三法。"重视过程"就是倡导幼儿园课程应以活动为主要组织实施方式,强调幼儿亲历活动的过程,并在活动中操作、感受、理解、表现和表达。幼儿园课程是综合性的活动课程,是有趣的、以幼儿为活动主体的,且是能被幼儿操作、实现的过程,让幼儿在成人的帮助下主动、积极地去探索、发现、思考和成长。正如皮亚杰在阐述思维与行为的关系时所说:"思维是从动作开始的,切断了动作和思维之间的联系要道,思维就不能得到发展。"要想获得更好的思维和更好的发展,就应该立即行动、亲身体验。陈鹤琴所提出的"活教育"的原则充分说明了这一点:"凡是儿童自己能够做的,应该让他自己做;凡是儿童自己能够想的,应当让他自己想;应该鼓励儿童去发现他自己的世界。"幼儿园课程的核心就是引导幼儿做事,做适宜的事,做有一定挑战的事,做能激发其行动热情的事。

(三)养成习惯,打造奠基工程

幼儿园课程的建构内容是目前教育界讨论的重要议题。一方面,我们尝试综合呈现整体教育,另一方面,我们又强调知识的体系与学科的门类,同时,我们还需要满足家长的教育要求。然而,斯宾塞关于"什么知识最有价值"的问题在今天仍然是没有标准答案的,对于幼儿来说,更是毫无答案可寻找,因为幼儿的年龄特点与身心发展水平直接抹杀了回答这个问题的可能性。但是关于"什么是人生最重要的基础"这个问题的答案大家却达成了共识,它就是"良好的行为习惯"。良好的行为习惯是人生之基。基础的质量决定人生发展的高度,因此可以说习惯决定一个人的成败。好的行为习惯是最大的财富。

幼儿园课程改革中也再三强调三维目标的整体的重要性,其中重视行为技能、情感态度与意志品质培养的呼声尤其高。对幼儿发展能起到实效的课程,不在于给予了幼儿多少知识,而在于在这个重要的时期养成了多少好的习惯。因为知识可以随时增添,而习惯却需要在漫长的发展过程中慢慢积淀。启蒙教育并不是开启了知识的宝库,而是激发了儿童对宝库的兴趣。

养成体验课程立足于养成良好的习惯,形成良好的行为理念,意在通过贯穿一日生活各个环节的活动,有目的有意识地引导幼儿开展丰富多彩的、积极乐观的体验活动。重视在经历中、在操作中练习,在反思中、在对比中理解,在活动中、在游戏中养成乐观开朗的性格,成长为在生活、学习与交往中自信且快乐的人。

同时,在课程的设计与实施中,引导教师养成良好的教育行为与习惯,有明确的理念和操作性强的方法,真正地投入工作中并享受工作。

在拓展课程的活动中,充分考虑各类家长的需要,真正让家长了解幼儿园的课程、配合幼儿园的工作,全心全意为幼儿的全面发展付出一分力量。

(四)尊重文化,重视多元文化熏陶

文化的含义非常丰富。文化一般是指一个群体在一定时期内形成的思想、理念、行为、风俗、习惯、代表人物,以及由这个群体整体意识所辐射出来的一切活动。在余秋雨看来,文化是变成了习惯的生活方式和精神价值。在幼儿园课程中所说的"尊重文化",意在既要尊重人类文明进程中积累的文化成果,又要尊重成果中的差异与不同,还强调了对文化的传承。在幼儿园课程规划中既要追寻历史与文化的变化历程,了解文化成果,又要积极认识文化的价值,主动传承文明,实现文化化人的功能。因此,"感受文化、传承文化和创新文化"也是幼儿园课程的重要内容。

在多元文化融合,外国文化不断涌入的背景下,如何保有中华传统文化的特色与精华,关注地域文化、民族文化,保留民间文化,尊重外来文化,彰显中华文化等方面既是幼儿园课程的文化根基,也是编制与实施幼儿园课程的重要内容。幼儿园课程的编制与实施应吸收借鉴国内外优秀的幼儿园课程理念与模式,吸取中外文化的精华。

(五)培育品质,呵护生命的种子

培育品质是一项系统工程,在幼儿阶段就需要播下种子。积极、乐观、开朗、大方、坚强、勇敢等都是良好品质的表现。良好的品质需要在幼儿阶段就开始重视。在人生的初始教育中播下美好品质的种子,将会收获成功的人生。

培育品质的前提是尊重儿童的年龄特点以及身心发展水平。在本课程的构建中,综合借鉴了国内外心理学、生理学、人类学等领域的研究成果,以尊重和适应儿童身心发展特点与需要的方式进行了课程内容的选择与编制。

三、养成体验课程的特点

(一)课程理念新颖适宜

1990 年,世界全民教育会议对基础教育、基本学习需要下了定义,认为"基本学习需要包括人们为生存下去,为充分发展自己的能力,为有尊严地生活和工作,为充分参与发展,为改善自己的生活质量,为做出有见识的决策,以及为继续学习所需的基本学习手段(如识字、口头表达、演算和解题)和基本学习内容(如知识、技能、价值观和态度)"。在这种定义的观点下,学习不仅不会增加负担,还进一步表明,教育也是一种社会经历,儿童在这一经历中,可以了解自己,丰富自己,获得基本的知识和技能,而这种经历在学龄前就应该开始。联合国教科文组织又进一步指出,在人生的教育中,"学会认知""学会做事""学会生存"统领于"学会共同生活"之下,它们一起成为教育的四大支柱。这既是教育的四大支柱,也是终身学习与发展的支柱,还是可穷尽一生的追求。幼儿园养成体验课程以此为大力倡导推行养成教育的重要来源与依据,结合学前儿童的身心发展特点和认知水平,提出"学会生活、学会学习、学会交往"课程目标。这既是对四大支柱理念的具体化,又增强了实践的可操作性,突出了幼儿的年龄特点与发展需要。在本课程理念架构中,"立足生活、重视过程、养成习惯、尊重文化、培育品质"作为课程的基本内容适宜且适用。

(二)课程实施简便有效

养成不在一时一刻,而在日积月累。养成既是一种理念,又是一种方法,还是一种过程与目标。在养成体验课程中如何将养成的过程翔实地规划于方案之中,是本课程的一大难点,也是一大亮点。本课程在实施中一方面提供丰富的课程资源,包括便捷的幼儿用书,翔实的教师指导用书,以及家园互动手册;另一方面致力落实"一日活动皆课程"的理念,采用主次分明的行为养成月和主题活动周的时间规划,以一日常规教育活动与集体教育活动相结合的实施形式,有目的、有重点地在主题活动中指导、在日常生活中实践过程性教育模式,帮助幼儿形成好的习惯、积累知识经验。同时,通过丰富的课程资源与实施策略指导,培养教师形成好的习惯,积累有效教学经验。家园互动的材料丰富且操作简便,既有利于家长、教师、幼儿三方有效互动,更有意识地引导家长形成好的习惯、积累科学育儿的家庭教育观念。

(三)课程编制科学合理

在总结国内多地幼儿园课程编制经验的基础上,根据我国现行幼儿园课程的发展现状与走向,养成体验课程合理吸收借鉴了澳大利亚和美国近年来的新做法,其实施途径与方法策略中详细呈现了幼儿活动的方法与过程、教师指导的步骤与对家长的建议。这在国内现行课程实施中可以说是创新之举。

(四)课程评价细致可操作

在养成体验课程的前期研发中,笔者花了很多的精力对其一级目标、二级目标、三级目标和四级教育活动实施目标进行了严谨的梳理。这些目标是课程实施的方向,也是实施效果的参照,因此,本课程采用了以详细分级的课程目标为指导的过程性评价与阶段性评价相结合的评价模式,过程性评价以幼儿自我评价为主,阶段性评价以教师和家长的成人评价为主。评价条目细致且表述简洁,便于理解;采用图表的形式便于操作,也有利于统计分析。

四、养成体验课程的实施

(一)以整体活动形式实施课程

以《幼儿园养成教育活动手册》为蓝本,将儿童在园活动划分为"生活活动、学习活动和交往活动"三大类别,并分别实施于在园一日活动体验的各个环节中,如表 7-1。其中生活活动主要侧重于落实儿童在园的吃喝拉撒睡以及个人卫生等自理意识与能力的培养;学习活动则主要侧重培养儿童的学习态度、学习方法、学习习惯以及基本的读写算画的技能;交往活动则主要侧重于培养儿童的自我意识、自我保护、与人交往、合作与分享、自我需要的表达、对他人积极回应等人际关系方面的意识与能力,交往活动以生活与学习活动为具体依托,贯穿于各类活动过程中。

表 7-1　常规在园一日活动体验表

总目	常规在园一日活动体验														
类别	生活活动											学习活动			交往活动
活动环节	入园	晨间活动	早操	饮水	如厕	盥洗	进餐	餐后散步	午睡	午间整理	离园	集中活动	游戏活动	户外活动	区角活动	社区活动	贯穿于一日活动各个环节中

积极提供整体通融的体验场域,采用灵活的活动方式,促进儿童生成

"生活体验、学习体验和交往体验"。体验活动贯穿于幼儿园一日活动的各个环节、集体教育活动以及园外延伸与拓展活动中。

生活活动、学习活动和交往活动交叉进行，但在不同时段有不同的侧重，按"强弱弱"的节奏部署，就是说当以生活活动为主活动域时，学习活动和交往活动则为辅助性的活动，工作的重心为生活活动。例如在小班新生入园的第一个月，确定以交往活动为主活动，重点帮助儿童实现由家庭生活向幼儿园生活的顺利过渡，重点引导儿童认识新环境、新朋友、了解新的生活方式，安慰儿童的情绪，使其尽快在交往中适应幼儿园的生活。同时，在生活活动中引导儿童适应在园的如厕、盥洗、饮水、进餐等生活自理能力，以及在学习活动中教授儿童观察幼儿园、观察教师、观察生活中常见的色彩，学会用简单的语言表达自己的需要，等等。

（二）坚持"行为养成月"和"主题活动周"相结合的主题活动原则

而在课程实施活动中，则本着践行"行为养成月"和"主题活动周"的原则，每个月确定一种行为习惯养成的核心主题，开展一个月的主题活动，每个主题活动划分出一个月的活动量，规划每一周活动的内容范围，周活动以故事的形式开启主题活动。制定月计划与周计划相结合的课程活动安排，并在每一周活动中进行整体性的实施。表7-2、表7-3、表7-4、表7-5就分别列举了不同年龄段的养成体验课程。例如，托班以"讲礼貌"为主题，制定出一个月的活动内容，全园营造一种讲礼貌的氛围，教师之间礼貌示范、师幼之间礼貌交流、幼儿同伴之间礼貌相处，在园舍欢迎牌中呈现有关"礼貌"的语言、行为图片，形成便于儿童体验礼貌的言行举止等的环境。第一周，以"早上好"的故事阅读为线索，理解礼貌的语言可以给人带来愉快的心情，学习使用简单的礼貌语，并在生活中进行使用。第二周进行礼貌行为的观察，并能以身体活动、游戏活动再现礼貌行为，在情境表演中理解礼貌行为的简单规则。第三周用艺术形式表达礼貌的内容，通过色彩学习引导幼儿选择自己喜欢的颜色表达自己的情绪，并对他人的礼貌表现进行色彩评价，通过儿歌和简单的幼儿舞蹈活动表达礼貌行为和方法。第四周在生活中体验礼貌的使用方法，在一日生活的各个环节中，使用礼貌用语、采取礼貌的行为与人交往，并在家庭生活中，请儿童当小老师，指导家长做有礼貌的人，尝试纠正家长的不礼貌言行，进行活动拓展。这是以交往活动为主线的主题活动，生活活动和学习活动辅助落实"礼貌"的主题，例如在如厕、饮水、盥洗等生活活动中进行礼貌行为的练习。在学习活动中，由教师呈现各种礼貌的言行图片素材，引导儿童系统地了解有关"礼貌"的正面经验与讲礼貌的方法。

表 7-2　养成体验课程(2～3 岁)月主题和周故事目录

序号	月主题	周故事
1	情绪稳定	我们都不哭
2	讲卫生	黏糊糊
3	讲礼貌	早上好
4	轮流	风筝飞呀飞
5	学习表达爱	亲亲
6	学习聆听	我知道
7	学习交友	陌生的小象
8	遵守规则(安全)	我非要
9	爱父母爱老师	一家人;路路老师呢;奇怪的伞
10	不是我的我不要	玩具小象要回家

表 7-3　养成体验课程(3～4 岁)月主题和周故事目录

序号	月主题	周故事
1	吃得健康	咕噜咕噜
2	不怕黑	天黑我不怕
3	讲礼仪	德德的喷嚏
4	关爱同伴	三只风筝
5	等待	会唱歌的树
6	做事有始有终	这是秘密
7	快乐分享	意外的礼物(鱼鳞)
8	不乱生气	气鼓船
9	自信(做力所能及的事)	我是德德
10	乐观开朗	哭了没用

表 7-4　养成体验课程(4～5 岁)月主题和周故事目录

序号	月主题	周故事
1	会分辨好坏	小熊的哨子
2	友好相处	乐乐特特吵架了
3	不贪心(按需取用)	神奇的花
4	勇敢但不鲁莽	会动的帽子

续表

序号	月主题	周故事
5	不错怪他人(勇于认错)	摔破的玻璃杯;神奇的白云
6	保护环境	草地上的罐头
7	不怕困难(接受挑战)	月亮的味道
8	不小气(慷慨)	蓝色的树叶
9	爱家乡	小熊的城市
10	安全防护(远离危险)	马路上的足球员
11	合理要求	夏天里的大雪
12	负责任	变色龙不见了

表7-5 养成体验课程(5～6岁)月主题和周故事目录

序号	月主题	周故事
1	接纳自己	爱的记号
2	正确妥协	进餐的门铃
3	有主见	红色小汽车
4	学会感恩	小熊和他的蛋宝宝
5	关爱生命(爱护环境;不乱扔废弃物)	小蚂蚁的葬礼;意外的邮包
6	团结协作	大大的房子
7	说到做到(诚实守信)	我的约会
8	按时完成(做事不拖拉)	等明天
9	一心一意(专注)	小小科学家
10	自我救助(安全自助自救)	危险的工地
11	爱祖国	我爱中国
12	适应环境(认识小学)	想当小学生

(三)以幼儿园一日生活的各个环节为课程实施的情境

养成体验课程突破传统课程集中教学活动和在活动室内开展等单一的活动时间与空间中实施的局限,将课程贯穿于幼儿生活的各个方面,以在园生活为重点辅以幼儿其他时空生活的情境,实践儿童生活即教育,教育即生长等理念。

一日生活的各个时段都是课程实施的过程,因此养成体验课程尤其关注生活中的每个细节,重视对儿童的示范、指导和帮助。例如在入园环节中,既要关注儿童的入园情绪,教师用微笑的表情和亲切的话语与儿童互道"早上好",还可以让儿童轮流主持入园接待工作,体验接待者与被接待者不同角色的感受,让儿童体验到不仅是师幼之间应互相问候,教师与家长、幼儿与家长之间也应进行问候,尤其是当家长离开时,改变"只欢迎不欢送"的局面,教师应引导儿童"欢送"家长,有利于形成融洽的亲子关系。检查在晨间接待中是非常重要的工作,教师往往只从成人的角度进行摸、看、问、查的例行动作,儿童成为被检查的对象,难以接受教师的强制性检查,而进行养成体验教育则逐步能让儿童形成自己做主的意识。教师应教会儿童检查的基本方法,除了身体的健康状况由成人来确定之外,其他的方面都可以让儿童进行分组互查。让儿童两两面对面站立,先相互检查着装鞋袜,再检查面部、手等卫生状况,接着检查口袋中是否有玩具或细小物品,最后在各自的统计表中标记检查结果。这既是一个生活活动,也是一种真实的学习活动。在这样的情境中,儿童既是受检者又是检查者,双重身份让儿童更认真投入、更真实对待活动。而且儿童以儿童的心态来检查,经常会发现成人发现不了的地方。例如在某次儿童互检中,一个孩子检查出另一个孩子耳朵根没洗干净,他说是因为他在家里发现自己的耳朵根没洗干净才想到来检查别的孩子的,这也是儿童将生活经验带入学习情境中进行再学习的过程。养成体验课程中有大量的活动是需要儿童自己去主持开展的,而教师被设定为一个"聪明的懒惰者",教师多以旁观者、辅助者、合作者和引导者的角色投入活动中,成为儿童活动的支持者但并非控制者。

第三节　体验教育教学的策略

儿童处于生活中,并在生活中开展着各类活动,获得生活经历、感受和经验,正如卢梭所言,经验和感受是我们的老师,应让儿童在生活中经历、感受。教育活动更应基于生活,让儿童在生活中获得经验与感受,在体验与感受中反观、内省,获得意义体验。因此需要引导儿童从生活活动走向教育活动,以在教育活动中提升生活经验、获得典型化的生活经验。在体验课程体系中,体验活动贯穿于一日生活的各个环节中,呈现出的是儿童在生活体验的情境中或多或少、或明或暗地都会产生一定的情绪情感。但就教育的效益而言,更需要的是有目的有计划的教育活动来提升体验的层次和节省时间,而这些要在集中的教育活动中有目的有计划地进行,即通常所说的课堂教学活动。儿童总是带着以前的经历或经验进入活动的情境中去感受和理解,因此体验教学的核心是围绕儿童提供情境并帮助儿童在活动中唤起原有的经历或回顾先前的经验,以促进儿童同化或顺应新的情境。

现以在实践中尝试的"体验阅读"活动为例进行教学策略的阐述。阅读是一种生活方式,儿童总是在生活中阅读着世界的多姿多彩,文本性的阅读是儿童阅读的重要形式,从生活阅读走向文本世界,是教育力图提升儿童理性水平、丰富儿童体验的必然目标。

一、体验阅读的内容

在体验阅读活动中,阅读活动的选择应尽量符合儿童的兴趣需要和经验水平,以儿童生活为基点,拓展到历史地理、科学技术、童话寓言等不同的维度中。每种内容既有其独特的地方,又作为整体的一部分促进儿童获得丰富的体验。将在园儿童划分为小中大三个年龄组,每个学期为每组儿童提供8个主题的阅读素材,以图为主,辅以文字供成人指导使用。阅读素材对应不同类别的体验,将促进儿童身体体验、游戏体验和审美体验发展的目标融进基于素材的教育活动中。例如在"小厨师"素材中,以生动的画面呈现出一个想当厨师的儿童主角,以不同颜色的橡皮泥制作不同的"食物",并因家人的不同需要而进行食物设计和制作,这体现的是儿童了解家人的喜好并想满足家人需要的情感。"找小鸭"则重点突出了行为养成方面的体验,图画中的小兔以两种不同的方式去找小鸭,小鸭也以不同的方式回应了小兔,从社会交往和规则意识的角度直观形象地表现出儿童不同的行为方式会带来不同结果。每个年龄组的内容都广泛地涉及儿童生活的各个层面的需要,呈现出体验阅读内容的广度和深度,以促进儿童获得丰富的体验。

二、体验阅读的方法

体验阅读倡导儿童独立阅读和在成人指导下阅读两种方式相结合。儿童对图片、声像和符号都具有很大的兴趣。一方面要提供给儿童大量的素材,供儿童自由翻阅,另一方面也应引导儿童养成热爱阅读的情感和正确阅读的习惯。在阅读活动中,成人或教师应提供正确的阅读方法,引导儿童学会从前往后按顺序翻阅、逐页翻看、爱护图书不撕书、看后还原、修补损坏的图书等行为习惯。

阅读的过程非常重要,阅读活动本身就是一种"激发和填充原有经验并产生新体验"的过程。在集中活动中,导入的环节非常重要,结合儿童的需要可以灵活采用多种方法。一方面，可以由图切入，引导儿童从观察图画入手猜想图画中表达的故事内容，由此展开由图到文的阅读，如《月亮姑娘做衣裳》这本绘本的阅读。另一方面，可以从阅读内容与生活的联系入手，回顾、讨论生活现象、生活事件，唤醒儿童已有的相关经验，激发儿童对文本的阅读兴趣，比如《土壤是谁翻的》这个文本，可通过问题讨论激发儿童探索的欲望，让儿童回顾生活中观察到的现象来讨论究竟是谁翻动了土壤。再者，可以以游戏活动为切入点，教师有计划地在阅读前带领儿童进行相关的游戏活动，为文本阅读做好铺垫，比如阅读《沙滩》这首诗歌，有过玩沙经历的儿童能更快地体会到诗歌中的趣味与意境。还可以结合生活的实际情况，采用情境再现、角色模拟、表演导入等形式切入文本中。集体阅读活动中的切入环节都是为了让儿童获得与文本相连的生活体验，因此教师应在活动前了解儿童的生活经验水平与文本内容的联系性，灵活选择适宜的方法。

　　一节教学活动开展的过程就是儿童历经生活经验被唤醒、对比新旧经验、丰富原有经验获取新经验、在生活中巩固应用经验等的过程。体验阅读活动突出体验活动的过程，并重点强调可操作性，主要表现为：一是多感官综合运用于阅读中，视听触觉等都集合于声像图文呈现的素材之中，并以身体活动、游戏活动集合于阅读理解之中，例如在阅读《挤来挤去》这个故事之前，可在游戏活动中引导儿童用身体体会"挤"的含义，在阅读了故事之后，再通过情景表演的形式，分角色体验"挤来挤去"的趣味，阅读不限于传统意义上的诵读与复述，而在于对阅读文本的内在体会和感悟；二是重视阅读情境的营造，唤醒儿童原有的经验，让儿童将其带入阅读的情境中，并在情境中通过阅读活动丰富原来的经验并补充新的经验；三是重视阅读的评价，在阅读文本、声像素材的辅助下，儿童不仅可以阅读，还可以拓展阅读，利用阅读操作卡（截取的阅读文本的图片，无文字）进行阅读文本复述、续编故事、看图新编故事等，甚至可以制作自己的小书，将所有图片印制成一大张，有锯齿压痕供幼儿撕开（满足其撕纸的需要），每张小图片上都打好孔，供幼儿编制好故事后制作成书。幼儿乐意参与操作的过程，可以口头讲述阅读内容并能制作成小书，就是阅读的能力提升。

三、体验生活即体验阅读

　　阅读与阅世相结合，阅读作为儿童的一种生活方式，他们阅读的内容除了教育活动中以各种素材为载体呈现的内容之外，还应推广到广泛的生活情境之中。在进行体验阅读的教学实践中，应将"阅读"与"阅世"结合，形成生活阅读的理念,从而将体验阅读置于生活体验中,以享受生活的方式来享受阅读。

在体验阅读活动中,良好的阅读环境更易于激发儿童的阅读欲望。在幼儿园开设小小图书馆,让全体师生各带一本书进幼儿园,营造人人都读书的氛围;在课程活动中开展"讲讲我的故事""图书角创设""我是故事大王"等活动;在节日活动中开展"换书行动",换书、借书阅读;开展"小小读书汇报会",讲讲读书心得;开展"家长讲阅读"活动,请家长助教入园给孩子们讲阅读故事,让儿童体验与老师讲不一样的阅读活动;开展"图书发明家",儿童可自己制作图书(家长配合标注文字),开展儿童图书制作评比活动。阅读的形式、阅读的地点、阅读的方法、阅读的内容等都由儿童与教师、家长共同商量,由儿童自由选择,在阅读量提升的同时,儿童的兴趣也被大大激发出来,在成人的引导下他们阅读的能力提高了,口头的语言运用能力也提升了。

参考文献

[1]《辞海》,上海,上海辞书出版社,1989 年。

[2]《四书五经》,陈戍国点校,长沙,岳麓书社,1991 年。

[3]〔奥〕弗洛伊德:《性爱与文明·诗人的白日梦》,滕守尧译,合肥,安徽文艺出版社,1987 年。

[4]〔德〕福禄贝尔:《人的教育》,孙祖复译,北京,人民教育出版社,1991 年。

[5]〔德〕汉斯—格奥尔格·伽达默尔:《真理与方法》,洪汉鼎译,上海,上海译文出版社,1999 年。

[6]〔德〕兰德曼:《哲学人类学》,阎嘉译,贵阳,贵州人民出版社,2006 年。

[7]〔德〕雷娜特·齐默尔:《幼儿精神运动学手册》,蒋丽等译,南京,南京师范大学出版社,2008 年。

[8]〔德〕雅斯贝尔斯:《什么是教育》,邹进译,北京,生活·读书·新知三联书店,1991 年。

[9]〔法〕卢梭:《爱弥儿——论教育》,李平沤译,北京,人民教育出版社,2001 年。

[10]〔法〕莫里斯·梅洛-庞蒂:《行为的结构》,杨大春、张尧均译,北京,商务印书馆,2005 年。

[11]〔古希腊〕柏拉图:《理想国》,郭斌和、张竹明译,北京,商务印书馆,1986 年。

[12]〔古希腊〕亚里士多德:《亚里士多德全集》,苗力田主编,北京,中国人民大学出版社,1992 年。

[13]〔荷〕胡伊青加:《人:游戏者——对文化中游戏因素的研究》,成穷译,贵阳,贵州人民出版社,1998 年。

[14]〔捷〕夸美纽斯:《大教学论》,傅任敢译,北京,教育科学出版社,1999 年。

[15]〔美〕D. A.库伯:《体验学习:让体验成为学习和发展的源泉》,王灿明、朱水萍等译,上海,华东师范大学出版社,2008 年。

［16］〔美〕鲍曼、〔美〕多诺万、〔美〕勃恩兹主编:《渴望学习》,吴亦东等译,南京,南京师范大学出版社,2005 年。

［17］〔美〕布赖恩·格林:《宇宙的结构——空间、时间及其真实性的意义》,刘茗引译,长沙,湖南科学技术出版社,2012 年。

［18］〔美〕杜威:《经验与自然》,傅统先译,南京,江苏教育出版社,2005 年。

［19］〔美〕杜威:《民主主义与教育》,王承绪译,北京,人民教育出版社,2001 年。

［20］〔美〕杜威:《学校与社会·明日之学校》,赵祥麟、任钟印、吴志宏译,北京,人民教育出版社,2005 年。

［21］〔美〕海伦·凯勒:《我生活的故事》,朱原译,广播出版社、北京盲文出版社,1981 年。

［22］〔美〕杰伊·麦克丹尼尔:《为什么选择过程哲学》,李斌玉译,《求是学刊》2007 年第 4 期。

［23］〔美〕尼尔·波兹曼:《童年的消逝》,吴燕莛译,桂林,广西师范大学出版社,2004 年。

［24］〔瑞士〕J. 皮亚杰、〔瑞士〕B. 英海尔德:《儿童心理学》,吴福元译,北京,商务印书馆,1980 年,第 12 页。

［25］〔苏联〕弗·让·凯勒:《文化的本质与历程》,陈文江、吴骏远等译,杭州:浙江人民出版社,1989 年。

［26］〔苏联〕瓦西留克:《体验心理学》,黄明等译,北京,中国人民大学出版社,1989 年。

［27］〔意〕蒙台梭利:《童年的秘密》,金晶、孔伟译,北京,中国发展出版社,2006 年。

［28］〔意〕蒙台梭利:《蒙台梭利幼儿教育科学方法》,任代文译校,北京,人民教育出版社,2001 年。

［29］〔英〕阿尔弗雷德·诺思·怀特海:《过程与实在——宇宙论研究》,杨富斌译,北京,中国城市出版社,2003 年。

［30］〔英〕柯林·比尔德、〔英〕约翰·威尔逊:《体验式学习的力量》,黄荣华译,中山,中山大学出版社,2003 年。

［31］〔英〕罗素:《教育与美好生活》,杨汉林译,石家庄,河北人民出版社,1998 年。

［32］〔英〕莫尼卡·泰勒:《价值观教育与教育中的价值观(上)》,杨韶刚、万明编译,《教育研究》2003 年第 5 期。

［33］〔英〕约翰·洛克:《教育漫话》,傅任敢译,北京,教育科学出版社,1999 年。

［34］包蕾萍、桑标:《习俗还是发生?——生命历程理论视角下的毕生发展》,《华东师范大学学报(教育科学版)》2006 年第 1 期。

［35］包蕾萍:《生命历程理论的时间观探析》,《社会学研究》2005 年第 4 期。

［36］北京市教育科学研究所编:《陈鹤琴全集(第五卷)》,南京,江苏教育出版社,1991 年。

［37］蔡英田:《时间的困惑——读奥古斯丁〈忏悔录〉》,《吉林大学社会科学学报》1997 年第 3 期。

［38］曾文婕:《走向文化学习——学习文化的历史嬗变与当代重建》,《课程·教材·教法》2011 年第 4 期。

［39］曾峥:《教育是对生命和谐的不懈追求——池田大作生命化教育思想初探》,《肇庆学院学报》2007 年第 1 期。

［40］车文博:《人本主义心理学》,杭州,浙江教育出版社,2003 年。

［41］陈鹤琴:《家庭教育》,上海,华东师范大学出版社,2006 年。

［42］陈瑛、林桂榛:《"人性"新探》,《南昌大学学报(人文社会科学版)》2002 年第 1 期。

［43］陈佑清、李丽:《个人知识与体验性课程》,《湖北大学成人教育学院学报》2003 年第 6 期。

［44］陈佑清:《从认识主体到实践主体——实践唯物主义视野中的教育目的观探析》,《中国教育学刊》2000 年第 1 期。

［45］陈佑清:《人作为活动主体的素质结构》,《教育研究》2002 年第 6 期。

［46］程红艳:《被遗忘的领域:身体与自我的关系》,《湖南师范大学教育科学学报》2007 年第 7 期。

［47］楚超超:《空间体验概念探源》,《建筑》2010 年第 4 期。

［48］丁海东:《学前游戏论》,济南,山东人民出版社,2001 年。

［49］董宝良:《陶行知教育学说》,武汉,湖北教育出版社,1993 年。

［50］冯建军:《论教育学的生命立场》,《教育研究》2006 年第 3 期。

［51］冯建军:《人的超越性及其教育意蕴》,《教育研究与实验》2005 年第 1 期。

［52］冯增俊:《教育人类学》,南京,江苏教育出版社,2001 年。

［53］高鉴国、展敏主编:《资产建设与社会发展》,北京,社会科学文献出版社,2005 年。

[54]高谦民:《陈鹤琴的儿童教育观》,《学前教育研究》2002 年第 2 期。

[55]高清海:《人的"类生命"与"类哲学"》,长春,吉林人民出版社,1998 年。

[56]郭元祥:《论教育的过程属性和过程价值——生成性思维视域中的教育过程观》,《教育研究》2005 年第 9 期。

[57]郭元祥:《知识的教育学立场》,《教育研究与实验》2009 年第 5 期。

[58]何全敏等:《童年虐待和创伤经历与社交焦虑的关系》,《中国临床心理学杂志》2008 年第 1 期。

[59]胡经之、王岳川:《论审美体验》,《北京大学学报(哲学社会科学版)》1986 年第 4 期。

[60]胡晓风等主编:《陶行知教育文集》,成都,四川教育出版社,2007 年。

[61]黄希庭:《论时间的洞察力》,《心理科学》2004 年第 1 期。

[62]霍力岩:《试论蒙台梭利的儿童观》,《比较教育研究》2000 年第 6 期。

[63]江立华、袁校卫:《生命历程理论的知识传统与话语体系》,《科学社会主义》2014 年第 3 期。

[64]姜大源:《职业教育:情景与情境辨》,《中国职业技术教育》2008 年第 25 期。

[65]景志国:《也谈"减负"》,《生物学教学》2001 年第 1 期。

[66]靖国平:《教育学的智慧性格》,武汉,湖北教育出版社,2004 年。

[67]李丹主编:《儿童发展心理学》,上海,华东师范大学出版社,1987 年。

[68]李政涛:《教育呼唤"生命自觉"》,《人民教育》2010 年第 23 期。

[69]李政涛:《教育学的生命之维》,《教育研究》2004 年第 6 期。

[70]联合国教科文组织:《学会生存——教育世界的今天和明天》,华东师范大学比较教育研究所译,北京,教育科学出版社,1996 年。

[71]刘次林:《幸福教育论》,南京,南京师范大学出版社,1999 年。

[72]刘卉卓:《"悟"与"思":中西审美体验之比较》,《武汉教育学院学报》1999 年第 4 期。

[73]刘惊铎:《道德体验论》,北京,人民教育出版社,2003 年。

[74]刘良华:《人的素质与身体教育学》,《教育发展研究》2007 年第 9A 期。

[75]刘良华:《什么知识最有力量》,《全球教育展望》2004 年第 10 期。

[76]刘晓东:《夸美纽斯论儿童生活与儿童教育》,《幼儿教育》2004 年第 Z1 期。

[77]刘晓东:《为杜威"儿童中心论"辩护》,《学前教育研究》2002 年第 2 期。

[78]刘焱:《儿童游戏通论》,北京,北京师范大学出版社,2004 年。

[79]龙斌:《人的自我论——实践和文化活动中的个人》,中国人民大学博士学位论文,1998 年。

[80]卢家楣:《学习心理与教学》,上海,上海教育出版社,1999 年。

[81]鲁洁:《教育:人之自我建构的实践活动》,《教育研究》1998 年第 9 期。

[82]陆扬:《空间理论与文学空间》,《外国文学研究》2004 年第 4 期。

[83]马和民、高旭平:《教育社会学研究》,上海,上海教育出版社,1998 年。

[84]孟昭兰:《体验是情绪的心理实体——个体情绪发展的理论探讨》,《应用心理学》2000 年第 2 期。

[85]莫放春:《马克思的"人与自然"和谐统一论——读〈1844 年经济学—哲学手稿〉》,《当代世界与社会主义》2009 年第 2 期。

[86]裴娣娜:《发展性教学论》,沈阳,辽宁人民出版社,1998 年。

[87]全国中师美术教材编委会编:《美术鉴赏》,北京,人民美术出版社,1983 年。

[88]任钟印:《夸美纽斯教育论著选》,北京,人民教育出版社,1990 年。

[89]芮必峰:《人类理解与人际传播——从"情境定义"看托马斯的传播思想》,《新闻与传播研究》1997 年第 2 期。

[90]沈健:《体验性:作为学生主体参与的一个重要维度》,《中共宁波市委党校学报》2001 年第 2 期。

[91]沈小碚、宋秀红:《对现代教学价值观的哲学思考》,《西南师范大学学报(人文社会科学版)》2004 年第 3 期。

[92]孙俊三:《从经验的积累到生命的体验——论教学过程审美模式的构建》,《教育研究》2001 年第 2 期。

[93]孙利天:《21 世纪哲学:体验的时代?》,《长白学刊》2001 年第 2 期。

[94]唐涛:《身体思维论》,南京师范大学博士学位论文,2008 年。

[95]童庆炳:《经验、体验与文学》,《北京师范大学学报(人文社会科学版)》2000 年第 1 期。

[96]童庆炳:《作家的童年经验及其对创作的影响》,《文学评论》1993 年第 4 期。

[97]童庆炳主编:《现代心理美学》,北京,中国社会科学出版社,1993 年。

[98]王春燕、陈倩巧:《游戏整合幼儿园课程的可能性与策略》,《学前教育研究》2008 年第 7 期。

[99]王坤庆:《关于知识教育价值观的探讨》,《华中师范大学学报(哲社版)》1994 年第 6 期。

[100]王坤庆:《人性、主体性与主体教育》,《华中师范大学学报(教育科学版)》1997年第4期。

[101]王磊:《亚里士多德的道德教育思想探究》,《科技资讯》2010年第32期。

[102]王苏君:《论审美体验的特性》,《绍兴文理学院学报》2005年第3期。

[103]王先谦:《荀子集解》,北京,中华书局,1988年。

[104]王阳明:《传习录注疏》,邓艾民注,上海,上海古籍出版社,2012年。

[105]魏茂恒:《柏拉图从教生涯及教育思想述评》,《东方论坛》2002年第6期。

[106]吴国盛:《时间的观念》,北京,中国社会科学出版社,1996年。

[107]吴航:《游戏与教育——兼论教育的游戏性》,华中师范大学博士学位论文,2001年。

[108]吴扬:《关于整体课程的思考》,《南昌教育学院学报》2010年第2期。

[109]伍香平:《童年体验的追忆与童年的本质及其消逝》,《学前教育研究》2011年第8期。

[110]谢方:《"场域——惯习"论下的个体行动与社会结构》,《理论观察》2009年第1期。

[111]辛继湘:《体验教学研究》,西南师范大学博士学位论文,2003年。

[112]杨大春:《肉身化主体与主观的身体——米歇尔·亨利与身体现象学》,《江海学刊》2006年第2期。

[113]杨大春:《意识哲学解体的身体间性之维——梅洛-庞蒂对胡塞尔他人意识问题的创造性解读与展开》,《哲学研究》2003年第11期。

[114]杨汉麟、周采:《外国幼儿教育史》,南宁,广西教育出版社,1993年。

[115]杨小微:《当代教师要有坚定的学生立场》,《教育发展研究》2008年第Z4期。

[116]叶澜、郑金洲、卜玉华:《教育理论与学校实践》,北京,高等教育出版社,2000年。

[117]叶澜:《重建课堂教学价值观》,《教育研究》2002年第5期。

[118]叶澜主编:《教育学原理》,北京,人民教育出版社,2007年。

[119]衣俊卿:《论人的存在——人学研究的前提性问题》,《学习与探索》1999年第3期。

[120]于苇:《空间的体验性》,《工业建筑》2005年第3期。

[121]虞永平、田燕:《论陈鹤琴的幼儿园课程思想》,《山东教育》2003年第

6 期。

[122]虞永平：《游戏、儿童与学前课程》，《山东教育》2001 年第 3 期。

[123]张传燧主编：《中国教育史》，北京，高等教育出版社，2010 年。

[124]张华：《体验课程论——一种整体主义的课程观（上、中、下）》，《教育理论与实践》1999 年第 10～12 期。

[125]张焕庭：《西方资产阶级教育论著选》，北京，人民教育出版社，1979 年。

[126]张莉：《儿童发展心理学》，武汉，华中师范大学出版社，2006 年。

[127]张天宝：《论理解的教育过程观》，《陕西师范大学学报（哲学社会科学版）》2001 年第 4 期。

[128]张颖、邹晖：《陈鹤琴"五指活动法"指导下的园本课程开发》，《江西教育科研》2004 年第 3 期。

[129]章红：《放慢脚步去长大》，南京，江苏少年儿童出版社，2008 年。

[130]赵墼：《价值观教学中应重点把握的几个问题》，《辽宁广播电视大学学报》2005 年第 3 期。

[131]赵莎、肖枫：《庄子的道德教育思想》，《沧桑》2007 年第 1 期。

[132]赵汀阳：《论可能生活》，北京，生活·读书·新知三联书社，1994 年。

[133]郑金洲：《教育文化学》，北京，教育科学出版社，2000 年。

[134]郑金洲：《文化与教育：两者关系的讨论》，《上饶师专学报》1996 年第 1 期。

[135]郑三元、庞丽娟：《论课程的本质》，《教育研究与实验》1999 年第 4 期。

[136]郑涌、黄希庭：《自我同一性状态对时间透视体验的结构关系研究》，《心理科学》1998 年第 3 期。

[137]中共中央马克思恩格斯列宁斯大林著作编译局编：《马克思恩格斯选集（第 1 卷）》，北京，人民出版社，1995 年。

[138]中央教育科学研究所编：《陶行知教育文选》，北京，教育科学出版社，1981 年。

[139]钟启泉、崔允漷、张华：《为了中华民族的复兴，为了每位学生的发展——〈基础教育课程改革纲要（试行）〉解读》，上海，华东师范大学出版社，2001 年。

[140]周春生：《直觉与东西方文化》，上海，上海人民出版社，2001 年。

[141]周宗奎：《儿童社会化》，武汉，湖北少年儿童出版社，1995 年。

[142]朱国华：《场域与实践：略论布迪厄的主要概念工具（下）》，《东南大学

学报(哲学社会科学版)》2004 年第 2 期。

[143]朱寿兴:《论审美体验的性质及其中介性意义》,《社会科学家》2005 年第 2 期。

[144]朱小蔓:《情感教育论纲》,北京,人民出版社,2007 年。

[145]朱自强:《儿童文学的人性观》,《东北师大学报(哲学社会科学版)》1996 年第 1 期。

[146]庄穆:《体验的认识功能初探》,《福建学刊》1994 年第 6 期。

[147]邹进:《现代德国文化教育学》,太原,山西教育出版社,1992 年。

图书在版编目(CIP)数据

儿童体验论 / 伍香平著. —杭州:浙江大学出版
社,2021.7
ISBN 978-7-308-21073-7

Ⅰ.①儿… Ⅱ.①伍… Ⅲ.①儿童教育－研究 Ⅳ.
①G61

中国版本图书馆 CIP 数据核字(2021)第 028319 号

儿童体验论

伍香平 著

责任编辑	赵 伟	
责任校对	汪淑芳	
封面设计	周 灵	
出版发行	浙江大学出版社	
	(杭州市天目山路 148 号 邮政编码 310007)	
	(网址:http://www.zjupress.com)	
排 版	浙江时代出版服务有限公司	
印 刷	杭州钱江彩色印务有限公司	
开 本	710mm×1000mm 1/16	
印 张	16.25	
字 数	300 千	
版 印 次	2021 年 7 月第 1 版 2021 年 7 月第 1 次印刷	
书 号	ISBN 978-7-308-21073-7	
定 价	63.00 元	

版权所有 翻印必究 印装差错 负责调换

浙江大学出版社市场运营中心联系方式 (0571)88925591;http://zjdxcbs.tmall.com